एक वैज्ञानिक
की
आत्मकथा

एक वैज्ञानिक की आत्मकथा

प्रो. सी.एन.आर. राव

प्रभात
पेपरबैक्स
www.prabhatbooks.com

प्रकाशक

प्रभात पेपरबैक्स

4/19 आसफ अली रोड, नई दिल्ली-110002

फोन : 23289777 • हेल्पलाइन नं. : 7827007777

इ-मेल : prabhatbooks@gmail.com ❖ वेब ठिकाना : www.prabhatbooks.com

संस्करण

प्रथम, 2018

अनुवाद

प्रदीप ठाकुर

मूल्य

दो सौ पचास रुपए

अ.मा.पु.स. 978-93-5322-068-6

मुद्रक

आर-टेक ऑफसेट प्रिंटर्स, दिल्ली

———★———

EK VAIGYANIK KI AATMAKATHA
by Prof. C.N.R. Rao
(Hindi translation of 'A LIFE IN SCIENCE')

Published by **PRABHAT PAPERBACKS**
4/19 Asaf Ali Road, New Delhi-110002
by arrangement with Penguin Books India

ISBN 978-93-5322-068-6

₹250.00

यह पुस्तक
आकांक्षी युवा वैज्ञानिकों और उन सभी को,
जो विज्ञान के साथ मित्रता चाहते हैं,
उत्साहपूर्वक समर्पित है।

प्रस्तावना

भारत में व्यक्ति का 80 वर्ष की उम्र तक पहुँचना कुछ विशेष माना जाता है। माना जाता है कि उस व्यक्ति ने हजार चंद्रमाओं को देखा है। मैं अब 80 के पार हूँ और मेरे पास निश्चित रूप से रोचक शैक्षणिक जीवन था। कुछ मित्रों और प्रकाशकों द्वारा मुझसे पुस्तक लिखने के लिए अनुरोध किया जाता रहा है, जिसमें इस बात का वर्णन हो कि मैंने कैसे और क्यों विज्ञान व अन्य अकादमिक गतिविधियों में स्थायी रुचि विकसित की और किस तरह छह दशकों से वैज्ञानिक शोध में योगदान करने में सक्षम रहा हूँ। वैज्ञानिक प्रयासों में पीड़ा व परमानंद से निपटनेवाली कुछ सीमा तक आत्मकथात्मक प्रकृति की पुस्तक को समय पर होने का विचार किया गया था। ऐसी पुस्तक को विशेष रूप से युवा लोगों के साथ जोड़ा जाना था, जिनमें से अधिकांश उन जगहों की खोज कर रहे हो सकते हैं, जो उनकी बौद्धिक आकांक्षाओं को संतुष्ट करते हैं और फलदायी उपजीविका भी प्रदान करते हैं। यह भ्रमित शैक्षणिक परिदृश्य और रचनात्मकता युवा लोगों के लिए स्पष्ट अवसरों के अभाव को ध्यान में रखते हुए महत्त्वपूर्ण माना गया था। युवाओं, साथ-ही-साथ शिक्षकों, को विज्ञान व अन्य क्षेत्रों में रचनात्मक खोज के मार्गों पर चलने के लिए प्रेरित किए जाने की आवश्यकता है। देश के भविष्य और संपूर्ण रूप में हमारे समाज व मानवता की भलाई के लिए यह आवश्यक है। इस पुस्तक को लिखने का निर्णय मैंने इसलिए नहीं लिया कि यह समयानुकूल तथा रोचक हो सकता है; बल्कि इसलिए अधिक कि कुछ वर्षों के बाद शायद मैं इसे लिखने में सक्षम नहीं हो पाऊँगा। मैंने उम्र का लाभ उठाते हुए विभिन्न मुद्दों पर मुक्त भाव से लिखने में कुछ स्वतंत्रता ली है।

महान् वैज्ञानिकों को जानने या उनके बारे में पढ़ने की रुचि ने कई लोगों को विज्ञान को ग्रहण करने के लिए प्रेरित किया है। मैं स्वयं महान् वैज्ञानिकों के जीवन व कार्यों से प्रेरित रहा हूँ, जिनमें से कुछ ने अपने रास्ते में आनेवाली कई बाधाओं के बाद

भी स्थायी महत्त्व के कार्यों को पूरा किया था। यह पुस्तक छह प्रसिद्ध वैज्ञानिकों के आत्मकथात्मक विवरणों से शुरू होती है कि उन्होंने क्यों और कैसे विज्ञान को ग्रहण किया था (अध्याय 1)। अध्याय 2 में विज्ञान की प्रकृति एवं उसकी विशेषताओं को संक्षेप में प्रस्तुत किया गया है। शुरुआती वर्षों से लेकर आज तक की मेरी विज्ञान यात्रा को अध्याय 3 से 6 तक में शामिल किया गया है। विज्ञान में अपने जीवन के विभिन्न चरणों से संबंधित अध्यायों को लिखना मैंने सुविधाजनक पाया है, जो रोचक रूप से मेरे जीवन की विभिन्न अवधियों से मिलते-जुलते हैं। अध्याय 3 मेरी शिक्षा के विभिन्न चरणों—माध्यमिक स्कूल से डॉक्टरेट की उपाधि के बाद के स्तर तक से संबंधित है। मेरे पेशेवर जीवन के पहले पच्चीस वर्षों के दारुण दुःखों का लेखा-जोखा अध्याय 4 में प्रस्तुत किया गया है। अध्याय 5 वर्ष 1984 से 1994 के बीच की व्यस्ततापूर्ण अवधि का लेखा-जोखा प्रस्तुत करता है, जब मुझे अलग-अलग क्षेत्रों में काम करना पड़ा था और फिर भी अपने छात्रों के साथ अनुसंधान करना था। इस अवधि ने समय के विवेकपूर्ण प्रबंधन की माँग की थी। औपचारिक प्रशासनिक जिम्मेदारियों को छोड़ दिए जाने के बाद मैंने एक अधिक आरामदायक ढंग से विज्ञान का आनंद लिया और कुछ हद तक संस्था के निर्माण में योगदान दिया था (अध्याय 6)। यह उल्लेखनीय है कि मेरा शोध-प्रदर्शन, जिसमें मेरे सोलहवें वर्ष के बाद महत्त्वपूर्ण सुधार हुआ था, सत्रहवें वर्ष में और भी अधिक अच्छा प्रदर्शन किया था—प्रभाव सूचकांक व उद्धरणों की संख्या मेरी अपेक्षाओं से परे तक पहुँच गई थीं।

अध्याय 7 में मैंने विज्ञान के अपने नायकों के बारे में लिखा है। उपसंहार में मैं अपनी आशाओं व भय को व्यक्त करता हुआ विज्ञान, शिक्षा व अन्य पहलुओं पर अपने निजी प्रतिबिंबों को प्रस्तुत करता हूँ। पूरे पाठ में मैंने अपने जीवन की कई घटनाओं के बारे में लिखा है—पूर्णता के लिए, उचित ढाँचे के भीतर विभिन्न घटनाओं को पाठकों के देखने के लिए और समय के मार्ग को चिह्नित करने के लिए।

परिशिष्ट 1 युवा मित्र को लिखा एक पत्र है, जो शैक्षिक अवसरों और उनकी पसंद के अध्ययन से संबंधित अधिकांश छात्रों द्वारा उठाए गए प्रश्नों व संदेहों के उत्तर देने का प्रयास करता है। पुस्तक संक्षिप्त विवरण के साथ समाप्त होती है कि कितने महान् वैज्ञानिकों ने अपना सबकुछ विज्ञान व युवा सहकर्मियों को दिया है।

मुझे विश्वास है कि पाठक पुस्तक को रोचक व उपयोगी पाएँगे। यदि ऐसा होता है तो मैं पुरस्कृत होने से अधिक गौरवान्वित महसूस करूँगा।

पांडुलिपि की तैयारी में मैं सुश्री शशि कार्तिकेयन को उनके अमूल्य सहयोग के लिए सच्चे हृदय से धन्यवाद व्यक्त करता हूँ। पांडुलिपि पढ़ने और पढ़कर उपयोगी सुझाव देने के लिए प्रिय पत्नी इंदु को मेरा अनेक धन्यवाद। जतिंदर कौर के लिए मेरा विशेष धन्यवाद, जो पांडुलिपि के स्वरूपण में बहुत बड़ी सहारा थीं।

आत्मकथात्मक लेखन पर

(www.nobelprize.org)

यहाँ मैं लिखने के लिए बैठता हूँ—67 वर्ष की उम्र में, अपने स्वयं के मृत्यु-लेख की तरह कुछ। मैं ऐसा कर रहा हूँ, केवल इसलिए नहीं कि डॉ. शिल्प ने मुझे यह करने के लिए कहा है; लेकिन मैं विश्वास करता हूँ कि यह उन्हें दिखाने के लिए एक अच्छी चीज है, जो हमारे साथ-साथ प्रयास कर रहे हैं। पीछे मुड़कर देखने पर हमारा स्वयं का प्रयास व खोज करना कैसा प्रतीत होता है ? कैसे कुछ प्रतिबिंब के बाद मुझे लगा कि ऐसा कोई प्रयास अपूर्ण होने के लिए बाध्य होता है। चाहे किसी का जीवन कितना ही संक्षिप्त व सीमित क्यों न हो या चाहे गलती का तरीका कितना ही प्रभावी क्यों न हो, उसके लिए उसकी संचार के योग्य प्रदर्शनी फिर भी आसान नहीं होती है। आज का 67 वर्ष का व्यक्ति किसी भी तरीके से समान नहीं है, जैसा कि 50 वर्ष या 30 वर्ष अथवा 20 वर्ष का था। इसीलिए हरेक संस्मरण किसी की वर्तमान अवस्था और भ्रामक दृष्टिकोण से रँगा होता है। यह विचार आसानी से किसी को रोक सकता है। फिर भी किसी के स्वयं के अनुभव से बहुत कुछ इकट्ठा किया जा सकता है, जो किसी अन्य चेतना के लिए खुला नहीं है।

—अल्बर्ट आइंस्टीन

अनुक्रम

प्रस्तावना *7*

आत्मकथात्मक लेखन पर *11*

1. वैज्ञानिक क्यों बनें? 15
2. विज्ञान क्या सबकुछ है? 45
3. प्रारंभिक वर्ष : भोलेपन व आशा के दिन 61
4. संघर्ष व चिंता के दिन स्वयं को सिद्ध करना 92
5. वे व्यस्त भरे दिन : बाधाओं के विरुद्ध काम करना 128
6. खुशी के लिए काम : 60 के बाद जीवन 158
7. मेरे नायक 192

उपसंहार 206

व्यक्तिगत प्रतिबिंब 206

एक युवा मित्र को पत्र 223

किसी एक महान् वैज्ञानिक ने अपना सबकुछ विज्ञान व युवाओं को दिया 227

एकेडमी के बारे में 231

1

वैज्ञानिक क्यों बनें?

वैज्ञानिकों एवं विज्ञान के बारे में उनके स्वयं के शब्दों में जानना प्रेरक व रोमांचक होता है। इस अध्याय में छह उत्कृष्ट वैज्ञानिकों के लघु आत्मकथात्मक आलेख प्रस्तुत किए गए हैं, यह वर्णन करते हुए कि वे कैसे व क्यों वैज्ञानिक बने? इन आलेखों को अब्दुश सलाम इंटरनेशनल सेंटर फॉर थ्योरेटिकल फिजिक्स, ट्राएस्टे (इटली) की चालीसवीं वर्षगाँठ पर 'वैज्ञानिक बनने के सौ कारण' शीर्षक से प्रकाशित संग्रह से अनुमति के साथ फिर से प्रस्तुत किया गया है।

निम्नलिखित वैज्ञानिकों के आलेख प्रस्तुत किए गए हैं—

पॉल जे. क्रुतजेन, वायुमंडलीय विज्ञान/एटमॉस्फेरिक साइंस (नीदरलैंड्स)	(नोबेल पुरस्कार, रसायन-शास्त्र, 1995)
विटाली एल. गिंजबर्ग, अति चालकता/सुपरकंडक्टिविटी (रूस)	(नोबेल पुरस्कार, भौतिकी, 2003)
वाल्टर कॉन, सैद्धांतिक भौतिकी/थ्योरेटिकल फिजिक्स (संयुक्त राज्य अमेरिका)	(नोबेल पुरस्कार, रसायन-शास्त्र, 1998)
जीन-मैरी लेहन, कार्बनिक रसायन-शास्त्र/ऑर्गेनिक केमिस्ट्री (फ्रांस)	(नोबेल पुरस्कार, रसायन-शास्त्र, 1997)
अब्दुश सलाम, सैद्धांतिक भौतिकी/थ्योरेटिकल फिजिक्स (यूनाइटेड किंगडम/पाकिस्तान)	(नोबेल पुरस्कार, भौतिकी, 1979)
मिरियम पी. सराचिक, प्रयोगात्मक भौतिकी/एक्सपेरिमेंटल फिजिक्स (संयुक्त राज्य अमेरिका)	(अमेरिकन फिजिकल सोसाइटी की पूर्व अध्यक्षा)

मैं वैज्ञानिक कैसे बना

पॉल जे. क्रुतजेन

मैक्स प्लैंक इंस्टीट्यूट फॉर केमिस्ट्री, मेंज, जर्मनी
स्क्रिप्स इंस्टीट्यूट ऑफ ओशियनोग्राफी, विश्वविद्यालय ऑफ कैलिफोर्निया सैन डिएगो, संयुक्त राज्य अमेरिका

(www.nobelprize.org)

3 दिसंबर, 1933 को मैं एम्सटर्डम में अन्ना गुर्क एवं जोजेफ क्रुतजेन के यहाँ पैदा हुआ। मेरी एक छोटी बहन थी। उन्नीसवीं शताब्दी के अंत में मेरी माँ के माता-पिता पूर्वी प्रशिया से जर्मनी के औद्योगिक क्षेत्र रुहर में चले गए। वे मिश्रित जर्मन व पोलिश मूल के थे। माँ सन् 1929 में 17 वर्ष की उम्र में नौकरानी के रूप में काम करने के लिए एम्सटर्डम चली गई थीं। वहाँ वे मेरे पिता से मिलीं। वे वाल्स से आए थे, जो कि नीदरलैंड्स के दक्षिण-पूर्वी कोने में एक छोटा कस्बा है। यह बेल्जियम व

जर्मनी का सीमावर्ती और जर्मनी के ऐतिहासिक नगर आचेन के बहुत समीप है। उनके संबंधी नीदरलैंड्स, जर्मनी व बेल्जियम में थे। इस प्रकार, मुझे विश्व का महानगरीय दृष्टिकोण माता-पिता से विरासत में मिला है।

मई 1940 में जर्मन सेना ने नीदरलैंड्स से हुए युद्ध में उसे बुरी तरह पराजित कर दिया था। उसी वर्ष सितंबर में मैंने प्राथमिक स्कूल में प्रवेश लिया था। प्राथमिक स्कूल में मेरे छह वर्षों ने, मुख्य रूप से द्वितीय विश्व युद्ध के दौरान, काफी उथल-पुथल देखी थी। जर्मन सेना द्वारा मूल स्कूल भवन को जब्त कर लेने के बाद हमारी कक्षा को कई बार एम्सटर्डम में विभिन्न परिसरों में स्थानांतरित होना पड़ा। सन् 1994 की शरद् ऋतु तथा 5 मई, 1945 के मुक्ति दिवस के बीच युद्ध के आखिरी महीने विशेष रूप से खराब थे। सन् 1944-45 के 'हंगर विंटर' (भुखमरी की सर्दी) की सर्दियों में भोजन एवं गरम करनेवाले ईंधन की भारी कमी थी। पीने तथा खाना पकाने व धोने के लिए पानी प्रति दिन केवल कुछ घंटों तक सीमित मात्रा में ही उपलब्ध था, जो खराब स्वास्थ्य स्थितियों का कारण बना था। स्कूल के अनेक छात्रों सहित कई लोग भूख व बीमारियों से मर गए।

वर्ष 1946 में सफल परीक्षा के बाद मैंने 'होगेरे बर्गर स्कूल' (एच. बी.एस.), हायर सिटिजन स्कूल, पाँच वर्ष लंबे माध्यमिक स्कूल में प्रवेश लिया, जो विश्वविद्यालय-प्रवेश की तैयारी कराता था। उन वर्षों के दौरान रसायन विज्ञान निश्चित रूप से मेरे पसंदीदा विषयों में नहीं था; गणित व भौतिकी थे। लेकिन मैंने तीन विदेशी भाषाओं—अंग्रेजी, फ्रेंच व जर्मन में भी अच्छा प्रदर्शन किया था। अपनी स्कूली शिक्षा के दौरान मैंने फुटबॉल, साइकिलिंग और अपने सबसे बड़े जुनून डच नहरों व झीलों पर लंबी दूरी की स्केटिंग में महत्त्वपूर्ण समय बिताया। मैंने शतरंज भी खेली। मैं खगोल विज्ञान, भूगोल व विश्व भर के खोज अभियानों के बारे में पुस्तकें पढ़ता था। मैं पहाड़ों के संसार के प्रति आकर्षित था, जिनमें से निश्चित रूप से हॉलैंड के पास कोई भी नहीं है। युद्ध के दौरान हम कहीं भी यात्रा नहीं कर सके थे, इसलिए मैं कल्पना करता था कि बादल बर्फ से ढके पहाड़ थे। घर में हमारे पास संयुक्त राज्य अमेरिका के येलोस्टोन नेशनल पार्क के बारे में एक पुस्तक थी। मैंने उसे कई बार पढ़ा और तसवीरों से मोहित हो गया। युद्ध के बाद जब मैं 17 वर्ष का था, पहली बार मैंने वास्तविक पहाड़ों को देखा था। जब मैं 21 वर्ष का था, स्विट्जरलैंड के पहाड़ों में फिनलैंड की एक लड़की अपनी भावी पत्नी टेर्टु से मिला था। जब मैं 42

वर्ष का था, पहली बार सन् 1975 में अपने परिवार के साथ येलोस्टोन नेशनल पार्क की यात्रा की थी।

दुर्भाग्य से तेज बुखार होने के कारण एच.बी.एस. की अंतिम परीक्षा में मेरे अंक विश्वविद्यालय में अध्ययन के लिए छात्रवृत्ति के योग्य नहीं थे। जैसा कि मैं अपने माता-पिता पर और चार वर्षों या उससे अधिक के लिए वित्तीय दबाव नहीं डालना चाहता था (मेरे पिता एक वैरा थे और बहुधा बेरोजगार रहते थे; माँ एक अस्पताल की रसोई में काम करती थीं), मैंने सिविल इंजीनियर के रूप में प्रशिक्षित होने के लिए मिडिलबारे टेक्नीस्चे स्कूल (एम.टी.एस.), मिडिल टेक्निकल स्कूल, जिसे बाद में हायर टेक्निकल स्कूल (एच.टी.एस.) कहा गया, में जाना चुन लिया था। यद्यपि एम.टी.एस. ने तीन वर्ष लिया था, दूसरा व्यावहारिक वर्ष था, जिस दौरान मैंने लगभग दो साल तक रहने के लिए पर्याप्त मामूली वेतन अर्जित किया।

सन् 1954 से फरवरी 1958 की गरमियों तक अनिवार्य सैन्य सेवा के लिए 21 महीने के व्यवधान के साथ मैंने एम्सटर्डम नगर के ब्रिज कंस्ट्रक्शन ब्यूरो में काम किया था। विवाह के बाद मेरी पत्नी व मैं स्वीडन चले गए, जहाँ मैं एक गृह निर्माण ब्यूरो में काम करता था, जबकि मैं खुश नहीं था। मैं शैक्षणिक पेशेवर जीवन के लिए लालायित था। सन् 1959 की शुरुआत में एक दिन मैंने स्वीडन के समाचार-पत्र में स्टॉकहोम विश्वविद्यालय के मौसम विज्ञान विभाग द्वारा कंप्यूटर प्रोग्रामर प्रवेश के लिए घोषणा का विज्ञापन देखा था। यद्यपि मुझे इस तरह के काम के लिए थोड़ा सा भी प्रशिक्षण नहीं मिला था, फिर भी मैंने नौकरी के लिए आवेदन कर दिया और मेरे पास कई उम्मीदवारों में से चुना जानेवाला महान् भाग्य था। 1 जुलाई, 1959 को हम स्टॉकहोम चले गए और मैंने अपना दूसरा पेशा, जो कि कंप्यूटर प्रोग्रामर का था, के साथ काम शुरू किया था। एक विश्वविद्यालय विभाग में होने का बड़ा लाभ यह था कि मुझे उन पाठ्यक्रमों से कुछ का अनुसरण करने का अवसर मिला, जिनके प्रस्ताव किए गए थे। इस तरह सन् 1963 तक मैं गणित, गणितीय सांख्यिकी व मौसम विज्ञान के विषयों को संयोजित कर 'फिलॉसोफी कंडीडाट' (स्नातकोत्तर विज्ञान/मास्टर ऑफ साइंस के समरूप) उपाधि की आवश्यकताएँ पूरी कर सका था।

सन् 1965 के आस-पास मुझे समतापमंडल (स्ट्रेटोस्फियर), मध्य-तापमंडल (मेसोस्फीयर) और निम्न-तापमंडल (लोअर थर्मोस्फीयर) क्षेत्र में ओजोन वितरण के संख्यात्मक प्रारूप को विकसित करने के लिए संयुक्त राज्य अमेरिका के

एक वैज्ञानिक का सहायक बनने का कार्य दिया गया था। इस परियोजना से मुझे वायुमंडलीय ओजोन के प्रकाशीय रसायन विज्ञान (फोटोकेमिस्ट्री) में अत्यधिक दिलचस्पी मिली और मैंने वैज्ञानिक साहित्य का गहन अध्ययन शुरू किया था। इसने मुझे 1960 के दशक के बाद के आधे हिस्से से समतापीय रसायन विज्ञान पर वैज्ञानिक ज्ञान की सीमित स्थिति को दिखाया था और मेरे वैज्ञानिक पेशेवर जीवन के लिए 'आरंभिक स्थितियों' को स्थापित किया था।

मैंने समतापमंडलीय (स्ट्रेटोस्फियरिक) ओजोन और बाद में वायुमंडलीय रसायन विज्ञान व जलवायु अध्ययनों को अपने शोध के विषय के रूप में चुना था। मैं बहुत भाग्यशाली था कि खोज करने के लिए बहुत कुछ था। मेरे शोध का महत्त्वपूर्ण पहलू हमारे वायुमंडलीय पर्यावरण पर मानव-जनित गतिविधियों का प्रभाव था। मुझे पता चला कि वायु प्रदूषण न केवल उद्योग व जीवाश्म ईंधन (फॉसिल फ्यूल) जलने से होता है, बल्कि उष्णकटिबंधीय और उप-उष्णकटिबंधीय विकासशील देशों में जैव ईंधन (बायोमास) के जलने पर होता है। इस शोध की समीक्षा मेरे नोबेल व्याख्यान में मिलती है। शोध विषय के चयन में मुझे पूरी तरह से मुक्त छोड़ दिया गया था। मैं बढ़ा-चढ़ाकर नहीं कह सकता हूँ कि मैं अपने पर्यवेक्षकों—प्रो. जॉर्ज विट, ऊपरी वायुमंडल के विज्ञान (एरोनॉमी) के विशेषज्ञ व मीटेयरॉलॉजिकल इंस्टीट्यूट के प्रमुख प्रो. बर्ट बोलिन द्वारा दी गई सहायता व आत्मविश्वास को कैसे महत्त्व देता हूँ; पर हाँ, मेरे जीवन में उनका अतुलनीय योगदान है।

□

शिक्षा, विज्ञान व संयोग

विटाली एल. गिंजबर्ग

पी.एन. लेबेडेव फिजिकल इंस्टीट्यूट, मॉस्को, रूस

(www.nobelprize.org)

मेरा स्कूली जीवन शायद सोवियत माध्यमिक शिक्षा के इतिहास में सबसे दुर्भाग्यपूर्ण अवधि के साथ मेल खाता है। पुराने स्कूल (व्यायामशाला आदि) के भवन बने रहे, पर वहाँ कई पुराने और तथाकथित कुशल शिक्षक थे। बाकी हिस्सों में अराजकता वापस आ गई थी। सन् 1931 में मैंने सात-वर्ष के एक विद्यालय से सफलतापूर्वक शिक्षा प्राप्त की थी। इस अवधि में एक कारखाने में सर्वहारा व्यापार को सीखने की स्थापित की गई आवश्यकता से हमारी स्कूली शिक्षा को काटकर छोटा कर दिया गया था। अंत में कुछ वर्षों के बाद इस निराधार प्रणाली को एक ऐसी प्रणाली के पक्ष में बदल दिया गया था, जिसमें स्कूली शिक्षा 10 वर्षों और बाद के 11 वर्षों तक जारी रहती थी।

उचित शैक्षणिक वातावरण की अनुपस्थिति, विशेष रूप से परिवार में, इसका प्रभाव था कि मैं इस धारणा में हूँ कि मुझे स्कूल से थोड़ा लाभ हुआ। फिर भी, भौतिकी में रुचि उन वर्षों में भी उभरी और वह भी एक स्थिर रुचि के रूप में, यद्यपि मैं स्वयं नहीं जानता कि क्यों। मुझे ओ.डी. ख्वोलसन की पुस्तक 'फिजिका नेशीख डिनेई' (हमारे दिनों की भौतिकी) से लगाव था, जिसे मैं स्कूल में या पढ़ाई पूरी करने के तुरंत बाद पढ़ता, ऐसा मुझे लगता है। कुल मिलाकर मैं भौतिकी में जाने के बारे में कभी नहीं झिझका; लेकिन मुझे न तो शिक्षक और न ही पाठ्य पुस्तक याद आ सकती है।

स्कूल की पढ़ाई पूरी करने पर मैंने किसी भी तरह मॉस्को ईवनिंग मशीन बिल्डिंग इंस्टीट्यूट में प्रयोगशाला सहायक के रूप में एक नौकरी निश्चित करा ली थी। शुरुआत में मैं इंस्टीट्यूट ऑफ नॉनफेरस मेटलर्जी के ए.ए. बोवार प्रयोगशाला में 'प्रशिक्षण' में था और उसके बाद स्वयं को एक्स-रे प्रयोगशाला में पाया। ई.एफ. बख्मेतेव एवं एन.के. कोझिना (कुछ समय के लिए वाई.पी. सिलिसकी भी) प्रमुख थे। प्रमुख शक्ति था वेन्या टस्करमैन। लेवा अल्टशुलर वहाँ भी थे। हम तीनों मित्र थे और एक साथ मिलकर काम किया करते थे। निश्चित रूप से मेरा श्रेणी क्रम तीसरा था; लड़के तीन वर्ष बड़े थे और अधिक जानते थे। वेंकॉ ने हमें '3 वी' का नाम दिया था—वेन्या, वित्या व व्लादिमिरोविच (जो अल्टशुलर का गोत्र नाम था)।

प्रयोगशाला में काम करना मेरे लिए लाभकारी का था। इसने मुझे साधन-संपन्नता (वेन्या के उदाहरण के बाद) एवं प्रयोगात्मक कुशलता सिखाई थी। मैंने भौतिकी में भी कोई महत्त्वपूर्ण प्रगति नहीं की थी। वर्ष 1933 ने मॉस्को स्टेट विश्वविद्यालय (एम.एस.यू.) में पहला मुक्त (सौंपे गए काम की जगह 'प्रतिस्पर्धी') नामांकन देखा था और मैंने भौतिकी विभाग में प्रवेश का निर्णय लिया। तीन महीने मैं अनौपचारिक रूप से 8वीं, 9वीं व 10वीं कक्षा के पाठ्यक्रमों से गुजरा; लेकिन मुझे पक्का पता है कि अच्छे व नियमित स्कूल की कमी ने मुझ पर विपरीत प्रभाव डाला था। या कहें कि जब स्कूल का एक लड़का त्रिकोणमिति, लघु गणकों आदि के 100 या 1,000 समस्याओं को हल करता है तो मैंने जितनी बार हल किया था, वह 10 या 100 गुना कम था। अंकगणित के साथ भी यही सच था। मेरे बारे में हमेशा यही कहा गया था—मैं गणनाओं को बुरी तरह, धीरे-धीरे निष्पादित करता हूँ, स्वचालन की कमी है। मैं हमेशा गणनाओं से डरता तथा उन्हें नापसंद करता रहा हूँ। निश्चित

रूप से गणित की क्षमता की अनुपस्थिति के पीछे (साथी सिद्धांतकारों के भारी बहुमत की इन्हीं क्षमताओं की तुलना में) यही है। लेकिन सूक्ष्म रूप से कारण वही है कि प्रशिक्षण की कमी ने मुझ पर इतना अधिक स्पष्ट प्रभाव डाला था।

निश्चित रूप से नियमित स्कूल की कमी ने दूसरे पहलुओं को भी बुरी तरह प्रभावित किया था। 30 वर्ष की उम्र में मैंने पहली बार 'बाइलोइ आई डमी' (अतीत व ध्यान) और साहित्य की कई अन्य कृतियों को पढ़ा था (हालाँकि मुझे विश्वास नहीं है कि यह दोष है)। अधिक महत्त्व की रूसी भाषा है। जब मैं एम.जी.यू. के अपने दूसरे वर्ष में था, हम सभी ने श्रुतलेख लिखा था और 'असंतोषजनक' पाने के लिए मैंने आठ गलतियाँ की थीं। यहाँ तक कि अभी भी मैं गलतियों के साथ लिखता हूँ। व्याकरण संबंधी गलतियाँ उतनी महत्त्वपूर्ण नहीं हैं, जितनी कि लेखन की क्षमता, शैली व भाषा पर अधिकार। मेरी भाषा कुछ हद तक खराब है और मेरे वाक्यांश प्राय: अधिक स्पष्ट नहीं हैं। इस संबंध में मुझे जी.एस. गोरेलिक के साथ अपनी बातचीत याद आती है। वह अच्छी तरह से लिखने की क्षमता रखता था और मेरे प्रश्न "आपको इतनी अच्छी तरह से लिखने में क्या मदद करता है?" का उत्तर प्रश्न से दिया था—"आपने स्कूल में सप्ताह में कितनी बार रचनाएँ लिखी थीं?" मैंने उत्तर दिया था, "जैसे कि कभी-कभी सप्ताह में एक बार या दो सप्ताह में एक बार, मुझे याद नहीं आता है।" जी.एस. ने टिप्पणी की थी कि उसने स्विट्जरलैंड में अध्ययन किया और लगभग रोजाना रचनाएँ लिखी थीं। यही कारण है कि मेरे अपने स्कूली ज्ञान में अभी भी कुछ दरारें हैं। शर्मनाक है कि मैं विदेशी भाषा भी नहीं जानता हूँ, यद्यपि भगवान् का धन्यवाद करता हूँ कि मैंने किसी तरह अंग्रेजी में महारत हासिल कर ली है (लेकिन मैं केवल बोल सकता हूँ, तथापि गलतियों के साथ प्रतिवेदन बनता हूँ; जबकि मैं लगभग किसी की जाँच के बिना अपने दम पर नहीं लिख पाता हूँ। मैं यह सब लिख रहा हूँ, क्योंकि मैं दृढ़ता से इस निष्कर्ष पर आया हूँ कि व्यक्ति को वास्तविक काम करने और सफलता व संतोष प्राप्त करने के लिए इसकी बहुत जरूरत है। वास्तविक रूप में भाषा नहीं जानना एक कमी है। व्यापार के नुकसान के बारे में तो कुछ कहना ही नहीं है। यूरोपीय लोगों को इस प्रकार की समस्या नहीं है। कोई भी डच भौतिक विज्ञानी अच्छी तरह से अंग्रेजी जानता है और संभवत: जर्मन व फ्रेंच भी जानता है—भाषा की सुविधा होने पर वह स्कूल में पढ़ाई के बिना भी एक भाषा की महारत हासिल कर सकता है—बचपन से और उसके आगे शुरू होकर।

लेकिन यदि किसी व्यक्ति में भाषाई क्षमताएँ नहीं हैं तो? सचमुच में ये विशिष्ट क्षमताएँ हैं। उदाहरण के लिए, मैं कविता याद करने में बिल्कुल असमर्थ हूँ और सामान्य रूप से दिल से कुछ भी (उदाहरण के लिए, एक प्रतिवेदन) नहीं सीख पाता हूँ। स्कूल में बचपन के वर्षों में मैं शायद इन सबका सामना करने में सक्षम हो गया होता। अपने सारे जीवन में मुझे पछतावा रहा कि मैं भाषाएँ नहीं जानता, कि मैं इसके बारे में और उसके बारे में अधिक जान सकता था। यद्यपि जब आपका काम प्रगति पर होता है और इसमें बहुत रोचक चीजें होती हैं तो क्या आप क्रियाओं या नक्षत्रों के नाम सीखेंगे? मैं एक के लिए भी ऐसा करने में कभी सक्षम नहीं रहा।

कुल मिलाकर, कोई भी शैक्षणिक संस्थान किसी को बहुत ही अच्छा लेखक, भौतिक विज्ञानी या गणितज्ञ नहीं बना देगा, जब तक कि वह इसी तरह के सहज रुझान का प्रदर्शन नहीं करता हो। फिर भी, पहला अकेले झुकाव ही पर्याप्त नहीं होगा। कितने ही प्रतिभाशाली लोगों ने अपनी क्षमताओं को कभी भी 'वास्तविक नहीं बनाया' और शिक्षा में कमियों ने क्या भूमिका निभाई थी? दूसरा, माना जाता है कि अच्छी पृष्ठभूमि, प्रशिक्षण आदि औसत क्षमताओंवाले व्यक्ति में से योग्य पेशेवर बनाने में सक्षम हैं, अन्यथा जो परिश्रम से काम करनेवाला होगा, असफल हो जाएगा, कार्य में संतुष्टि प्राप्त नहीं करेगा आदि। कुल मिलाकर यह सब स्पष्ट है। मैं लिखता हूँ, जहाँ कहीं भी मुझे मेरी कलम ले जाती है—और इस विषय को छुआ जाता रहा है; क्योंकि मैंने बहुधा इस प्रश्न पर विचार-मंथन किया है कि स्कूल की प्रतिकूल परिस्थितियों के कारण मैंने क्या नुकसान उठाए हैं? निश्चित रूप से स्पष्ट उत्तर देना असंभव है।

एक तरफ, जैसा कि मेरा मानना है, मैं अपनी विनम्र क्षमताओं को 'वास्तविक बनाने' के संबंध में अत्यंत भाग्यशाली था। लेकिन दूसरी तरफ, यदि मैंने अच्छे 10 वर्ष स्कूल में अध्ययन किया होता, 'पेशेवर' पारिवारिक समर्थन (कोई नहीं था) के बारे में बात करना तो ही है। यहाँ मैं बेवजह एक और पसंदीदा विषय को छूना चाहता हूँ, जिस पर मैं कई बार बहुधा विचार करता हूँ। उदाहरण के लिए, एक खिलाड़ी को लेते हैं, जो कहे कि ओलंपिक विजेता बनने के लिए उसने 100 मीटर की दूरी 9.9 सेकंड में पूरी की और एक धावक, जिसने इसे 10.2 सेकंड में पूरा किया था, कांस्य पदक को भी खो देने के लिए चौथे स्थान पर रहा था (निश्चित रूप से ये आँकड़े काल्पनिक हैं)। यहाँ यादृच्छिक परिस्थितियों ने अपनी भूमिका निभाई होगी—वह कैसे सोया था? उसने क्या खाया था? उसने जूते को कैसे धक्का दिया

था आदि। सौभाग्यवश विज्ञान में यह मामला नहीं है—चौथे का समूह बहुत अधिक अच्छा है। वह अपना योगदान देता है, अच्छे शोध-पत्र लिखता है (इस समझदारी के साथ कि पहला बहुत अच्छा लिखता है); लेकिन संयोग व अच्छे भाग्य की भूमिका अभी भी महत्त्वपूर्ण हो सकती है। ऐसा कुछ आइंस्टीन जैसे महारथियों के लिए नहीं है। बहुत ही विशाल के लिए 'सुरक्षा सीमा' और दूसरों को पीछे छोड़ने का काम है। मैक्सवेल, बोहर, प्लैंक, पाउली, फर्मी, हीसेनबर्ग व डिराक की प्रतिभाएँ शायद ही अच्छे भाग्य, आकस्मिक विचार आदि के उतार-चढ़ाव पर निर्भर थीं। डी ब्रोग्ली और यहाँ तक कि स्क्रोडींगर भी, मुझे लगता है, यह एक अलग मामला था, कई नोबेल पुरस्कार विजेताओं के बारे में तो कुछ कहना ही नहीं। एम वॉन लाउ सुयोग्य भौतिक विज्ञानी थे; लेकिन वे कहते हैं कि क्रिस्टल में एक्स-रे विवर्तन एक 'बियर विचार' था (बिएरीडी)। ब्रैग्स, रोएंटजेन, जीमैन, स्टार्क, लेनार्ड, जोसेफसन, पेंजिअस व विल्सन, हेविश व रीले, चेरेनकोव, बासोव व प्रोखोरोव और पूरी सूची का तीन-चौथाई बहुत हद तक 'दिव्य' खुलासों की बजाय भाग्य स्पर्श थे। मैं केवल इस बात पर जोर देना चाहता हूँ कि सफलता की संभावना भाग्यशाली स्पर्शों और विविध कारकों पर निर्भर करती है, जिनमें स्वास्थ्य, एक समय पर पढ़ा हुआ लेख या पुस्तक, गतिविधि, महत्त्वाकांक्षा (प्रोत्साहन के रूप में) और संभवतः कई अन्य चीजें शामिल हैं।

□

विपत्ति से गुजरते हुए लीक की खोज

वाल्टर कॉन

कैलिफोर्निया विश्वविद्यालय, संयुक्त राज्य अमेरिका

(www.nobelprize.org)

मैं सन् 1923 में विएना के एक मध्यम वर्गीय यहूदी परिवार में पैदा हुआ था, प्रथम विश्व युद्ध के कुछ वर्षों बाद, जो ऑस्ट्रियाई लोगों के दृष्टिकोण से विनाशकारी था। मेरे माता-पिता दोनों ऑस्ट्रियाई-हंगरी साम्राज्य के कुछ हिस्सों में पैदा हुए थे। मेरे पिता होडोनिन (मोराविआ) और माँ ब्रॉडी, जो तब गैलिसिया (पोलैंड) में थीं, लेकिन अब यूक्रेन में हैं। बाद में दोनों अपने माता-पिताओं के साथ-साथ विएना आ गए थे। मुझे अपने पिता के माता-पिता का स्मरण नहीं है, जो अपेक्षाकृत युवावस्था में ही चल बसे थे। मेरे नाना-नानी रैपापोर्ट रूढ़िवादी यहूदी थे, जो सेवानिवृत्ति का सादा जीवन जीते थे और मेरे नाना का समय 'स्कूल' कहे जानेवाले यहूदी उपासना-गृह में प्रार्थना व धार्मिक पाठों में बीतता था। पिताजी ने एक व्यवसाय को आगे बढ़ाया

था, जिसका मुख्य उत्पाद उच्च गुणवत्ता-युक्त डाक-पत्रक थे, जो अधिकतर उनके प्रतिष्ठान द्वारा रखे गए समकालीन कलाकारों की चित्र-कृतियों पर आधारित थे। सदी के पहले दो दशकों में व्यापार का विकास हुआ; लेकिन उसके बाद आंशिक रूप से प्रथम विश्व युद्ध में अपने भाई की मृत्यु, ऑस्ट्रियाई राजशाही के विघटन एवं विश्व व्यापी आर्थिक मंदी के कारण वह धीरे-धीरे 1920 व 1930 के दशक में कठिन समय पर आ गया था। व्यवसाय को चलाने व परिवार को समर्थन देने के लिए पिताजी संकटों से संघर्ष करते रहे थे। जर्मन, लैटिन, पोलिश व फ्रेंच भाषा के अच्छे ज्ञान और ग्रीक, यहूदी व अंग्रेजी से कुछ परिचित मेरी माँ एक सुशिक्षित महिला थीं। मेरा मानना है कि उन्होंने गैलिसिया में शैक्षिक रूप से हाई स्कूल में पढ़ाई पूरी की थी। उनके माता-पिता के माध्यम से हमने पारंपरिक यहूदी धर्म के साथ संपर्क बनाए रखा। उसी समय मेरे माता-पिता, विशेष रूप से मेरे पिता, विएना के धर्मनिरपेक्ष कलात्मक व बौद्धिक जीवन का हिस्सा थे।

मेरे द्वारा प्राथमिक विद्यालय पूरा करने के बाद माँ ने मुझे 'अकडेमिश्च जिम्नेजियम' विएना शहर के एक अच्छे हाई स्कूल में दाखिल किया था। वहाँ लगभग पाँच वर्षों के लिए मैंने ग्रीक व लैटिन की ओर दृढ़ता से उन्मुख उत्कृष्ट शिक्षा प्राप्त की थी। उस समय लैटिन मेरा प्रिय विषय था, जिसकी वास्तुकला व संक्षिप्तता से मैं प्यार करता था। इसके विपरीत, मुझे गणित में कोई रुचि नहीं थी, न ही स्पष्ट प्रतिभा थी, जो नियमित रूप से पढ़ाया जाता था और मुझे केवल 'सी' स्तर के अंक प्राप्त थे। इस समय तक यह मेरी अनकही समझ थी कि मुझे अंततः पारिवारिक व्यवसाय को सँभालने के लिए कहा जाएगा—एक संभावना, जिसका मैंने परित्याग की भावना और कम-से-कम बिना उत्साह के साथ सामना किया था।

सन् 1938 में जर्मनी द्वारा ऑस्ट्रिया पर कब्जे ने सबकुछ बदल दिया था—पारिवारिक व्यवसाय जब्त कर लिया गया। लेकिन पिताजी को बिना किसी क्षतिपूर्ति के अपने प्रबंधन को जारी रखने की आवश्यकता थी। मेरी बहन कुछ अधिक तत्परता से इंग्लैंड में आप्रवासित होने में सफल हो गई और मुझे अपने स्कूल से निष्कासित कर दिया गया था।

आनेवाली शरद् ऋतु में मैं चाजेस जिम्नेजियम, एक यहूदी विद्यालय, में प्रवेश लेने में सफल रहा, जहाँ मुझे दो असाधारण शिक्षक मिले थे—भौतिकी के डॉ. एमिल नोहेल और गणित के डॉ. विक्टर सैबट। इन दो प्रेरणादायी शिक्षकों ने अपनी स्वयं की

गहरी समझ एवं विषयों के प्यार से हमें अवगत कराया था। फिर भी, मैं इस अवसर पर उनकी प्रेरणा, जिसकी विज्ञान में मेरी शुरुआती रुचि रही है, के प्रति अपना गहरा आभार व्यक्त करता हूँ।

मैं कृतज्ञ भाव के साथ लिखता हूँ कि द्वितीय विश्व युद्ध के दौरान दो बार मेरे माता-पिता से अलग होने के बाद, जो ऑस्ट्रिया छोड़ने में असमर्थ थे, मुझे अद्भुत परिवारों के घरों में ले जाया गया, जिन्होंने मुझे पहले कभी नहीं देखा था। ससेक्स (इंग्लैंड) में चार्ल्स व ईवा हाफ, जिन्होंने मेरी बड़ी बहन मिन्ना का भी स्वागत किया था। पिताजी की तरह चार्ल्स भी कला-प्रकाशन में ही थे और उनके व्यापार संबंध थे। कुछ वर्षों के बाद टोरंटो (कनाडा) के डॉ. ब्रूनो मेंडेल और उनकी पत्नी हेरथा मुझे तथा मेरे मित्र जोसेफ इसिंजर को अपने परिवार में ले गए थे। दोनों परिवारों ने पढ़ाई में मुझे दृढ़तापूर्वक प्रोत्साहित किया था। हॉफ दंपती ने ससेक्स के ईस्ट ग्रिंस्टीड काउंटी स्कूल और मेंडेल दंपती ने टोरंटो विश्वविद्यालय में। मैं कल्पना नहीं कर सकता कि मैं उनकी सहायता के बिना वैज्ञानिक कैसे बन पाता?

द्वितीय विश्व युद्ध के प्रकोप से तीन सप्ताह पहले, जब अगस्त 1939 में मैं इंग्लैंड पहुँचा, मैंने किसान बनने का मन बना लिया था (1930 के दशक के दौरान मैंने बहुत अधिक बेरोजगार बुद्धिजीवियों को देखा था) और कैंट में प्रशिक्षण कृषि क्षेत्र में काम करना शुरू कर दिया था। हालाँकि मैं गंभीर रूप से मस्तिष्क ज्वर से पीड़ित और शारीरिक रूप से दुर्बल हो गया था, इसलिए जनवरी 1940 में मेरे कार्यकारी माता-पिता हॉफ दंपती ने उपर्युक्त हाई स्कूल में जाने की व्यवस्था कर दी थी, जहाँ अनिश्चितता की अवधि के बाद मैंने गणित, भौतिकी व रसायन विज्ञान पर ध्यान केंद्रित किया।

वैसे, मई 1940 में मेरे 17 वर्ष के हो जाने के बहुत कम समय बाद पुरुष 'दुश्मन विदेशियों' (अर्थात् मेरे जैसे दुश्मन देश के अभय-पत्र धारकों) को प्रशिक्षित होने का आदेश दिया था—'समूह को गलपट्टा लगाओ' यह उसका नपातुला आदेश था)। मैंने इस्ले ऑफ मैन सहित विभिन्न अंग्रेजी शिविरों में दो माह बिताए थे, जहाँ मेरे स्कूल ने अध्ययन के लिए आवश्यक पुस्तकें भेज दी थीं। वहाँ मैंने थोड़ी सी समझ के साथ प्रशिक्षित किए जा चुके परिपक्व वैज्ञानिकों द्वारा प्रस्तुत गणित व भौतिकी पर कुछ व्याख्यानों के लेखा-परीक्षण भी किए थे।

जुलाई 1940 में मुझे जहाज से कनाडा में क्यूबेक सिटी भेज दिया गया; और वहाँ से रेलगाड़ी द्वारा ट्रोइस रिविएरेस के शिविर में, जिसने जर्मन नागरिकों और मुझ जैसे

शरणार्थियों दोनों को आवास प्रदान किया था। वहाँ फिर से प्रशिक्षुओं को पढ़ाए जाने के विविध पाठ्यक्रम प्रस्तुत किए गए थे। मुझे जो सबसे अधिक रुचिकर लगा और जिसमें दो छात्रों द्वारा भाग लिया गया था, वह था गणितज्ञ डॉ. फ्रिट्ज रॉथबर्जर द्वारा दिया गया समुच्चय सिद्धांत का पाठ्यक्रम। विएना से सबसे दयालु व विनम्र व्यक्ति डॉ. रॉथबर्जर कैंब्रिज (इंग्लैंड) में उन्नत निजी विद्वान् रहे थे। गणित की अंतर्निहित गहराई व सुंदरता के प्रति प्यार को दो छात्रों द्वारा अवशोषित किया गया था।

बाद में मुझे क्यूबेक व न्यू ब्रंसविक के दूसरे विभिन्न शिविरों में भेजा गया था। एक अन्य साथी प्रशिक्षु कला इतिहासकार डॉ. ए. हेकशर द्वारा मेरे जैसे लोगों के लिए अच्छे कैंप स्कूल का आयोजन किया गया, जिनकी शिक्षा बाधित होती आ रही थी और जो कनाडा के हाई स्कूल की आधिकारिक परीक्षा के लिए तैयार थे।

इस तरीके से मैं मैकगिल विश्वविद्यालय की कनिष्ठ प्रवेशिका परीक्षा और गणित, भौतिकी व रसायन विज्ञान की वरिष्ठ प्रवेशिका स्तरों की परीक्षाओं में उत्तीर्ण हुआ था। 18 वर्ष की उम्र के इस मोड़ पर मैं गणित में माध्यमिक रुचि के साथ भौतिकी में बहुत ही दृढ़ता के साथ पेशेवर जीवन की आशा कर रहा था।

मैं कृतज्ञता के साथ उल्लेख करता हूँ कि शिविर शैक्षणिक कार्यक्रमों को कनाडा के रेड क्रॉस और कनाडा के यहूदी परोपकारी स्रोतों से समर्थन प्राप्त हुआ था। मैं यह भी उल्लेख करता हूँ कि अधिकतर शिविरों में हमें लकड़हारे के रूप में काम करने और प्रतिदिन 20 सेंट अर्जित करने के अवसर मिले थे। सावधानीपूर्वक बचत की गई अच्छी धनराशि से मैं हार्डी की 'प्योर मैथेमेटिक्स' और स्लैटर की 'केमिकल फिजिक्स' पुस्तकें खरीदने से सक्षम हो गया, जो अभी भी मेरी अलमारी में हैं। जनवरी 1942 में मुझे प्रशिक्षण-कैद से रिहा कर दिया गया था और टोरंटो के प्रोफेसर ब्रूनो मेंडेल के परिवार में स्वागत किया गया था। इस बिंदु पर मैंने युद्ध के बाद अपने परिवार का समर्थन करने के लिए सक्षम होने के लिए भौतिकी की जगह अभियांत्रिकी को ग्रहण करने की योजना बनाई थी। मेंडेल दंपती ने मुझे प्रोफेसर लियोपोल्ड इन्फेल्ड, जो आइंस्टीन के साथ कई वर्ष रहने के बाद टोरंटो आए थे, से परिचय कराया था। मुझसे बातचीत (एक प्रकार से ड्राइंगरूम में ली गई मौखिक परीक्षा) के बाद इन्फेल्ड ने निष्कर्ष निकाला था कि मेरा वास्तविक प्रेम भौतिकी था और मुझे टोरंटो विश्वविद्यालय में उत्कृष्ट, बहुत कठोर कार्यक्रम में प्रवेश लेने की सलाह दी, जिसे तब गणित व भौतिकी कहा जाता था। उन्होंने तर्क दिया था कि यह

कार्यक्रम मुझे कम-से-कम किसी अभियांत्रिकी कार्यक्रम की तरह ही सभ्य जीवन की आय अर्जित करने में सक्षम बनाएगा।

मैं सौभाग्यशाली था कि मुझे टोरंटो में असाधारण गणित व व्यावहारिक गणित का कार्य मिल गया था। जिन चमत्कारी सदस्यों को मैं जीवंतता के साथ याद करता हूँ, वे थे बीज गणितज्ञ रिचर्ड ब्राउर, गैर-यूक्लिडवादी रेखा गणितज्ञ एच.एस.एम. कॉक्सेटर, पूर्व उल्लिखित लियोपोल्ड इनफेल्ड और शास्त्रीय व्यावहारिक गणितज्ञ जॉन लिघटन सिंज एवं एलेक्जेंडर वेइंस्टीन। इस समूह को बहुत हद तक डीन बीटी द्वारा इकट्ठा किया गया था। उन वर्षों में टोरंटो विश्वविद्यालय के गणित के छात्रों की मंडली प्रमुख उत्तरी अमेरिकी संस्थानों की मंडलियों से प्रतिस्पर्धा करती, लगातार पुटमैन प्रतियोगिता जीतती थी (रिकॉर्ड के लिए यहाँ मैं टिप्पणी करता हूँ कि मैंने कभी भाग नहीं लिया था।) भौतिकी में भी कई प्रतिष्ठित संकाय सदस्य थे, बहुत हद तक जॉन सी. मैकलेनन सबसे शुरुआती निम्न तापमान भौतिकविदों में से एक द्वारा नियुक्त किए गए, जो मेरे पहुँचने से पहले चल बसे थे। उनमें रमण विशेषज्ञ एच. एल. वेल्श, प्रकाशिकी में एम.एफ. क्रॉफोर्ड और निम्न-तापमान भौतिकविद् एच. जी. स्मिथ व ए. डी. मिसेनर। मेरे साथी छात्रों में आर्थर स्कावलोव था, जो बाद में लेजर के विकास के लिए नोबेल पुरस्कार साझा करने वाला था।

एक या दो गरमियों में साथ ही स्कूल वर्षों में अंशकालिक रूप से मैंने कनाडा की एक छोटी कंपनी के लिए काम किया था, जो सैनिक विमानों के लिए विद्युत् उपकरण विकसित करती थी। कुछ समय बाद मैंने उत्तरी ओंटारियो व क्यूबेक में स्वर्ण-भंडारों की खोज करनेवाले (और पानेवाले) एक भू-भौतिक विज्ञानी के लिए काम करते हुए दो गरमियाँ बिताई थीं।

अपने कनिष्ठ वर्ष के बाद मैं कनाडा की सेना में शामिल हो गया था। ए. वेइंस्टीन द्वारा यांत्रिकी में उत्कृष्ट उच्च श्रेणी के पाठ्यक्रम ने मुझे 'टॉप' व 'जाइरोस्कोप' के गति-विज्ञान से परिचित कराया था। 'गोलाकार पेंडुलम और भारी सममित टॉप के सिद्धांत में परिरेखा एकीकरण' यह शोध-पत्र ट्रांजेक्शंस ऑफ अमेरिकन मैथेमेटिकल सोसाइटी में प्रकाशित हुआ। एक वर्ष की सैनिक सेवा के अंत में चार वर्षों के अंतर-स्नातक कार्यक्रम में से केवल ढाई वर्ष पूरा करने बाद मुझे व्यावहारिक गणित में 'सक्रिय सेवा पर' युद्धकालीन स्नातक उपाधि मिल गई थी।

सेना से अपनी मुक्ति के बाद वर्ष 1945-46 में मैंने अपने छूट गए कुछ वरिष्ठ

पाठ्यक्रमों, स्नातक के पाठ्यक्रम, टॉप पर मेरे शोध-पत्र एवं 'परमाणु तरंग कार्यों के मापन' पर एक शोध-पत्र को मिलाकर बने स्नातकोत्तर का शोध-प्रबंध सहित उत्कृष्ट तीव्र स्नातकोत्तर कार्यक्रम लिया था।

मेरे शिक्षकों ने बुद्धिमानी से आग्रह किया था कि मैं पी-एच.डी. के लिए टोरंटो में नहीं रहूँगा; लेकिन आगे के अध्ययन के लिए वित्तीय सहायता बहुत मुश्किल से मिली थी। अंततः मैं हार्वर्ड में उत्कृष्ट लेहमैन फेलोशिप प्राप्त कर रोमांचित हुआ था। लियोपोल्ड इनफेल्ड ने अनुशंसा की थी कि मुझे जूलियन श्विंजर द्वारा स्वीकृत होना चाहिए, जिन्हें वे जानते थे और जो अभी भी अपने बीसवें वर्ष में थे तथा पहले से ही विश्व के सबसे रोमांचक सैद्धांतिक भौतिकविदों में से एक थे।

अपेक्षाकृत अलग-थलग टोरंटो विश्वविद्यालय से आकर और स्वयं को प्रतिष्ठित हार्वर्ड में पाकर, जहाँ बहुत से शिक्षक व स्नातक छात्र अभी लॉस एलामोस, एम.आई.टी. रेडिएशन लैबोरेटरी आदि में युद्ध से संबंधित उत्कृष्ट कार्य करते हुए बस, वापस ही आए थे, मैंने स्वयं को बहुत असुरक्षित महसूस किया और कम-से-कम एक वर्ष के लिए अस्तित्व-रक्षा का लक्ष्य निश्चित किया था। विभागाध्यक्ष जे.एच. वैन व्लेक बहुत दयालु थे। उन्होंने मुझे एक दूसरे व्यक्ति से अंतर रखने के लिए टोरंटो-कोहन के रूप में उल्लेख किया था, जिसने कुछ परेशानी पैदा की थी, जिसका मुझे बाद में पता चला था। एक बार वैन व्लेक ने 'ठोस का बैंड सिद्धांत' (बैंड थ्योरी ऑफ सॉलिड्स) में एक विचार के बारे में कहा था, जो बाद में 'मात्रा दोष पद्धति' (क्वांटम डिफेक्ट मेथड) के रूप में जाना गया और मुझसे पूछा था कि क्या मैं इस पर काम करना चाहता हूँ। मैंने विचार करने का समय माँगा था। कुछ दिनों बाद जब मैं उनके विचार को बिल्कुल भी पकड़े बिना वापस लौटा, मैंने अवसर के लिए उनका धन्यवाद किया; लेकिन व्याख्या की कि मुझे अभी तक नहीं पता था कि मैं भौतिकी के किस उपक्षेत्र में अपना शोध-प्रबंध करना चाहता था। मैं निश्चित था कि यह 'ठोस अवस्था भौतिकी' (सॉलिड स्टेट फिजिक्स) नहीं होगी। तब यह समस्या थॉमस कुहन (बाद में विज्ञान के दार्शनिक के रूप में प्रसिद्ध) का शोध-प्रबंध हो गई। बाद में मेरे व दूसरों के द्वारा आगे विकसित की गई थी। वैन व्लेक के साथ आधारभूत अलगाव के बावजूद ठोस अवस्था भौतिकी शीघ्र ही मेरे पेशेवर जीवन का केंद्र बन गई और वैन व्लेक एवं मैं आजीवन मित्र बन गए थे।

वैन व्लेक के साथ मेरी झड़प होने के बाद मैंने स्वयं को जूलियन श्विंजर के

समक्ष उनके शोधकर्ता छात्रों में से एक के रूप में स्वीकार किए जाने का अनुरोध प्रस्तुत किया था। शोधकर्ता व उन्नत स्नातक पाठ्यक्रमों (जैसे कि तरंग मार्गदर्शकों एवं परमाणु भौतिकी) के व्याख्याता के रूप में उनकी स्पष्ट प्रतिभा ने बहुत बड़ी संख्या में छात्रों को आकर्षित किया था—उनके सहित कई लोग, जो विभिन्न युद्ध संबंधी परियोजनाओं में समय बिताने के बाद अध्ययन में वापस आए थे।

मैंने परिवर्तन संबंधी सिद्धांत का उपयोग कर अपने बहुत मामूली प्रयास को श्विंजर को संक्षेप में बताया था। उन्होंने स्वयं ही युद्ध काल में तरंग-निर्देशक (वेवगाइड्स), प्रकाशिकी (ऑप्टिक्स) व परमाणु भौतिकी (न्यूक्लियर फिजिक्स) के लिए 'ग्रीन के कार्य' के परिवर्तन संबंधी नए उत्कृष्ट सिद्धांतों को विकसित किया था। (जल्द ही बाद में 'ग्रीन के कार्यों' ने मात्रा विद्युत्-गति विज्ञान/क्वांटम इलेक्ट्रोडायनेमिक्स पर उनके नोबेल पुरस्कार विजेता कार्य में महत्त्वपूर्ण भूमिका निभाई थी।) उन्होंने मिनटों में ही अपने लगभग दस शोध-छात्रों में से एक के रूप में मुझे स्वीकार कर लिया था। उन्होंने सुझाया था कि मुझे 'त्रि-संकाय बिखराव समस्या' (थ्री-बॉडी स्कैटरिंग प्रॉब्लम) के लिए 'ग्रीन के कार्य' की परिवर्तन संबंधी विधि विकसित करनी चाहिए, जैसे कि निम्न ऊर्जा न्यूट्रॉन-ड्यूट्रॉन बिखराव, जबकि मुझे अशुभ की आशंका प्रकट करते हुए चेतावनी दी थी कि वह स्वयं कोशिश करके हार चुके हैं। लगभग छह माह बाद जब मैंने कुछ आंशिक और बहुत असंतोषजनक नतीजे प्राप्त किए थे, मैं वैकल्पिक दृष्टिकोणों को खोजने लगा था और शीघ्र ही अधिक उचित रूप से प्राथमिक सूत्रीकरण पा लिया, जो बाद में बिखराव के लिए कोहन के परिवर्तन संबंधी सिद्धांत के रूप में जाना गया और नाभिकीय, परमाणविक व आणविक समस्यायों के लिए उपयोगी था। क्योंकि मैंने श्विंजर की प्यारे 'ग्रीन के कार्यों' को घेर लिया था, मुझे लगा था कि वह बहुत निराश हो गया है। फिर भी सन् 1948 में उन्होंने इस कार्य को मेरे शोध-प्रबंध के रूप में स्वीकार कर लिया था।

पीछे मुड़कर देखते हुए मैं बहुत ही भाग्यशाली महसूस करता हूँ कि वैज्ञानिक प्रगति के महान् नाटक में मुझे एक छोटी सी भूमिका मिली थी और परिवार सहित उन सभी लोगों—दयालु 'कार्यकारी अभिभावक', शिक्षक गण, सहकर्मियों, छात्रों व विभिन्न उम्र के सहयोगियों के लिए सबसे अधिक आभारी हूँ, जिन्होंने इस सबको संभव बना दिया था। यह एक रोचक यात्रा रही है।

□

उत्तरदायित्व का निर्वाह करें

जीन-मैरी पी. लेहन

लैबोरेटरी ऑफ सुप्रामॉलिक्यूलर केमिस्ट्री, स्ट्रासबर्ग, फ्रांस

(www.nobelprize.org)

विज्ञान भविष्य की पीढ़ी के लिए सबसे रोमांचक परिप्रेक्ष्य प्रदान करता है। यह ब्रह्मांड की जीवित जगत् के साथ-साथ निर्जीव की संरचना व रूपांतरण पर रासायनिक विज्ञान की हमेशा अधिक रचनात्मक शक्ति, रोग, उम्र बढ़ने और यहाँ तक कि मानव प्रजातियों के विकास पर नियंत्रण रखने की बढ़ रही क्षमता, मस्तिष्क की कार्य-प्रणाली, चेतना की प्रकृति एवं विचारों की उत्पत्ति में गहन प्रवेश की अधिक संपूर्ण समझ का वादा करता है।

सबसे पहले मैं अपनी गतिविधि के क्षेत्र रसायन विज्ञान के बारे में कुछ शब्द कहना चाहूँगा—उसके बारे में, जो मेरे लिए इसे इतना आकर्षक बनाता रहा है। वास्तव में रसायन-शास्त्र प्राकृतिक विज्ञान व ज्ञान के साथ-साथ अपने आर्थिक

महत्त्व एवं हमारे दैनंदिन जीवन की सर्वव्यापकता में अपने स्थान से केंद्रीय भूमिका निभाता है। हर जगह उपस्थित होने के कारण इसे भुला दिया जाता है और इस पर किसी का ध्यान नहीं जाता। यह अपने को विज्ञापित नहीं करता है; लेकिन इसके बिना उन उपलब्धियों को, जिन्हें हम भव्य मानते हैं, वे दिन का प्रकाश नहीं देखेंगे—चिकित्सीय दोहण, अंतरिक्ष में साहसिक कार्य, प्रौद्योगिकी में चमत्कार और बहुत कुछ यह मानवता की आवश्यकता को पूरा करने में योगदान देता है—भोजन व दवा, कपड़े व आश्रय, ऊर्जा व कच्चे माल तथा परिवहन व संचार में। यह भौतिकी व उद्योग के लिए सामग्रियों, जीव-विज्ञान व चिकित्सा के लिए प्रतिरूप (मॉडल) व पदार्थ, विज्ञान व प्रौद्योगिकी के लिए गुण व प्रक्रियाओं की आपूर्ति करता है।

जीवन के अणुओं के अन्वेषण के अलावा रसायन विज्ञान वांछित रासायनिक या भौतिक गुण धारण करनेवाली गैर-प्राकृतिक प्रजातियों को भी ढूँढ़ता है। यह जीव-विज्ञान व भौतिकी के साथ रसायन-विज्ञान के मिलन-बिंदु पर रसायनज्ञ की रचनात्मक कल्पना के लिए द्वार खोलता है।

एक कलाकार की तरह रसायनज्ञ रचनात्मक कल्पना के उत्पादों के मामले की तह तक जाता है। पत्थर, ध्वनियों व शब्दों में वे कृतियाँ नहीं होतीं, जो मूर्तिकार, संगीतकार व लेखक उनके द्वारा व्यक्त करते हैं। इसी तरह रसायनज्ञ प्रकृति द्वारा प्रदान किए गए तत्त्वों से मूल अणुओं, नए पदार्थों व नए गुणों की रचना करता है।

रसायन-विज्ञान का सार न केवल खोज करना, बल्कि आविष्कार करना और सबसे ऊपर, रचना करना है। रसायन-विज्ञान की पुस्तकें न केवल पढ़े जाने के लिए, बल्कि लिखे जाने के लिए भी हैं। रसायन-विज्ञान की स्वर-लिपि न केवल वादन किए जाने के लिए, बल्कि रचना किए जाने के लिए भी हैं।

ज्ञान की सामान्य प्रगति व प्रौद्योगिकी संबंधी विकास के परे विज्ञान समाज पर जो सबसे महत्त्वपूर्ण प्रभाव डाल सकता है और डालना भी चाहिए, वह उसकी आत्मा है, जिसमें विश्व, जीवन व समाज के प्रति वैज्ञानिक एवं तर्कसंगत दृष्टिकोण अंतर्निहित है।

स्कूलों, कॉलेजों व विश्वविद्यालयों के साथ-साथ जनसाधारण में भी विज्ञान की शिक्षा मुख्य प्राथमिकता होनी चाहिए।

- कल के शोधकर्ताओं, आविष्कारकों व रचनाकारों को प्रशिक्षित करने के लिए।

- तर्कहीन भय व अस्वीकृतियों से ऊपर उठने के लिए।
- अस्पष्ट, धोखेबाज, तर्कहीन से लड़ने के लिए वैज्ञानिक भावना, वैज्ञानिक दृष्टिकोण विकसित करने के लिए।

एक निरंतर व उत्तेजित करनेवाली समस्या है—अस्वीकार्य उत्तर-दक्षिण असंतुलन। समाधान प्रस्तुत करना विकसित देशों का उत्तरदायित्व है। वैज्ञानिक प्रगति फिर से निर्णायक है। एक व्यक्ति उम्मीद कर सकता है कि विकसित देशों में शोध से निकलनेवाली दवा और उन्नत प्रौद्योगिकियों की प्रगति कम विकसित देशों में बीमारियों से लड़ने के साधन प्रदान करती है और सतत विकास की अनुमति देती है।

समाज व नैतिकता के प्रति वैज्ञानिकों के दृष्टिकोण से संबंधित एक बहुत ही वास्तविक मुद्दा है। मेरा दृढ़ मत है कि वैज्ञानिक सबसे प्रथम सत्य के प्रति उत्तरदायी हैं। नैतिकता सापेक्ष धारणा है और नैतिक मूल्यांकन समय, अवस्थिति एवं ज्ञान की प्रगति के साथ बदलते हैं। ज्ञान व सच्चाई का अनुसरण करने के लिए प्रकृति, जीवन या जगत् पर वर्तमान विमर्शों को छोड़ देना चाहिए। आज की हमारी अंतर्दृष्टि केवल संकीर्ण जैसी हो सकती है और हमें भविष्य के ज्ञान-दीपकों को बुझाने का कोई अधिकार नहीं है।

विज्ञान के भविष्य के लिए, हमारे भविष्य के लिए यह दृष्टिकोण पहले से ही कलाकार व वैज्ञानिक लियोनार्डो दा विंची के द्वारा सबसे उपयुक्त शब्दों में व्यक्त किया गया है, जब वह लिखते हैं—

"जहाँ प्रकृति स्वयं अपनी प्रजातियों को उत्पन्न करना बंद करती है, मनुष्य प्राकृतिक चीजों का उपयोग कर इस प्रकृति के साथ सामंजस्य स्थापित कर अनंत प्रजातियों को रचने के लिए शुरू होता है।"

विज्ञान और मानव जाति का भविष्य आनेवाली पीढ़ियों के हाथों में निहित है। उन्हें चुनौती को स्वीकारने दें। प्रोमेथियस ने आग पर विजय प्राप्त की है और हम इसे वापस नहीं दे सकते। हमें उत्साह, दृढ़ संकल्प एवं जिम्मेदारी की गहरी समझ के साथ चलना होगा—ज्ञान-वृक्ष के रास्ते से लेकर नियति के नियंत्रण तक।

☐

विकासशील देशों में विज्ञान व वैज्ञानिक

अब्दुश सलाम

इंटरनेशनल सेंटर फॉर थिओरेटिकल फिजिक्स, ट्रिएस्ट, इटली

(www.nobelprize.org)

मेरा जन्म सन् 1926 में ग्रामीण शहर झांग—तब ब्रिटेन-शासित भारत का हिस्सा, अब पाकिस्तान—में हुआ था। मेरे पिताजी शिक्षक व शिक्षा विभाग में अधिकारी थे और माँ एक गृहिणी थीं। मेरे छह भाई व एक बहन थी। मेरा परिवार किसी भी प्रकार से धनी नहीं था। पिताजी ने मेरे स्कूल के कार्य में बहुत अधिक रुचि ली थी। मुझे लेकर उनकी बहुत सी महत्त्वाकांक्षाएँ थीं। मुझे भारतीय प्रशासनिक सेवा के लिए पूर्व लक्षित किया गया था, जिसमें प्रतियोगी परीक्षा में प्रवेश होता था। यद्यपि यह नहीं होना था, जैसा कि मेरे जीवन की घटनाओं ने अलग मोड़ लिया।

मुझे याद आता है कि सन् 1936 के आस-पास, जब मैं स्कूल में था, शिक्षक प्रकृति के मूलभूत बलों पर व्याख्यान दे रहे थे। उन्होंने गुरुत्वाकर्षण से शुरू किया।

निश्चित रूप से हम सभी ने गुरुत्वाकर्षण के बारे में सुना था। तब वे बिजली पर कहने लगे, "अब एक बल है, जिसे विद्युत् कहा जाता है; लेकिन यह हमारे शहर झांग में नहीं रहता है। यह राजधानी शहर लाहौर में रहता है—100 मील पूरब में।" उन्होंने परमाणविक बल के बारे में बस, सुना ही था और कहा था, "वह केवल यूरोप में अस्तित्व में है।" यह प्रदर्शित करता है कि एक विकासशील देश में क्या कुछ पढ़ाया जाता था।

जब मैं 14 वर्ष का था, मैंने रिकॉर्ड सर्वोच्च अंकों से गवर्नमेंट कॉलेज, लाहौर के लिए छात्रवृत्ति प्राप्त की थी। मुझे याद आता है कि जब मैं लाहौर से साइकिल चलाकर घर पहुँचा, पूरा शहर मेरे स्वागत के लिए निकल आया था। जब मैं 16 वर्ष की उम्र का था, तब मैंने पहला शोध-पत्र लिखा, जो एक गणित पत्रिका में प्रकाशित हुआ; लेकिन मैं तब तक शोध पर मुग्ध नहीं हुआ, जब तक कि कैंब्रिज विश्वविद्यालय नहीं चला गया था।

कैंब्रिज जाने के लिए छात्रवृत्ति प्राप्त करने में मैं बहुत सौभाग्यशाली था। युद्ध के कारण प्रसिद्ध भारतीय नागरिक सेवा परीक्षाओं को निलंबित किया जाता रहा था और यही एक निधि थी, जिसके लिए पंजाब के प्रधानमंत्री द्वारा पैसा एकत्रित किया जाता था। इस धन का युद्ध के दौरान उपयोग किए जाने के लिए लक्षित किया जाता रहा था; लेकिन उसमें कुछ बिना उपयोग के बच गया और विदेश में पढ़ाई के लिए पाँच छात्रवृत्तियाँ रखी गई थीं। वह सन् 1946 था और मैं उन अंग्रेजी परिवारों से भरे जहाजों में से एक में स्थान पाने में सफल रहा, जो भारतीय स्वतंत्रता से पहले विदा हो रहे थे। यदि मैं उस वर्ष नहीं गया होता, कैंब्रिज जाने में सक्षम नहीं हो पाता तो आनेवाले वर्ष में भारत व पाकिस्तान का विभाजन हुआ था और छात्रवृत्ति बस, तब से गायब हो गई थी।

कैंब्रिज में दो वर्षों में मैंने गणित प्रतिष्ठा (मैथमेटिक्स ट्राईपॉस) की परीक्षा में प्रथम स्थान हासिल किया। छात्रवृत्ति व पसंद के अर्थ में मेरे पास अभी भी उच्चतर गणित, अर्थात् गणित प्रतिष्ठा का तीसरे भाग में आगे जारी रहने के लिए या फिर भौतिकी प्रतिष्ठा में जाने के लिए तीसरा वर्ष बचा हुआ था। अपने अनुशिक्षक फ्रेड होयल की सलाह पर, जिन्होंने कहा था, "यदि तुम भौतिक विज्ञानी बनना चाहते हो, यहाँ तक कि सैद्धांतिक भौतिक विज्ञानी, तुम्हें अवश्य ही कैवेंडिश में प्रयोगात्मक कोर्स करना चाहिए। अन्यथा तुम शायद कभी भी प्रयोगात्मक भौतिक विज्ञानी बन

पाने में सक्षम नहीं हो पाओगे।" मैं कैवेंडिश लैबोरेटरी में शामिल हो गया, जहाँ रुदरफोर्ड ने परमाणु की संरचना पर अपने प्रयोगों को पूरा किया था। प्रयोगात्मक कार्य के लिए कैवेंडिश अति विशिष्ट प्रयोगशाला तथा विश्व भर के भौतिक विज्ञानियों का ध्यान-केंद्र थी। यद्यपि प्रयोगात्मक उपकरणों के प्रति मुझमें बहुत ही कम धैर्य था। अच्छे प्रयोगकर्ता होने के लिए आपको उन चीजों के प्रति धैर्य रखना आवश्यक होता है, जो हमेशा आपके नियंत्रण में नहीं होतीं। मुझे लगता है कि सिद्धांतवादियों को भी धैर्यवान् होना पड़ता है; लेकिन ऐसा कुछ अपनी स्वयं की रचना, अपने स्वयं के निर्माण, अपनी स्वयं की बेवकूफियों के साथ होता है।

मुझे जो सबसे पहला प्रयोग करने के लिए कहा गया था, वह दो सोडियम 'डी' रेखाओं—सोडियम वर्णक्रम की सबसे प्रमुख रेखाओं—के तरंग-दैर्घ्य में अंतर को मापना था। मैंने अनुमान लगाया कि यदि मैंने ग्राफ पेपर पर सीधी रेखा खींची तो इसके अवरोधन से मुझे अपेक्षित मात्रा मिलेगी, जो मुझे मापनी थी। गणितीय रूप से एक सीधी रेखा को दो बिंदुओं से परिभाषित किया जाता है और यदि आप अन्य पठन लेते हैं तो वह गणितीय रूप से पर्याप्त होना चाहिए; क्योंकि तब आपके पास उस रेखा पर तीन बिंदु होंगे—दूसरा सीधी रेखा को परिभाषित करने लिए और तीसरा बिंदु की पुष्टि करने के लिए। उपकरण को स्थापित करने में मैंने तीन दिन बिताए थे। उसके बाद मैंने तीन पठन लिये थे और उन्हें अंक प्रदान कराने के लिए ले गया था। उन दिनों वर्ग में प्रयोगात्मक कार्य का अंकन आपकी अंतिम परीक्षा में जोड़ा जाता था। सर डेनिस विल्किंसन न लोगों में से एक थे, जो हमारे प्रयोगात्मक कार्य का पर्यवेक्षण करते थे और मैं उनके पास गया था। उन्होंने मेरी सीधी रेखा को देखा और पूछा था, "तुम्हारी पृष्ठभूमि क्या है?"

मैंने कहा था, "गणित।"

उन्होंने कहा था, "ओह, मैंने यही सोचा था। तुम्हें पता है कि तीन पठन लेने की जगह एक हजार पठन लेना और सीधी रेखा खींचनी चाहिए थी।"

उस समय तक मैं अपनी उपकरण-व्यवस्था को विघटित कर चुका था और वापस नहीं जाना चाहता था। इसीलिए वर्ष के शेष समय में मैंने सर डेनिस विल्किंसन से दूर रहने के लिए बहुत कठिन कोशिश की थी। मुझे अभी भी याद आता है कि परिणाम वर्ष 1949 में आए थे। मैं कैवेंडिश में टँगे परिणाम-पत्रों को देख रहा था और सर विल्किंसन पीछे से आए। उन्होंने मुझे देखा और पूछा, "तुम्हें किस प्रकार

की श्रेणी मिली है?" और मैंने बहुत विनम्रता से कहा था, "मुझे प्रथम श्रेणी मिली है।" वह अपनी एड़ी पर पूरा चक्कर घूम गए थे—360 डिग्री, पूरी तरह गोल घूम गए थे और कहा, "तुम्हें दिखाता हूँ, तुम लोगों के बारे में कितना गलत हो सकते हो।"

सन् 1951 में मैं लाहौर वापस चला गया और वहाँ विश्वविद्यालय में पढ़ाने लगा; लेकिन भौतिक विज्ञानी के रूप में मैं पूरी तरह अलग-थलग था। शोध-पत्रिकाएँ प्राप्त करना और अपने विषय के संपर्क में बहुत ही मुश्किल था। भौतिक विज्ञानी बने रहने के लिए मुझे अपना देश छोड़ना था। दूसरों से इस संपर्क की कमी ही विकासशील देश में वैज्ञानिक होने के नाते सबसे बड़ा अभिशाप है। आपके पास कोई विशेष निधि व अवसर नहीं होते, जो अधिक धनी देशों के लोगों के लिए होते हैं, पाठ्यक्रम के मामले के रूप में आनंद उठाते हैं। वहाँ एक ही क्षेत्र में सोचने तथा काम करनेवाले लोगों के समुदाय नहीं होते हैं। यही वजह है कि हमने इंटरनेशनल सेंटर फॉर थिओरेटिकल फिजिक्स, जिसे मैंने सन् 1964 में ट्राइएस्ट में स्थापित किया था, में लोगों को एक साथ लाकर ठीक करने का प्रयास किया है। यह केंद्र वैज्ञानिकों को अधिकांश समय अपने देश में रहने, लेकिन तीन या उससे अधिक केंद्र में आकर अपना शोध पूरा करने की संभावना प्रदान करता है। वे एक विषय में काम करनेवाले लोगों से मिलते हैं, नए विचार सीखते हैं और अपने देश में विज्ञान व प्रौद्योगिकी की छवि को बदलने के लिए विशेष कार्य (मिशन) से आवेशित होकर अपने देश में लौट सकते हैं।

मैं सेंट जॉन कॉलेज के व्याख्याता व अध्येता के रूप में सन् 1954 में कैंब्रिज लौट आया था। तीन वर्षों के बाद मैंने इंपीरियल कॉलेज में प्राध्यापक का पद स्वीकार किया, जहाँ मैं विश्व के सबसे अच्छे सैद्धांतिक भौतिकी समूहों में से एक को स्थापित करने में सफल रहा था।

भौतिक विज्ञान के क्षेत्र में मेरे पेशेवर जीवन का शिखर वर्ष 1979 में आया था, जब मैंने विद्युत् चुंबकत्व के एकीकरण व 'इलेक्ट्रोवीक' (एक शब्द, जिसकी रचना मैंने सन् 1978 में की थी) सिद्धांत में कमजोर परमाणु शक्ति, जो बीसवीं सदी की भौतिकी की प्रमुख उपलब्धियों में से एक है, के लिए शेल्डन ग्लैशो व स्टीवन वीनबर्ग के साथ नोबेल भौतिकी पुरस्कार साझा किया था। इस सिद्धांत ने भविष्यवाणियाँ की थीं, जिन्हें प्रयोग द्वारा सत्यापित किया जा सकता था। इनमें से सबसे अधिक खुलासा करनेवाला यह था कि नया कण चरम ऊर्जाओं में अस्तित्व में रहता है। इस सिद्धांत

का परीक्षण करने के लिए हमें नए उपकरणों के निर्माण के लिए 'महान् कण त्वरक' (ग्रेट पार्टिकल एक्सेलरेटर) पर काम करनेवाले प्रयोगात्मक भौतिकविदों को समझना था—सिद्धांत रूप में ऐसी स्थितियों की रचना के लिए, जो ब्रह्मांड के जन्म में पहले कुछ क्षणों के समान हो। सन् 1983 में अंतिम पुष्टि प्राप्त हुई थी, इस खोज के साथ कि भविष्यवाणी किए गए कण मध्यवर्ती वेक्टर बोसोन्स अस्तित्व में थे। W+, W- व Z^0 कहे जानेवाले ये परिकल्पित कण सी.ई.आर.एन. एक्सेलरेटर की ब्रह्मांडीय स्थितियों में कुछ अस्थिर क्षणों के लिए देखे गए थे। यह अस्थायी अस्तित्व प्रदर्शित करने के लिए पर्याप्त था कि 'एकीकरण सिद्धांत' पदार्थ की मूलभूत प्रकृति का सटीक वर्णन था। यह प्रयोगात्मक सत्यापन सन् 1984 में कार्लो रूबिया व साइमन वान डेर मीर को नोबेल पुरस्कार प्रदान किए जाने का कारण बना था।

मैंने पहले विकासशील विज्ञान कार्य करने में आनेवाली कठिनाइयों के बारे में कहा था। मैं एक आह्वान के साथ इसे समाप्त करना चाहूँगा। विकासशील देशों में विज्ञान के लिए आवंटित निधियाँ छोटी होती हैं और वैज्ञानिक समुदाय कम महत्त्वपूर्ण। विकासशील देशों को महसूस करना चाहिए कि वैज्ञानिक स्त्री-पुरुष मूल्यवान् परिसंपत्ति होते हैं। उन्हें अपने देश में वैज्ञानिक व प्रौद्योगिकी संबंधी विकास के लिए अवश्य ही अवसर व उत्तरदायित्व प्रदान किया जाना चाहिए। बहुधा जो बहुत कम संख्या अस्तित्व में होती हैं, उनका योग्यता से कम उपयोग किया जाता है। लक्ष्य उनकी संख्या को बढ़ाने के लिए होना चाहिए; क्योंकि विज्ञान व प्रौद्योगिकी की संपन्नता-विपन्नता के बीच में बँटा हुआ विश्व साम्यावस्था में नहीं टिक सकता। इस असमानता का निवारण करना हमारा कर्तव्य है।

□

भौतिकी क्यों?

मीरियम पी. सराचिक

सिटी कॉलेज ऑफ न्यूयॉर्क, संयुक्त राज्य अमेरिका

(www.nobelprize.org)

ऐतिहासिक परिस्थितियों के कारण मेरे शुरुआती वर्ष घटना-प्रधान व असामान्य थे। मैं सन् 1933 में पैदा हुई। उसी वर्ष हिटलर सत्ता में आया था और आनेवाली घटनाओं ने मेरे जीवन को अपरिवर्तनीय रूप से बदल दिया। जो मेरे परिवार के बेल्जियम पलायन करने का कारण बना। हमें वर्ष 1941 के अंत में क्यूबा में शरण मिली थी, जहाँ मैं आठ से साढ़े तेरह वर्ष की उम्र तक रही और फिर प्रतिज्ञा, स्वतंत्रता व असीम संभावनाओं की भूमि संयुक्त राज्य अमेरिका में आप्रवासित हो गई थी। यह वह जगह है, जहाँ मैंने हाई स्कूल, कॉलेज, ग्रेजुएट स्कूल में प्रवेश लिया और उपाधियाँ प्राप्त की थीं।

मेरा परिवार व समुदाय बहुत ही पारंपरिक था। महिलाओं से घर से बाहर काम

करने की अपेक्षा नहीं की जाती थी। बच्चों को बड़ा करने और उनकी देखभाल के लिए महिलाएँ उत्तरदायी थीं, जो कि निश्चित रूप से कठिन कार्य है; लेकिन वे अपने स्वयं के पेशेवर जीवन की शुरुआत नहीं करती थीं। यदि महिलाएँ घर के बाहर काम करती थीं तो यह संकेत होता था कि उनके पति अकर्मण्य तथा जीविकोपार्जन में असमर्थ थे।

थोड़े उबाऊ व निराशाजनक रूप में मुझे अपने बहुत ही प्रारंभिक वर्ष याद हैं। मेरा जीवन उस दिन बदल गया, जब मैं स्कूल गई थी। इसने मेरे लिए पूरी तरह से नया व रोमांचक विश्व खोल दिया था। पढ़ना मेरे लिए खुशी थी, अंक खुशी थे। मैं सचमुच इसे प्यार करती थी। स्कूल जाने से पहले मैं एक प्यारी व अच्छी बच्ची मानी जाती थी; लेकिन कुछ उदास व आलसी। किंतु अब मैं योग्य व विशेष मानी जाती थी। पहली कक्षा के बाद मेरी पढ़ाई एक वर्ष से अधिक समय तक बाधित रही थी, जैसा कि हम एक देश से दूसरे देश में भाग रहे थे। यद्यपि मेरे पिता ने पुस्तकों पर पैसा खर्च करना अस्वीकृत कर दिया था (हम भयावह खतरे में थे और ऐसी चीजों के लिए हमारे पास समय या पैसा नहीं था)। तब माँ ने मेरे पढ़ने के लिए पुस्तकें खरीदी थीं। और मैं हर पुस्तक को तब तक बार-बार पढ़ती रहती, जब तक कि मुझे दूसरी पुस्तक पढ़ने को नहीं मिलती थी।

मैं आठ वर्ष की थी, जब मेरा परिवार हवाना पहुँचा था और मैं फिर से स्कूल जा सकी। मुझे कई चीजों में रुचि थी। मुझे व्याकरण, भाषाएँ, शरीर रचना विज्ञान, भूगोल—लगभग सबकुछ पसंद आया था। मैं बहुत अधिक पढ़ती, पियानो बजाती और संगीत से बहुत प्यार करती थी। अंकगणित, बीजगणित, प्रतिमानों व मात्रात्मक चीजों में सामान्य रूप से विशेष आनंद लेती थी। जब मुझे चयन करना पड़ा, अंततः मुझे किस चीज ने भौतिक विज्ञान पर व्यवस्थित होने के लिए तैयार किया था? मैं निश्चित नहीं हूँ कि मुझे उत्तर पता है। जिन विषयों से कभी भी मेरा सामना हुआ था, उनमें भौतिक विज्ञान सबसे कठिन लगा था और मैंने शुरुआत में उसमें बहुत खराब प्रदर्शन किया था। यह वास्तविक चुनौती थी। अन्य चीजें मेरे लिए अपेक्षाकृत आसान रही थीं। भौतिक विज्ञान कठिन था और भौतिक विज्ञान को बहुत उच्च सम्मान दिया जाता था। यह मेरे पिता द्वारा बौद्धिक उपलब्धि का प्रतीक माना जाता था। मैं इससे बहुत प्यार करती थी, इसका सम्मान करती थी और बहुत अधिक प्रशंसा करती थी। पिताजी मेरी शैक्षिक गतिविधियों के बारे में उत्सुकता के साथ उलझे हुए थे। एक

तरफ वे बौद्धिक उत्कृष्टता को बहुत अधिक महत्त्व देते और मुझे उत्कृष्ट प्रदर्शन के लिए प्रोत्साहित करते थे। यदि जीवन ने उन्हें संयोग और अवसर दिया होता तो निश्चित रूप से उन्होंने भौतिक विज्ञानी बनना चुना होता। दूसरी तरफ, मैं लड़की थी और लड़कियों को शादी करके बच्चे पैदा करने चाहिए।

मैंने सन् 1954 में मुख्य विषय भौतिकी के साथ स्नातक की उपाधि अर्जित की थी (बर्नार्ड कॉलेज से, यद्यपि सभी पाठ्यक्रम कोलंबिया में सड़क पर दिए गए थे, क्योंकि हम लड़कियों में से विषय में रुचि रखनेवाली पर्याप्त नहीं थीं)। फिलिप सराचिक और मैंने उस गरमी में शादी की थी और यह उस जीवन में आगे बढ़ने का समय था, जिसे जीने की मैंने अपेक्षा की थी, लेकिन थोड़ा इंतजार करने में कोई बुराई नहीं है और मैंने कोलंबिया विश्वविद्यालय के समीप आई.बी.एम. की वाटसन लैबोरेटरीज में नौकरी कर ली। उस समय तक मैं बहुत हद तक भौतिक विज्ञान द्वारा आकर्षित की जा चुकी थी। यह अभी तक कठिन था, लेकिन मैं कर सकती थी और यह मनमोहक था। मैं पी-एच.डी. करना चाहती थी, लेकिन मैंने महसूस किया था कि मुझे अवश्य ही ऐसा नहीं करना चाहिए, लेकिन नीचे सड़क पर कोलंबिया में एक या दो स्नातक पाठ्यक्रम लेने में कोई हानि नहीं थी। थी क्या? जब मेरे पति ने विद्युत् अभियांत्रिकी में पी-एच.डी. करने का फैसला किया था, तब मैंने स्वयं को वही करने की अनुमति दे दी थी।

मेरे चुने हुए मार्ग में कई चुनौतियाँ मेरी प्रतीक्षा कर रही थीं। उन दिनों भौतिकी में पी-एच.डी. के लिए बहुत कम महिला उम्मीदवार होती थीं। मुझे प्राध्यापकों से कोई प्रोत्साहन नहीं मिला था। दूसरी ओर, महिलाओं की क्षमता व भूमिका के बारे में कई संकाय सदस्यों की नकारात्मक धारणाओं को छोड़कर वहाँ प्रत्यक्ष बाधाएँ नहीं थीं। हम सभी को समान परीक्षाएँ उत्तीर्ण करनी थीं, शोध-प्रबंध लिखना और उसका बचाव करना था।

लेकिन उस रास्ते पर अगला कदम बहुत अलग था—मुझे पहली नौकरी करने में काफी कठिनाइयों का सामना करना पड़ा। मेरा मानना है कि समस्या का हिस्सा, संभवतः बड़ा हिस्सा, यह था कि अपनी पहली बेटी कारेन को जन्म देने के बाद मैं माँ बन गई थी, लेकिन पराक्रम से दृढ़ बनी रही और इस चुनौती को भी पूरा करने में सफल रही थी।

मैं अपने मध्यवर्ती वर्षों पर ध्यान केंद्रित नहीं करूँगी। संक्षेप में, आई.बी.एम.

की वाटसन लैबोरेटरीज और दूसरा बेल टेलीफोन लैबोरेटरीज में डॉक्टरेट के बाद मैं न्यूयॉर्क के सिटी कॉलेज के संकाय में शामिल हो गई थी, जहाँ मैंने अनिवार्य रूप से अपना पूरा पेशेवर जीवन बिता दिया था। मैंने सी.सी.एन.वाई. के हर पहलू का आनंद उठाया था। मैंने एक औसत श्रेणी की शिक्षिका के रूप में शुरुआत की थी और समय के साथ अधिक अच्छा करने के लिए सीखती हुई अध्यापन से प्यार करने लगी। मैंने पिछले वर्षों में अपने विभाग व विश्वविद्यालय में सामान्य जिम्मेदारियाँ निभाईं।

लेकिन अपने अनुसंधान से सबसे बड़ी खुशी और संतुष्टि प्राप्त की है, जहाँ मुझे विश्वास है कि मैंने कुछ महत्त्वपूर्ण योगदान दिए हैं, जब मैं पी-एच.डी. के बेल लैब्स में एक शोधार्थी के रूप में काम कर रही थी। मैंने प्रयोगात्मक मापन किया, जो स्थानीय क्षणों की उपस्थिति और कुछ मिश्र धातुओं में तापमान बनाम प्रतिरोध न्यूनतम होने की घटना के बीच एक-से-एक संवाद स्थापित करता था। समकालीन रूप से जुन कोंडो ने अब एक प्रसिद्ध गणना की है, यह दरशाता है कि न्यूनतम वास्तव में स्थानीय पल के कारण होता है। इसने लंबे समय की पहेली को हल किया था, जो 1930 के दशक के बाद से अस्तित्व में था। हाल ही में मैंने काम किया है (सर्गेई क्रावचेन्को के साथ), जो यह संभावना बढ़ाती है कि अनपेक्षित धातु अवस्था दो आयामों में अस्तित्व में रह सकती है। वर्ष 1996 में मेरे समूह में पी-एच.डी. छात्र जोनाथन फ्राइडमैन एवं मैंने आणविक नैनोमैग्नेट Mn 12-एसीटेट एक खोज, जिसने बहुत बड़ी गतिविधि को प्रेरित किया है, जो कि अब 'एकल अणु चुंबक' के रूप में जाना जाता है, के चुंबकन वक्र (मैग्नेटाइजेशन कर्व) में चरणों के अवलोकन के माध्यम से विशाल चुंबकीय क्षण (मैग्नेटिक मोमेंट) के सुरंगन की खोज की थी।

मेरी रुचियाँ मुझे सिटी कॉलेज के बाहर मुद्दों व स्थानों तक ले गई थीं। मैंने वैज्ञानिकों के मानवाधिकारों का बचाव करने के कई प्रयासों में सहभागिता की है। मैंने कई तरीकों से भौतिक विज्ञानी समुदाय की सेवा की है—सलाहकार कार्य, अमेरिकन फिजिकल सोसाइटी की सेवा, सम्मेलनों के आयोजन और इन गतिविधियों ने मुझे वर्ष 2003 में अमेरिकन फिजिकल सोसाइटी के अध्यक्ष पद तक पहुँचा दिया। एक ऐसा वर्ष, जो अपनी तीव्रता, भागीदारी व पुरस्कारों के लिए विशिष्ट था।

एक भौतिक विज्ञानी के रूप में मेरा जीवन अत्यंत संतोषजनक व मनोरंजक रहा है। इसका अर्थ यह नहीं है कि हर क्षण मनोरंजक रहा है। रास्ते में समस्याएँ व चुनौतियाँ रही हैं और छोटी-बड़ी बाधाएँ रही हैं। भौतिक विज्ञानी (या गणितज्ञ,

रसायनज्ञ, जीव विज्ञानी) होने के सबसे अधिक उत्साही पहलुओं में से एक यह है कि व्यक्ति सीखना, फैलाना व विस्तार करना जारी रखता है। मैं केवल अनुसंधान के माध्यम से सचमुच नए तथ्यों व घटनाओं को खोजने की बात नहीं कर रही हूँ, मैं उन चीजों को सीखने की खुशी की भी बात कर रही हूँ, जो दूसरे जानते व समझते हैं, लेकिन जिसे अब आप पहली बार समझते हैं। यह एक अद्भुत चुनौती है।

□

2

विज्ञान क्या सबकुछ है?

क्या विज्ञान कुछ विशेष चीज है? अन्य बौद्धिक प्रयासों की तुलना में विज्ञान के बारे में क्या विशिष्ट है? विज्ञान की क्या विशेषताएँ हैं? कोई है? ये कुछ ऐसे प्रश्न हैं, जो युवा लोग और जिनके पास विज्ञान की पृष्ठभूमि नहीं है, वे पूछ सकते हैं। सबसे पहले मुझे यह बताना चाहिए कि कई अन्य क्षेत्रों की तरह विज्ञान भी मनुष्य की प्रबल रचनात्मक इच्छा के चलते लंबे समय तक अपनाया जाता रहा है। हमें नहीं भूलना चाहिए कि सदियों पहले भारत व यूरोप में कई महत्त्वपूर्ण खोजें की गई थीं। जब तक मनुष्य है, विज्ञान जीवित और समृद्ध होना जारी रखेगा। एक पहलू, जो विज्ञान को अन्य विद्वत्तापूर्ण कार्यों से अलग करता है, वह है कि विज्ञान का बहुत कुछ प्रयोग पर आधारित है।

मुझे पसंद है, जो जी.एन. लेविस ने विज्ञान के बारे में लिखा था—"विज्ञान का सामर्थ्य उसकी सरलता में है। विज्ञान स्वयं जीवन की तरह है। यदि हम अपने रास्ते में अंतर्निहित बाधाओं का पूर्वानुमान लगा सकते तो पहले पर भी हमला नहीं करते, ब ल्कि आत्म-केंद्रित चिंतन के लिए शांत होकर बैठ जाते। दर्शन के शक्तिशाली लेंसों के बिना औसत वैज्ञानिक नजदीकी दृष्टिवाला प्राणी है और वह प्रत्येक कठिनाई पर इस आशा में खुशी से हमला करता है कि यह अंतिम साबित हो सकता है। मैं इसे समझता हूँ कि जिस वैज्ञानिक विधि के बारे में इतना अधिक सुना गया है, वह समस्याओं को हल करने की देशज विधि से शायद ही अधिक है, पूर्वग्रह से थोड़ा सा स्पष्ट और प्रशिक्षण से थोड़ी सी तैयार की गई है। मुझे माप के साथ विज्ञान की पहचान करने के प्रयासों के साथ कोई धैर्य नहीं है, जो और कुछ नहीं, बस, उसके औजारों में से एक है या एक वैज्ञानिक की परिभाषा के साथ जो डार्विन, पाश्चर या केक्यूले को छोड़ देगा। वैज्ञानिक एक व्यावहारिक व्यक्ति होता है और उसके व्यावहारिक लक्ष्य होते हैं। वह परम को नहीं, निकटस्थ को ढूँढ़ता है। सिद्धांत है कि

परम सत्य है, यद्यपि बहुत ही सामान्य रूप से मानव जाति द्वारा पकड़ा जाता है, विज्ञान को उपयोगी नहीं लगता है, क्षितिज के अर्थ के अतिरिक्त, जिसकी दिशा में हम आगे बढ़ सकते हैं।"

विज्ञान की कुछ विशेषताएँ

(www.nobelprize.org)

रिचर्ड पी. फिनमैन

कल्पना विज्ञान में एक महत्त्वपूर्ण भूमिका निभाती है। हालाँकि जैसा कि फिनमैन ने कहा था, "हमें विज्ञान में कल्पना करने की जो कुछ भी अनुमति है, सबकुछ के साथ संगत होना चाहिए, जिसे भी हम जानते हैं। हम स्वयं उन चीजों की कल्पना करने की अनुमति नहीं दे सकते हैं, जो स्पष्ट रूप से प्रकृति के ज्ञात कानूनों के विरोध में हैं। व्यक्ति को उस चीज के बारे में सोचने की कल्पना होनी चाहिए, जो पहले कभी देखी या सुनी नहीं गई है। उसी समय विचारों की स्थिति उन परिस्थितियों से ही सीमित होती है, जो हमारे ज्ञान से आती है कि प्रकृति वास्तव में क्या है? कुछ बनाने की समस्या, जो नया है; लेकिन जो पहले से देखे जाते रहे सबकुछ के साथ संगत में है, अत्यधिक कठिनाई का है।" विज्ञान की कठिनाई बहुधा नए विचारों से नहीं, बल्कि किसी पुराने से बचने में होती है। सृजनात्मक कार्य के लिए एक निश्चित मात्रा में विज्ञान का अनादर आवश्यक लगता है।

विज्ञान अपवादों की अनुमति नहीं देता है। इस विशेषता के बिना विज्ञान में कोई नियतिवाद नहीं होगा या विज्ञान बिल्कुल भी नहीं होगा। एक और रोचक विशेषता यह है कि वैज्ञानिक द्वारा पूर्ण स्पष्टीकरण बहुधा उनके सार रूप में पकड़ लिये जाते हैं, किसी भी संभावित सबूत के लंबे समय के पहले।

विज्ञान में राय की एकमतता आवश्यक नहीं है; जबकि राय की एकमतता धार्मिक संगठन में उचित हो सकती है, विज्ञान में विभिन्न प्रकार की राय अनिवार्य है। विज्ञान ही एकमात्र ऐसा क्षेत्र है, जिसने संप्रदाय पैदा नहीं किया है (यद्यपि विज्ञान में विषय व स्कूल हैं)। यह विश्लेषण और संश्लेषण पर आधारित है। महत्त्वपूर्ण रूप

से विश्व भर में विज्ञान की इसी पद्धति का पालन किया जाता है। विज्ञान के प्रश्नों में गैलीलियो ने बहुत पहले कहा था, "हजार का अधिकार एक व्यक्ति के विनम्र तर्क के योग्य नहीं है।"

रॉयल सोसाइटी के इस आदर्श वाक्य को याद रखना उपयोगी है—

'नलियस इन वर्बा' (हम इसके लिए किसी के भी शब्द नहीं लेते हैं)। जैकब ब्रॉनोव्स्की ने लिखा है—"सार्वजनिक जीवन के सांसारिक मानकों के अनुसार अपने काम में सभी विद्वान् निश्चित रूप से अजीब तरह से धार्मिक हैं। वे पागलों जैसे दावे नहीं करते। वे धोखा नहीं देते। वे किसी भी कीमत पर फुसलाने की कोशिश नहीं करते। वे न तो पूर्वग्रह और न ही अधिकार का आह्वान या अपील करते हैं। वे बहुधा अपनी अज्ञानता के बारे में खुलकर बोलते हैं। उनके विवाद बहुत कुछ औचित्यपूर्ण होते हैं। वे नस्ल, राजनीति, लिंग या उम्र को लेकर जो बहस की जा रही होती है, उनसे भ्रमित नहीं होते। वे युवा व बूढ़े, जो दोनों सबकुछ जानते हैं, को धैर्यपूर्वक सुनते हैं। ये पांडित्य के महान् गुण हैं और ये विशेष रूप से विज्ञान के गुण हैं। विज्ञान के लिए शर्मिंदा होने की कोई बात नहीं है, यहाँ तक कि नागासाकी के खंडहरों में भी नहीं।"

प्रयोगात्मक विज्ञान

प्योत्र कैपित्जा ने कहा, "सिद्धांत एक अच्छी बात है; लेकिन एक अच्छा प्रयोग हमेशा के लिए रहता है।" लियोनार्डो दा विंची ने कहा कि "कोई उच्च या निम्न ज्ञान नहीं है। केवल एक ही है, जो प्रयोग से बाहर निकलता है।" ईगेन के अनुसार, "सिद्धांत में सही या गलत होने का एकमात्र विकल्प है—एक प्रतिरूप में तीसरी संभावना होती है। यह सही हो सकती है, लेकिन अप्रासंगिक।" प्रयोग के संबंध के बिना सैद्धांतिक अनुसंधान बाँझ बन जाता है। मुझे पसंद है, जो माइकल फैराडे ने प्रयोगों के बारे में कहा था। सच्चा होने से अधिक कुछ भी बहुत अद्‌भुत नहीं है, यदि यह प्रकृति के नियमों के अनुरूप हो और जैसे कि ये हैं, ऐसी चीजों में प्रयोग निरंतरता का सबसे अच्छा परीक्षण है।" फैराडे संभवत: सबसे महानतम सार्वकालिक प्रयोगवादी हैं।

हालाँकि प्रयोगात्मक व सैद्धांतिक अनुसंधान के सापेक्ष महत्त्व पर चर्चा करना व्यर्थ है, लेकिन इसमें कोई संदेह नहीं है कि जब प्रयोगात्मक अनुसंधान मर जाता है

तो उस देश में विज्ञान भी मर जाता है। यह हमारे लिए चिंता का विषय होना चाहिए; क्योंकि भारत में बहुत कम लोग अच्छे प्रयोगात्मक काम कर रहे हैं—कम-से-कम भौतिक विज्ञान के क्षेत्र में। प्रायोगिक टिप्पणियों के लिए सैद्धांतिक स्पष्टीकरण प्राप्त करना बहुधा अनिवार्य हो जाता है। एक घटना या गुण को समझने के लिए प्रयोग व सिद्धांत दोनों आवश्यक होते हैं।

विज्ञान एवं सुंदरता

विज्ञान में बहुधा सौंदर्यात्मक मापदंड का आह्वान किया जाता रहा है और यह कहा जाता रहा है कि इस विषय में अंतर्भूत रूप से कुछ काव्यमय है। विज्ञान को दो प्रकार की कविताओं—कार्य की कविता व विचारों की कविता—का मिलन-स्थल माना गया है। नील्स बोर के अनुसार, "जब परमाणुओं की बात आती है तो भाषा केवल कविता के रूप में ही उपयोग की जा सकती है। कवि भी तथ्यों का वर्णन करने में उतना चिंतित नहीं होता है, जितना कि चित्रों को रचने में।"

जी.एच. हार्डी

जी.एच. हार्डी के अनुसार, "सुंदरता पहला परीक्षण है; विश्व में कुरूप गणित के लिए कोई स्थायी जगह नहीं है।" पॉल डिराक द्वारा समीकरणों में सुंदरता के स्थान पर जोर दिया गया था। उनके अनुसार, "किसी के समीकरणों में सुंदरता का होना उनके प्रयोग में उपयुक्त होने से अधिक महत्त्वपूर्ण है। यदि कोई अपने समीकरणों में सुंदरता लाने की दृष्टि से काम कर रहा है और उसके पास सचमुच ठोस अंतर्दृष्टि है तो वह प्रगति की निश्चित राह पर है। यदि किसी के काम व प्रयोग के परिणामों के बीच संपूर्ण सहमति नहीं है तो उसे स्वयं को बहुत हतोत्साहित नहीं होने देना चाहिए; क्योंकि विसंगति बिल्कुल छोटी सी विशेषताओं के कारण हो सकती है, जो ठीक प्रकार से आकलित नहीं किए गए हैं और जो सिद्धांत के आगे के विकास के साथ साफ होते जाएँगे।" जब आइंस्टीन को अपमानित किया गया था कि उसका

गुरुत्वाकर्षण सूत्र न्यूटन के सूत्र से लंबा व बोझिल है तो उन्होंने स्पष्ट रूप से कहा था कि "यदि कोई सत्य का वर्णन करता है तो लालित्य को दरजी पर छोड़ दें।" फिर भी, आइंस्टीन के समीकरण को अनेक लोगों द्वारा पूर्ण व सुंदर माना जाता रहा है।

इंडियन एकेडेमी ऑफ साइंसेज (1984) की स्वर्ण जयंती बैठक में प्रो. एस. चंद्रशेखर के साथ प्रो. सी.एन.आर. राव, एम.जी.के. मेनन व एस. रामाशेषन।

विज्ञान में सौंदर्य को खगोल भौतिक विज्ञानी एस. चंद्रशेखर के लेखन में उत्कृष्ट अभिव्यक्ति मिली है, जो हेनरी पोइनकारे को उद्धृत करते हैं—"वैज्ञानिक प्रकृति का अध्ययन इसलिए नहीं करता कि ऐसा करना उपयोगी होता है। वह इसलिए इसका अध्ययन करता है, क्योंकि वह इसमें आनंद लेता है और वह इसमें इसलिए आनंद लेता है, क्योंकि यह सुंदर होता है। यदि प्रकृति सुंदर नहीं होती तो वह जानने योग्य नहीं होती और जीवन जीने योग्य नहीं होता।...

"मेरा अर्थ अंतरंग सुंदरता से है, जो उसके हिस्सों के सामंजस्यपूर्ण क्रम से आती है और जिसे शुद्ध बुद्धि समझ सकती है। इसका कारण यह है कि सादगी व विशालता दोनों सुंदर हैं, जो हम पसंद, सरल व विशाल तथ्यों से खोज करते हैं कि हम आनंद लेते हैं, सितारों की विशाल धाराओं का अनुसरण करते हुए सूक्ष्मदर्शी (माइक्रोस्कोप) से विलक्षण लघुता छानबीन करते हुए, जो कि विशालता भी है और भूगर्भीय कालों में अतीत के निशानों की खोज करने में, जो हमें इसकी दूरी के कारण

आकर्षित करती है।" पोइनकारे की धारणा पर टिप्पणी जे. डब्ल्यू.एन. सुलिवान कहते हैं कि "यह सौंदर्य मूल्य में है, जिससे वैज्ञानिक सिद्धांत का औचित्य पाया जाना है और इससे वैज्ञानिक विधि का औचित्य···जिस माप में विज्ञान कला से छोटा है, वह पैमाना है, जिसमें यह विज्ञान के रूप में अधूरा है।"

सौंदर्य के कारकों पर आधारित तर्कों के बारे में मुझे कुछ संदेह है, क्योंकि वे आज की माँग के अनुसार मजबूत शोध के अनुकूल नहीं हो सकते हैं। सर्वोपरि हम अब स्वर्ण युग में नहीं हैं, जब कोई व्यक्ति मुख्य रूप से सार्वकालिक व सार्वभौमिक भौतिक कानूनों के बारे में चिंतित था। इतना ही नहीं, सुंदरता को अकेले गणितीय समीकरणों तक सीमित करना विज्ञान के साथ अनुचित होगा। अणुओं व पदार्थों की वस्तु-संरचना के साथ-साथ परिवर्तनों के मार्गों में भी सौंदर्य है। ठीक से रूपांकित और अच्छी तरह से कार्यान्वित प्रयोगों में भी सौंदर्य है। यहाँ तक कि जिस तरीके से विज्ञान काम करता है और विकसित होता है, उसमें भी सौंदर्य है। जैसा कि माइकल फैराडे ने कहा है, "यह हमारे विज्ञान का महान् सौंदर्य है कि उसमें उन्नति है, चाहे उसकी डिग्री बहुत बड़ी हो या छोटी। अनुसंधान के विषय को चुका डालने की जगह आगे बढ़ने के लिए और अधिक प्रचुर मात्रा में सुंदरता व उपयोगिता के साथ छलकनेवाले ज्ञान के लिए दरवाजे खोलता है।"

विज्ञान एवं उपयोगिता

विज्ञान-कर्म की आधारभूत तीव्र इच्छा उपयोगिता संबंधी उद्देश्यों के लिए नहीं है, वैसे विज्ञान की अपनी उपयोगिता है। हर्मन वॉन हेल्महॉल्ट्ज ने कहा है कि "जो भी विज्ञान की खोज में है, तत्काल व्यावहारिक उपयोगिता प्राप्त करने की कोशिश करता है, आश्वस्त रहें कि वह व्यर्थ की खोज करता है।" इसमें कुछ सत्य है, क्योंकि विज्ञान का पीछा करते हुए परिणामों के पूर्ण प्रभावों या उपयोगिता की पूरी तरह कल्पना करना या अपेक्षा करना कठिन होगा, वैसे महत्त्वपूर्ण उप-उत्पाद बाद में अवश्य ही निकलते हैं। अपने कार्य के बारे में बात करते हुए जी.एच. हार्डी ने कहा था, "मैंने कभी भी कुछ भी उपयोगी नहीं किया था। मेरा कोई भी आविष्कार अच्छे या बुरे के लिए विश्व की सुविधा में तनिक भी बदलाव नहीं लाया है या प्रत्यक्ष या परोक्ष रूप से लाने वाला है। सभी व्यावहारिक मानकों पर फैसला करने पर मेरे गणितीय जीवन का मूल्य शून्य है; और गणित के बाहर यह किसी भी तरह से तुच्छ

है। मेरे पास पूर्ण क्षुद्रता के फैसले से बचने का बस, एक मौका है कि निर्विवाद रूप से मेरे बारे में फैसला हो कि मैंने कुछ रचा है; प्रश्न है उसका मूल्य।"

जबकि विज्ञान किसी भी उम्मीद के बिना अच्छे वैज्ञानिकों द्वारा अपनाया जाता है, विज्ञान के माध्यम से प्राप्त होनेवाले बड़े लाभों को कोई नहीं भूल सकता। ऐसा कहा जाता है कि जब विलियम इवार्ट ग्लैडस्टोन, राजकोष के कुलपति ने फैराडे से बिजली के व्यावहारिक मूल्य के बारे में पूछा था तो फैराडे ने उत्तर दिया था, "महाशय, एक दिन आप इस पर कर लगा सकते हैं।" वैज्ञानिकों के रूप में हमें तथाकथित व्यावहारिक विज्ञान को कम नहीं आँकना चाहिए। व्यावहारिक विज्ञान शुद्ध विज्ञान जितना ही चुनौतीपूर्ण हो सकता है। मौलिक शोध में जुटे हुए वैज्ञानिक उनके बारे में खराब राय रखते हैं, जो व्यावहारिक विज्ञान का काम करते हैं और यह व्यवहार उपयोगी नहीं है। जॉर्ज पोर्टर ने कहा है, "एक विज्ञान है, जिसे लागू किया जाता रहा है और एक विज्ञान है, जिसे लागू किया जाना अभी बाकी है।"

विज्ञान को कई प्रकार के कर्मियों की आवश्यकता होती है। पीटर मेडावर के शब्दों में, "वैज्ञानिकों के बीच संग्रहकर्ता, वर्गीकरणकर्ता व बाध्यकारी सँवारनेवाले हैं; कई स्वभाव से गुप्तचर हैं और कई खोजकर्ता हैं; कुछ कलाकार हैं और अन्य शिल्पकार। कवि-वैज्ञानिक व दार्शनिक वैज्ञानिक हैं और यहाँ तक कि कुछ रहस्यवादी।" लेकिन आधुनिक वैज्ञानिक अनुसंधान की विशेषताओं में से एक यह है कि 'यह समाधान-योग्य कला है', राजनीति के विपरीत, जो कि 'संभव की कला' है। 'दोनों बहुत ही व्यावहारिक मस्तिष्कवाले हैं। अच्छे वैज्ञानिक महत्त्वपूर्ण समस्याओं का अध्ययन करते हैं, जिन्हें समझते हैं कि वे हल कर सकते हैं।" पं. नेहरू की दृढ़ धारणा थी कि 'यह केवल विज्ञान ही है, जो भुखमरी व गरीबी, गंदगी व निरक्षरता, अंधविश्वास तथा मर रही प्रथा व परंपरा, बरबाद हो जाने वाले विशाल संसाधनों, भूखे लोगों से बसे धनी देश की समस्याओं का हल कर सकता है। भविष्य विज्ञान का है और उनका है, जो विज्ञान से मित्रता रखते हैं।"

विज्ञान सामाजिक परिवर्तन का महान् उपकरण रहा है—सबसे महान्; क्योंकि इसका लक्ष्य परिवर्तन नहीं, बल्कि ज्ञान है। इस महत्त्वपूर्ण कार्य में इसका मूक समायोजन आधुनिक सभ्यता के विकास से जुड़ी सभी क्रांतियों में सबसे अधिक जीवनप्रद है। हमें नहीं भूलना चाहिए कि ट्रांजिस्टर की खोज ने किसी के भी द्वारा प्रतिपादित अन्य विचार से अधिक बड़ी सामाजिक क्रांति लाई थी।

प्रकृति का प्रतिशोध

विज्ञान हर समय बदल रहा है और कई माध्यमों से विश्व भी बदल रहा है। विश्व आज जिन समस्याओं व चुनौतियों का सामना कर रहा है, उनमें से कई प्रत्यक्ष या परोक्ष रूप से विज्ञान से जुड़ी हुई हैं। मैं आपको विशिष्ट उदाहरण देता हूँ। रसायनज्ञों ने बहुलक (पॉलीमर) की खोज की और यह खोज विश्व के लिए वरदान रही है। प्लास्टिक, जिसने मानव जाति की कई तरीके से सहायता की है, आज पर्यावरण जोखिम बन गई है। सड़कों के किनारे प्लास्टिक की थैलियों के ढेर प्रकृति पर भयानक प्रभाव डालते हैं। जब लैपटॉप व इ–मेल बड़े पैमाने पर प्रचलन में आया था, लोगों ने अमेरिकी राष्ट्रपति क्लिंटन से वादा किया था कि भविष्य में कागज का उपयोग न के बराबर होगा। हर चीज कंप्यूटर के माध्यम से इलेक्ट्रॉनिक रूप से होगी और यहाँ तक कि समाचार–पत्र भी इलेक्ट्रॉनिक हो जाएँगे; जबकि वास्तव में जो हुआ, वह यह है कि हम आज पहले से अधिक कागज का उपयोग करते हैं। हम प्रकृति का प्रतिशोध कई तरीके से देख सकते हैं। वैज्ञानिकों ने जीवाणु–नाशक (एंटीबायोटिक) तथा कई अन्य दवाओं की खोज की, जिन्होंने मनुष्य जाति को बचाया; लेकिन कई लोग दवा–प्रतिरोध को दरशाते हैं, जब हम छोटे थे, तब जिन कारों को पसंद करते थे और हवाई विमान, जिनका हम इन सभी वर्षों में आनंद उठाते रहे हैं, प्रदूषण के स्रोत बन गए हैं। हमें वातावरण को बचाने के लिए वैकल्पिक ईंधनों को खोज़ना है। इसलिए हम कभी भी दावा नहीं कर सकते हैं कि हमने आवश्यकता के अनुसार सभी विज्ञान कार्य (शोध) कर लिये हैं और मानव जाति की सभी समस्याओं के हल खोज लिये हैं। भविष्य में मानव जाति का नई समस्याओं से अधिक सामना होगा, जिनमें से कई विज्ञान व प्रौद्योगिकी के अनुप्रयोगों के परिणाम होंगे। एक चीज तो निश्चित है कि इन समस्याओं के हल भी विज्ञान की ही आवश्यकता होगी।

विज्ञान के लिए समर्थन

उन्नत देशों में विज्ञान आंशिक रूप से सरकार के अतिरिक्त अन्य स्रोतों से समर्थित किया जाता है। यहाँ तक कि इन देशों में भी राष्ट्रीय विकास के लिए वैज्ञानिक कार्य के लाभों को प्राप्त करने हेतु लगातार व संतुलित समर्थन सुनिश्चित करने के लिए राज्य का हस्तक्षेप अनिवार्य रहा है। भारत जैसे देशों में विज्ञान के समर्थन के लिए सरकार के अतिरिक्त कोई स्रोत नहीं है। दुर्भाग्य से, यह सुनिश्चित करने में

कि विज्ञान अच्छी तरह से समर्थित है और इस विषय का स्वास्थ्य संतोषजनक है, सरकार के उत्तरदायित्व के बारे में कई क्षेत्रों में कम प्रशंसा होती है। ऐसा इसलिए है, क्योंकि राजनीतिज्ञों, योजनाकारों व प्रशासकों में से कई विज्ञान के बारे में अनभिज्ञ होते हैं; और यह दोष लोक-सेवाओं में भी व्याप्त है। ब्रिटेन में हाउस ऑफ कॉमन्स में यह लगभग सार्वभौमिक होना कहा जाता है और सामान्य नागरिक द्वारा साझा किया जाता है—उन लोगों के बहुत बड़े अनुपात सहित, जो औद्योगिक व वाणिज्यिक उद्यमों में संलग्न हैं। यह अज्ञानता विज्ञान को बुरी तरह प्रभावित करती है, विशेष रूप से भारत जैसे देशों में। मुझे अल-बिरूनी की कही गई बातें याद आ रही हैं। एक बार एक संत से पूछा गया था कि विद्वान् व वैज्ञानिक हमेशा धनी लोगों के दरवाजे पर झुंड लगाते हैं, जबकि धनी लोग विद्वानों के दरवाजे पर जाने को इच्छुक नहीं होते हैं। संत ने उत्तर दिया था, "विद्वान् धन के उपयोग के प्रति अच्छी तरह से जागरूक होते हैं, लेकिन धनी विज्ञान की कुलीनता से अनभिज्ञ होते हैं।"

फ्रेडरिक डेनटन ने कुछ समय पहले कहा था, "लेखाकार व द्वितीय श्रेणी के बिजनेस स्कूल के शब्द जाल का प्रभाव बढ़ रहा है। लागत तेजी से बढ़ जाती है और आसानी से पता लगाया व समझा जाता है। अब अतुलनीय व अप्रत्याशित मूल्यों और भविष्य के भौतिक प्रगति की तुलना में तराजू में और अधिक भारी वजन से तौली जाती है। संभवतः विज्ञान अपनी खोई हुई प्रमुखता को फिर से प्राप्त करेगा, जैसे कि लोग व सरकार पहचानना शुरू करेंगे कि ठोस वैज्ञानिक कार्य नीतियों के निर्माण और पृथ्वी ग्रह को अपरिवर्तनीय क्षति के बिना मानव जाति के अस्तित्व को सुनिश्चित करने के लिए एकमात्र सुरक्षित आधार है।"

वैज्ञानिक मनोभाव

यह अतिशयोक्ति नहीं है कि यदि किसी को कहना पड़े कि मनुष्य जो कुछ भी करता है और आकांक्षा रखता है, विज्ञान उसका अनिवार्य अवयव बन गया है। विज्ञान हमारे जीवन में प्रवेश कर चुका है और वैज्ञानिक शब्द (उदाहरण के लिए—कंप्यूटर, एंटीबायोटिक, नैनो, आई.टी.) आम शब्दावली में प्रवेश कर चुके हैं। समझदारी और उद्देश्यपूर्ण ढंग से बातचीत करने के लिए एक उचित स्तर पर विज्ञान का ज्ञान आवश्यक है। एक देश की स्थिति परोक्ष रूप से उस स्थिति द्वारा निर्धारित की जाती है, जो वहाँ पर विज्ञान के अधिकार में होता है। विज्ञान की आवश्यकता

हरेक देश में होती है, भले ही वह छोटा या गरीब हो; और हरेक मनुष्य को होती है, उनकी भौगोलिक अवस्थिति या आर्थिक स्थिति से स्वतंत्र। इसके अलावा, यदि वैज्ञानिक दृष्टिकोण है तो समाज व सरकार में सबसे अच्छे से निर्णय लिया जा सकता है। समाज व स्वयं जीवन में समस्याओं को सुलझाने के लिए वैज्ञानिक मनोभाव अनिवार्य है। यह अत्यंत महत्त्वपूर्ण है कि नागरिकों के बीच वैज्ञानिक मनोभाव का विकास सरकारों व अन्य संगठनों की योजनाओं में आवश्यक महत्त्व प्राप्त करता है। अंधविश्वास व प्रगति-विरोध से उत्पन्न होनेवाले नुकसान को खत्म करने के लिए यह विकासशील देशों में विशेष रूप से महत्त्वपूर्ण है। मेरे मित्रों में से एक ने अभी हाल में ही मुझसे कहा था, "तुम जानते हो कि कई वैज्ञानिकों में वैज्ञानिक मनोभाव नहीं है।" यह समस्या को बहुत सुंदर तरीके से संक्षेपित करता है।

जीवन पद्धति के रूप में विज्ञान

विज्ञान मेरे जीवन का अनिवार्य हिस्सा रहा है। जब मैंने विज्ञान में कार्य करना शुरू किया था, मैं नहीं जानता था कि यह मेरे जीवन में छह दशकों तक इतनी अंतर्निहित भूमिका निभाएगा। मैंने विज्ञान को पेशे के रूप में अपनाया था और जैसे-जैसे उस पर काम करने लगा था, मैंने पाया था कि विज्ञान न केवल मेरे जीवन में दौड़ रहा था, बल्कि अपनी शर्तें भी लागू करवा रहा है। ऐसा कोई रास्ता नहीं था कि मैं विज्ञान के बिना अपने जीवन की योजना बना पाता। यदि मेरी प्रयोगशाला के कार्य से जीवन के अन्य क्षेत्र के कार्य प्रभावित होते तो मैं गतिविधियों में लगे रहना बंद कर देता था। मैंने पाया कि अकेले ही विज्ञान का कार्य करना युवाओं के साथ विज्ञान कर्म करने जैसा नहीं होता है। इसीलिए शिक्षक होना मेरे लिए अत्यंत महत्त्वपूर्ण रहा है। लेकिन बिना शोध किए शिक्षक होने का भी कोई अर्थ नहीं है। कई सदियों पहले संस्कृत कवि कालिदास ने कहा था, "यदि प्राध्यापक सोचता है कि शैक्षिक पद, जहाँ से वह अपनी आजीविका कमाता है, प्राप्त कर लेना सबसे अधिक महत्त्व का है, तब शोध की उपेक्षा करने लगता है। विवाद को विराम दें, वह और कुछ नहीं, बल्कि सबसे अच्छे रूप में बहुत ही कुशल व्यापारी होता है—दूसरे पुरुषों के काम की खुदरा बिक्री करते हुए।"

हम में से वे लोग, जो युवा लोगों के साथ काम करते हुए विज्ञान को आगे बढ़ाते हैं, नई पीढ़ियों के वैज्ञानिकों का पालन-पोषण करने के अपने उत्तरदायित्व

को भूल नहीं सकते। हमें अपना सबकुछ युवाओं को देना है और इस तरीके से उनका मार्गदर्शन करना है कि वे अपनी मूल क्षमताओं को पूरी तरह से अवशोषित कर एक वैज्ञानिक के रूप में खिल सकें। विज्ञान में उत्तेजना को दूसरों तक पहुँचाना मुश्किल है, जब तक कि व्यक्ति ने 'अकस्मात् प्रबोधन की नाटकीय भावना, जो सही विचार के अंततः खाली स्थान में पकड़ बनाने पर मस्तिष्क में बाढ़ लाता है' का अनुभव न किया हो। जिस तरह से कोई रहता है और काम करता है, यह संभव है कि वह युवाओं को सही संदेश संचारित करने में सक्षम हो सकता है।

प्रशासन में शामिल हो जाना कई अच्छे वैज्ञानिकों के लिए बहुत बड़ा विषयांतर रहा है। दुर्भाग्य से, यह आवश्यक और अपरिहार्य बुराई है। मैं महसूस करता हूँ कि कोई संभवतः माइकल फैराडे की तरह नहीं हो सकता। फैराडे से जब रॉयल सोसाइटी की अध्यक्षता के लिए संपर्क किया गया तो उन्होंने प्रकट रूप से लिखा था, "मुझे अंत तक अवश्य ही सादा माइकल फैराडे रहना चाहिए और अब मैं आपको बताऊँ कि यदि मैंने सम्मान स्वीकार किया होता, जो रॉयल सोसाइटी मुझे प्रदान करने की इच्छा रखती है, तो मैं एक वर्ष के लिए अपनी बुद्धि की अखंडता को उत्तर नहीं देता।" यह मेरे जैसे साधारण व्यक्ति से पूछने के लिए बहुत अधिक है; फिर भी, इसमें कोई संदेह नहीं है कि हममें से जिन्होंने थोड़ा सा भी प्रशासन किया है, शोध के लिए बहुमूल्य को खो दिया। हममें जो अन्य सभी प्रतिबद्धताओं से परे शोध करते हैं, बहुधा पाते हैं कि हम प्रशासन में अपनी पूर्व व्यस्तताओं के कारण कभी भी कुछ निर्णायक व महत्त्वपूर्ण चूक जाते हैं। प्रशासनिक काम व चिंताएँ अविचलित ध्यान के लिए महत्त्वपूर्ण समय के बीच में आ जाती हैं। मैं ईमानदारी से उन सभी इच्छुक युवा वैज्ञानिकों को सलाह देता हूँ, जो वास्तव में विज्ञान में निशान बनाना चाहते हैं, किसी भी प्रकार के प्रशासन को न छुएँ, जब तक कि यह छोटे शोध समूह का प्रबंधन न हो।

वैज्ञानिक के लिए वेतन व स्थिति अप्रासंगिक मापदंड हैं। मुझे लगता है कि मैं अधिक वेतन प्राप्त करनेवाला शोध-विद्वान् रहा हूँ, वह करते हुए, जो मुझे सबसे अधिक पसंद है। ऐसा होता है कि जो वैज्ञानिक स्वयं को अनुचित आदर के साथ प्रशासकों जैसा व्यवहार करते हैं, वे संगोष्ठियों के उद्घाटन के लिए राजनीतिज्ञों को अधिक महत्त्व देते हैं। हम में से कुछ एक उत्पीड़न की जटिलता से पीड़ित होते हैं, संभवतः औचित्य के साथ। एक आदमी गैलीलियो की स्थिति को प्राप्त नहीं करता है;

क्योंकि वह उत्पीड़ित किया जाता है। यह आवश्यक है कि हम वैज्ञानिकों को हास्य की अच्छी समझ हो।

कुछ वैज्ञानिक प्रकाशन के बारे में रूढ़िवादी होते हैं, जबकि अन्य उत्पादक होते हैं; जबकि कितना करें या प्रकाशित न करें के बारे में कोई आसान नियम नहीं है। इस तथ्य को नकारा नहीं जा सकता है, जैसा कि बेंजामिन फ्रैंकलिन के साथ-साथ माइकल फैराडे ने भी इसे रखा है, वैज्ञानिकों की मुख्य गतिविधि 'काम करना, समाप्त करना और प्रकाशित करना' है। मैं प्रकाशन से लज्जित नहीं हूँ। मैं महान् वैज्ञानिकों को जानता हूँ, जिन्होंने कई सौ शोध-पत्र प्रकाशित किए हैं। माइकल फैराडे व सी.वी. रमण ने 400 से अधिक शोध-पत्र प्रकाशित किए थे। मैं ऐसे असाधारण लोगों को जानता हूँ, जिन्होंने बहुत कम शोध-पत्र प्रकाशित किए थे। मैं नेविल मॉट जैसे सिद्धांतकारों को जानता हूँ, जिन्होंने कई दशकों तक दृढ़तापूर्वक व लगातार शोध-पत्र प्रकाशित किए थे। यद्यपि भारत में वास्तविक समस्या यह है कि हममें से कई बड़ी संख्या में शोध-पत्र प्रकाशित करते हैं, जो महत्त्वपूर्ण नहीं होते। भारत जैसे विशाल देश से अच्छे शोध-पत्र की छोटी संख्या की दृश्यता बहुत कम है।

पैट्रिक ब्लैकेट का दृष्टिकोण था कि 'प्रथम श्रेणी की प्रयोगशाला वह है, जहाँ यहाँ तक कि औसत स्तर के वैज्ञानिक भी विशिष्ट कार्य करते हैं।' हमारे पास भारत में कम-से-कम कुछ अच्छी प्रयोगशालाएँ अवश्य होनी चाहिए, जहाँ हम प्रदर्शन कर सकें और हममें से अधिकांश सर्वोत्कृष्ट परिणाम लाने के लिए अपना सर्वोत्तम दे सकें, जो कि सार्थक है; जबकि समर्थन में गिरावट हो सकती है, विज्ञान अपनी गति से ही चल रहा है। जिस चाल से विज्ञान आगे बढ़ रहा है, वह सचमुच इतना अधिक महान् है कि आज की सीमाएँ बहुधा कल सामान्य विज्ञान बन जाती हैं। विज्ञान में प्रगति की वर्तमान दर किसी विराम की अनुमति नहीं देती और अधिकांश क्षेत्रों में प्रतिस्पर्धा तीव्र है। सुरक्षित समस्याओं पर काम करना अधिक आसान है, लेकिन उन्हें थोड़ा ध्यान मिलता है। गिनती में आने के लिए किसी को बेधड़क कठिन व समकालीन समस्याओं को उठाना चाहिए।

स्वतंत्रता विज्ञान की पहली पैदा हुई बेटी हो सकती है। दुर्भाग्य से, हाल के वर्षों में ऐसा लगता है कि विज्ञान ने अपनी स्वतंत्रता खो दी है। कैपित्जा ने कहा है, "यह उत्पादक बल बन गया है। यह धनी बन गया है, लेकिन दास बन गया है।" मैं आश्वस्त नहीं हूँ कि वर्तमान परिस्थितियों में फैराडे, रुदरफोर्ड एवं रमण विज्ञान-

कार्य करने में खुश होते। सार्वजनिक राय भेदभावपूर्ण नहीं है और यह वैज्ञानिकों की माँगों की व्याख्या इस अर्थ में कर सकती है कि विज्ञान-कार्य पैसे के लिए किया जा सकता है। लेकिन विज्ञान बिक्री के लिए नहीं है।

सैमुएल कॉलरिज ने बहुत पहले लिखा था—"विज्ञान का पहला आदमी वह था, जिसने वस्तु का पता लगाया था, यह जानने के लिए नहीं कि वह उसे भोजन या आश्रय या हथियार या औजार, युद्ध-सामग्री या खेलने की वस्तुएँ उपलब्ध कराएगा; बल्कि जिज्ञासा की संतुष्टि के लिए।" मुझे विश्वास है कि हममें से कुछ में यह भावना अभी भी वर्तमान है। रमण ने कहा था कि "विज्ञान कार्य अपनी चालन-शक्ति उससे निकालता है, जो मूलत: रचनात्मक तीव्र इच्छा है। चित्रकार, मूर्तिकार, वास्तुकार एवं कवि—प्रत्येक अपने तरीके से अपनी प्रेरणा प्रकृति से निकालता है और अपने चुने हुए माध्यम से उसका प्रतिनिधित्व करना चाहता है। विज्ञान का आदमी कला के प्रतिपादक की तरह स्वयं को कठोर अनुशासन का विषय बनाता है। विज्ञान प्रकृति के प्रतिनिधित्व के लिए समर्पित मनुष्य के सौंदर्य संबंधी तथा बौद्धिक कार्यों का एक मिश्रण है।"

रामानुजन ने जिस तरह से काम किया था, उसके लिए मैंने प्रशंसा व भय की भावना महसूस की है। उसे विश्वविद्यालय शिक्षा की आवश्यकता महसूस नहीं हुई थी। उसने अपनी लेखन पुस्तिका में एक के बाद दूसरे पृष्ठ पर समीकरणों को लिखते हुए अपनी सभी समस्याओं के साथ गणित के कार्य को जारी रखा। वह कौन सी तीव्र इच्छा थी, जिसने उसे यह करने के लिए तैयार किया? यह पैसा नहीं था। उसका स्वास्थ्य कमजोर था। उसके पास कोई वास्तविक संरक्षक भी नहीं था, जब तक कि उसने स्वयं को सिद्ध नहीं कर दिया और यहाँ तक कि उन संरक्षकों ने उससे अधिक सीखा था, जितना कि उसने उनसे सीखा था। वह इस तरह के छोटे जीवन के दु:ख व बलिदान के बीच इतना कैसे कर सकता था?

जिस तरह से माइकल फैराडे ने प्रयोग किया था, उस पर कोई भी चकित हुए बिना नहीं रह सकता था। फैराडे, जिन्होंने शायद ही कोई औपचारिक शिक्षा प्राप्त की थी, एक प्रतिभाशाली व्यक्ति थे, जो खोज करने की तीव्र इच्छा से प्रेरित थे। वह श्रमसाध्य व समर्पित और बौद्धिक ऊर्जा का भंडार थे। वह बस, रुक नहीं सकते थे। मैं माइकल एंजेलो की व्यक्ति कलात्मक उत्पादकता से परेशान होता रहा हूँ, जिन्होंने वेटिकन में सिस्टाइन चैपल की विस्तृत छत पर अपनी कृतियों की रचना के लिए कई वर्ष लगाए थे। उन्होंने बिना सहायता के दिन व रात अकेले चित्रित किया। वह

लगातार घंटों तक चित्रित करते थे, बहुधा अँधेरे में मोमबत्ती के साथ—एक अपने माथे पर और दूसरी अपने कंधे पर, छत का सामना करने के लिए अपने सिर को पीछे की तरफ झुकाए हुए। अपने यादगार कार्य से संपन्न होने पर वह अस्थायी रूप से विकृत हो गए और अपनी गरदन को मोड़ नहीं सकते थे। वह चल नहीं सकते थे, क्योंकि उनके जूतों में, जो उन्होंने वर्षों से उतारे नहीं थे, अँगूठे के नाखून बहुत अधिक बढ़ गए थे।

मैंने विज्ञान को कठिन माँग करनेवाले एक मालिक के रूप में पाया, जिसे संतुष्ट करना आसान नहीं। केवल वही लोग, जो इसके सामने पूरी तरह से प्रस्तुत होते हैं, बौद्धिक उत्तेजना व संतोष के रूप में लाभ उठाते दिखाई देते हैं। जो लोग विज्ञान को मनोरंजन या शौक के रूप में मानते हैं, उन्हें कुछ पारितोषिक मिल सकते हैं; लेकिन कुछ और नहीं। वास्तविक वैज्ञानिक के लिए सभी दिन काम के दिन होते हैं। किसी के लिए, जो अपने काम में तल्लीन होता है, उसके लिए कोई कार्य-समय नहीं होता। जहाँ भी वह है और जो कुछ भी वह कर रहा है, वह जाने या अनजाने हमेशा अपनी वैज्ञानिक गतिविधियों की अंतर्धाराओं के प्रभाव में होता है। जब इस प्रकार की चीजें होती हैं, विज्ञान को आगे बढ़ाने के लिए बाह्य प्रोत्साहन की आवश्यकता गायब हो जाती है। दार्शनिक रूप से अच्छी तरह समायोजित जीवन के लिए यह मानसिक अवस्था आवश्यक होती है। इस अवस्था को प्राप्त करना कठिन होता है और महत्त्वपूर्ण व्यक्तिगत बलिदान की माँग कर सकता है; बहुधा सामाजिक जीवन के रूप में तो यह इसके योग्य होता है।

वैज्ञानिक कार्य में उत्कृष्टता की कोई सीमा नहीं होती है और यह असीम जगत्, जिससे वैज्ञानिक संबंध रखते हैं, जीवन को जीने योग्य तथा अधिक चुनौतीपूर्ण बनाते हैं। जैसे कि कोई एक विचार को आगे बढ़ाता है, अनुसंधान के क्षेत्र के विकास का तरीका मुझे हमेशा रोमांचित करता रहा है। जैसे कि हर्बर्ट ब्राउन ने लिखा है—"शाहबलूत (ओक) के छोटे बीजों से शाहबलूत बढ़ते हैं। जो महज पराग के दाने के रूप में शुरू होता है, वह शाहबलूत के फल के रूप में विकसित हो जाता है। तब शाहबलूत का फल उसके वृक्ष के रूप में विकसित हो जाता है। शाहबलूत का वृक्ष जंगल के रूप में विकसित हो जाता है। फिर हम समूचे नए महाद्वीप की रूपरेखा को देखना शुरू करते हैं।" निस्संदेह हमारे आसपास ऐसे कई महाद्वीप हैं, जो अनदेखे हैं। वैज्ञानिकों के जीवन का अधिकांश समय पराग के दाने की खोज या जंगल में काम करते हुए ही बीत जाता है। वे खुश होते हैं, जो पराग के दाने के महाद्वीप में विकास

के गवाह बनते हैं। यह संयोग से हो सकता है, लेकिन संयोग मस्तिष्क पर अनुग्रह करता है; यह मुख्य रूप से दृढ़ प्रयास के कारण होता है। मैं छह दशकों से वैज्ञानिक अभियानों के माध्यम से प्रसन्नता खोजने के लिए सभी संभव प्रयास करता आ रहा हूँ और इस प्रक्रिया में विज्ञान मेरी जीवन-शैली बन गया है। मैं इस आशीर्वाद के लिए वास्तव में आभारी हूँ।

अंत में

मेरी समझ से, विश्व में किसी दूसरे बड़े लोकतांत्रिक राष्ट्र ने इतनी चुनौतियों का सामना नहीं किया है, जितनी कि हम भारत में करते हैं। हमें गरीबों को खिलाना और एक ही समय में विज्ञान व प्रौद्योगिकी के क्षेत्र में उन्नत देशों के साथ प्रतिस्पर्धा भी करनी है। यह स्पष्ट रूप से माँग करता है कि विज्ञान में हमारा आधार पर्याप्त रूप से मजबूत हो, ताकि हम चुनौतियों का डटकर सामना कर सकें। हमें सभी नागरिकों, शिक्षित या अशिक्षित, अमीर या गरीब में वैज्ञानिक जागरूकता लानी है। हमें यह सुनिश्चित करना है कि विज्ञान व शिक्षा राष्ट्र की प्रगति व विकास के लिए नींव प्रदान करे।

"मैं फिर से विज्ञान पर पहुँच गया, जब मैंने महसूस किया कि विज्ञान न केवल सुखद विषयांतर व अमूर्तन है, बल्कि जीवन की मूल बनावट है, जिसके बिना हमारा आधुनिक विश्व मिट जाएगा। राजनीति मुझे अर्थशास्त्र की तरफ ले गई थी और यह मुझे अनिवार्य रूप से हमारी सभी समस्याओं व स्वयं जीवन के लिए विज्ञान व वैज्ञानिक दृष्टिकोण की तरफ।"

—पं. जवाहरलाल नेहरू (1938)

"भगवान् सूक्ष्म है, लेकिन वह दुर्भावनापूर्ण नहीं है।"

"प्रकृति अपनी अनिवार्य बुलंदी के कारण अपने रहस्य को छुपाती है, लेकिन धोखे के साधनों से नहीं।"

"वैज्ञानिक 'सत्य' शब्द के लिए सटीक अर्थ संलग्न करना भी मुश्किल है। चाहे हम अनुभव के तथ्य से गणितीय प्रस्ताव या वैज्ञानिक सिद्धांत से निपटते हैं, उसके अनुसार 'सत्य' शब्द का अर्थ भिन्न हो जाता है।"

—अल्बर्ट आइंस्टीन

"यहाँ तक कि यदि मैं शेक्सपियर बन सकता हूँ, मुझे लगता है कि मुझे फिर भी माइकल फैराडे होने को चुनना चाहिए।"

—अल्डुअस हक्सले (नुगेल, सेक्सटन, मेकिएर से)

अभिस्वीकृति इस अध्याय को लिखने में मैंने 'करंट साइंस', 64 (1993), पृष्ठ 288 से 293 में 'जीवन शैली के रूप में विज्ञान कर्म' शीर्षक से प्रकाशित लेख का व्यापक उपयोग किया है।

□

3

प्रारंभिक वर्ष : भोलेपन व आशा के दिन

मेरा जन्म 30 जून, 1934 को बैंगलोर में बासवनगुडी में बुगले रॉक के नजदीक अपने नाना के घर में हुआ था। वह घर कई मंदिरों के बीच में था। वहाँ नंदी मंदिर सबसे प्रसिद्ध था। नजदीक में ही लोकप्रिय गणेश मंदिर भी था। मेरी माँ नागम्मा प्रतिदिन घर के सामने के हनुमान मंदिर में जाया करती थीं। मेरे पिता एच. नागेश राव मैसूर सरकार के शिक्षा विभाग में कार्यरत थे और कई वर्षों तक हाई स्कूल व शिक्षक प्रशिक्षण संस्थानों में एवं स्कूल के निरीक्षक के रूप में काम किया था। मेरे पिता अपने परिवार में कॉलेज जानेवाले पहले व्यक्ति थे और दादाजी चिंतामणि के निकट अपने स्वामित्व की जमीन की थोड़ी सी आमदनी पर गुजारा करते थे। मेरे नाना कन्नड़ व संस्कृत के शिक्षक थे।

राव की माँ नागम्मा,
अपने दैनिक प्रार्थना-स्थल पर

राव के पिता नागेश राव

मुझे अपने बचपन के शुरुआती दिनों के बारे में बहुत कम याद है, सिवाय इसके कि माता-पिता मेरा बहुत ध्यान रखते थे। मेरे बचपन की स्पष्ट याद बहुत कुछ वर्ष 1940 के आस-पास से शुरू होती है, जब मैं छह वर्ष की उम्र में सरकारी मिडिल स्कूल के पहले वर्ष में शामिल हुआ था। तब तक मैंने माँ के संरक्षण

में घर पर ही पढ़ाई की थी, जिन्होंने मुझे अंकगणित व दूसरे विषय पढ़ाए थे। इसके अतिरिक्त, वे मुझे भारतीय इतिहास व पुराण-शास्त्र भी पढ़ाया करती थीं। वे एक विलक्षण शिक्षिका थीं।

मिडिल स्कूल में शिक्षण का माध्यम कन्नड़ था। मैं अपनी कक्षा में सबसे छोटा था, लेकिन अंग्रेजी में प्रवीण था। मैं अपनी पढ़ाई में बहुत अच्छा था और शिक्षकों द्वारा पसंद किया जाता था। मैं अपने पिता का सदैव कृतज्ञ रहूँगा, जो बहुधा मुझसे अंग्रेजी में बात करते थे और मुझसे पत्र व छोटे निबंध लिखवाते थे। मेरा मिडिल स्कूल का जीवन विविध घटनाओं से भरा था। मेरे साथी साधारण परिवारों से थे और मैं कुछ छात्रों में से एक था, जिनके पिता सुशिक्षित थे तथा जिनके पास इतिहास, शिक्षा आदि में स्नातकोत्तर की उपाधियाँ थीं। मुझे याद है कि मित्र मुझसे पूछते थे, "जब तुम बड़े होगे तो क्या तुम बी.ए. करोगे?"

मेरे पिता व माता अध्ययन में एक-दूसरे के विपरीत थे। माँ घंटों तक प्रार्थना करतीं और मध्व दर्शन की बड़ी उपासिका थीं। वे आवश्यकता से अधिक उदार थीं और भौतिक संपत्तियों में उनकी कोई रुचि नहीं थी। पिताजी पारंपरिक प्रथाओं के अनुरूप नहीं थे और अंधविश्वासों के विरुद्ध थे। उन्होंने महिलाओं की शिक्षा व परिवार-नियोजन के विषय को आगे बढ़ाया। उन्होंने घर में जन्म-कुंडलियों की अनुमति नहीं दी थी।

उन दिनों स्कूल व कॉलेज बहुत कम थे, यहाँ तक कि बैंगलोर जैसे नगर में भी। वहाँ तीन सरकारी हाई स्कूल और आधा दर्जन निजी स्कूल थे। यह संभव है कि अंग्रेजों ने भारत में स्कूलों व कॉलेजों को न्यूनतम संख्या में आगे बढ़ने की अनुमति दी थी—जितना प्रशासन में मदद के लिए आवश्यक था। अपने मिडिल स्कूल के वर्षों से मुझे वर्ष 1941 में रवींद्रनाथ टैगोर की मृत्यु की एक घटना याद है। माँ ने टैगोर की महानता और उनकी साहित्यिक उपलब्धियों के बारे में बताया था। सन् 1942 का वर्ष भी भारत के इतिहास में महत्त्वपूर्ण था। स्वतंत्रता आंदोलन अपने शिखर पर पहुँच चुका था। मैं जुलूसों को देखा करता और बहुधा पुलिस द्वारा लोगों को गिरफ्तार किए जाने तथा लाठी बरसाए जाने के बारे में सुनाता था।

मैसूर राज्य रहने के लिए शांत व खुशहाल क्षेत्र था। बैंगलोर राजसी राज्य की राजधानी थी और सचमुच बगीचों का शहर था। महाराजा मैसूर में रहते थे। हाथी पर विराजमान महाराजा के साथ वार्षिक दशहरा उत्सव व शोभा-यात्रा आनंददायक

घटना थी, जिसकी लोग प्रतीक्षा किया करते थे। मौसम सुहावना होता था और बैंगलोर में घरों में पंखे नहीं होते थे। अधिकांश लोग सभी जगह पैदल जाया करते थे। नगर में कुछ ही बसों की आवाजाही होती थी। मैं स्कूल पैदल जाता था, जो घर से दो किलोमीटर दूर था। एक दिन जब मैं अपने मित्रों के साथ खेल रहा था तो पिताजी ने मुझे यह बताने के लिए आवाज दी कि मैंने लोअर सेकंडरी (L.S.) परीक्षा प्रथम श्रेणी में उत्तीर्ण कर ली थी। मुझे दादी व पिता की चचेरी दादी से कुछ उपहार मिले थे। पिताजी ने मुझे आइसक्रीम खिलाई थी।

सन् 1944 में मिडिल स्कूल उत्तीर्ण होने के बाद मैं हाई स्कूल में गया, जहाँ कन्नड़ माध्यम से पढ़ाई करने का विकल्प था। मेरे पिताजी का दृढ़ संकल्प था कि उनके बच्चे अपनी मातृभाषा में पढ़ें। हाई स्कूल की शिक्षा तीन वर्षों की होती थी, जिसके अंत में सेकंडरी स्कूल लीविंग सर्टिफिकेट (एस.एस.एल.सी.) प्राप्त करने के लिए हरेक को सार्वजनिक परीक्षा देनी पड़ती थी। आगे किसी भी विषय या क्षेत्र के अध्ययन के लिए एस.एस.एल.सी. योग्यता परीक्षा थी। अंतिम परीक्षाओं में प्राप्त किए जानेवाले अंकों के आधार पर किसी को 'सार्वजनिक सेवा के लिए योग्य या कॉलेज व सार्वजनिक सेवा के योग्य' (ई.पी.एस. या ई.सी.पी.एस.) घोषित किया जाता था। क्लर्क या स्कूल शिक्षक बनने के लिए ई.पी.एस. पर्याप्त होता था। हाई स्कूल में विशेष अध्ययन के लिए विज्ञान या मानविकी लेने का विकल्प सबके पास था। मैंने विज्ञान का विकल्प चुना, जिसमें भौतिकी, रसायन विज्ञान, जीव विज्ञान व गणित विषयों के अधिक पाठ्यक्रम शामिल होते थे। पिताजी के विभिन्न स्थानों पर स्थानांतरण के कारण तीन अलग-अलग स्कूलों में मेरी तीन वर्ष की शिक्षा संपन्न हुई। मुझे अच्छे शिक्षक मिले थे, विशेष रूप से रसायन विज्ञान में और उनमें से कुछ ने वर्ग प्रयोगात्मक प्रदर्शन किए थे। मैंने सन् 1944 में हाई स्कूल के अपने पहले वर्ष में सबसे पहला प्रयोग प्रदर्शित होते देखा। उन्होंने प्रयोगशाला में हाइड्रोजन तैयार करके गंधक जलाया था। उन्होंने मेरे घर में गृह-निर्मित स्पिरिट लैंप पर जलाने के लिए मुझे थोड़ा सा गंधक दिया। उपयोग की जा चुकी इंक बोतल से उन्होंने स्पिरिट लैंप बना दिया था। एक वर्ष के बाद शनिवार की एक सुबह मैंने अपने रसायन विज्ञान के शिक्षक को क्लोरीन तैयार करने में मदद की थी। हाई स्कूल में मेरे शिक्षक उत्कृष्ट थे और मुझे कॉलेज में ऐसे प्रेरक शिक्षक नहीं मिले थे। यही वह अवधि थी, जब मैं भारतीय विज्ञान संस्थान (इंडियन इंस्टीट्यूट ऑफ साइंस) के कुछ छात्रों से मिला

था। मैं उनसे उनके काम के बारे में बात किया करता था। मुझे अभी भी याद है कि उनमें से एक ने मुझे रसायन विज्ञान में अपने शोध के बारे में बताया था। वह मुझे संस्थान के परिसर में ले गया था। मैं उसके साथ चारों ओर घूमा था, पर समझ नहीं पाया कि वास्तव में वहाँ हो क्या रहा है।

प्रो. सी.वी. रमण

सन् 1945 में जब मैं आचार्य पाठशाला में पढ़ रहा था, मुझे भारतीय विज्ञान संस्थान में जाने का अद्भुत अवसर मिला था। प्रो. सी.वी. रमण मेरे स्कूल में आए थे और उन्होंने मैडम क्यूरी के चित्र का अनावरण किया था। उनका व्याख्यान उत्साह-वर्द्धक था। मैं अभी भी प्रो. रमण की छवि को याद कर सकता हूँ—अपने कोट के पल्ले को पकड़े हुए, विज्ञान व मैडम क्यूरी के बारे में उत्साह से बात करते हुए। व्याख्यान के बाद उन्होंने हमारे शिक्षक से दो या तीन अच्छे छात्रों को भारतीय विज्ञान संस्थान में अपनी प्रयोगशाला में लाने के लिए कहा था। मैं उन छात्रों में से एक था, जिन्हें उनसे मिलने के लिए चुना गया था। प्रो. रमण हमारे साथ परिसर में चारों तरफ गए और अपनी प्रयोगशाला में हम लोगों के साथ लगभग आधा घंटा बिताया था। उन्होंने भौतिकी के बारे में जो कहा, उसका एक शब्द भी मैं नहीं समझ सका था; लेकिन मैंने जो कुछ देखा, उस पर पूरी तरह आकृष्ट था। मैंने सोचा था, 'हे भगवान्! सी.वी. रमण की तरह होना कितना अद्भुत होगा!' संभवतः यह वही अवसर था, जब मुझमें वैज्ञानिक बनने के बीज बो दिए गए थे।

हाई स्कूल के दिनों में मैंने साहित्यिक गतिविधियों में भाग लिया था। मैं कन्नड़ में छोटी कहानियाँ व कविताएँ लिखा करता था और वाद-विवाद में भाग लेता। मेरी माँ व मैं महान् लेखकों द्वारा कन्नड़ में लिखे गए उपन्यास पढ़ते थे।

छुट्टियों का अर्थ अपने नाना-नानी के साथ समय बिताना होता था। मैंने अपनी

दादी के अद्‍भुत सान्निध्य का आनंद उठाया था, जो काफी बातूनी थीं और हमेशा कहानियों से भरी होती थीं। वे बहुत खुशमिजाज और अच्छी रसोइया थीं। वे अत्यंत उदार थीं और उनका अतिथियों व मुफ्तखोरों की संख्या पर कोई नियंत्रण नहीं था, जो घर में खाने या अस्थायी रूप से रहने के लिए आते थे।

मैं पिताजी के साथ, जब वे स्कूल के निरीक्षण के लिए जाते थे, मैसूर राज्य के भीतरी क्षेत्रों में कई स्थानों पर गया था। इसने मुझे मलनाड क्षेत्र के जंगलों व पौधारोपण के कार्यों को देखने में सक्षम बनाया था। मेरे माता-पिता का असाधारण पहलू यह था कि वे मुझसे हर मामले में सलाह माँगते थे; जबकि मैं बहुत छोटा था। वे मेरे साथ किसी वयस्क की तरह व्यवहार करते और मेरे फैसले पर भरोसा करते थे। पिताजी ने मुझमें पढ़ने की आदत विकसित की थी। वे मुझे सामान्य साहित्य के साथ-साथ शास्त्रीय रचनाओं को पढ़ने के लिए प्रोत्साहित करते थे। उन्होंने सुनिश्चित किया था कि मैं इस तरह की पुस्तकें पढ़ूँ—'द थ्री मसकेटियर्स' (तीन बंदूकधारी सिपाही), 'ए टेल ऑफ टू सिटीज' (दो नगरों की कहानी), 'द हंचबैक ऑफ नोट्रे डेम' (नोट्रे डेम का कूबड़ा), 'द काउंट ऑफ मोंटे क्रिस्टो' (मोंटे क्रिस्टो की गिनती)। इसने मुझे प्रभावी रूप से अंग्रेजी में बातचीत करने में सहायता प्रदान की थी। माँ मुझे लगातार एक सलाह देती थीं—"तुम्हें केवल वही लाभ प्राप्त करने चाहिए, जो सरस्वती (ज्ञान की देवी) द्वारा तुम्हें दिया गया है। जीवन में सबकुछ ज्ञान के माध्यम से ही आना चाहिए।"

मेरे हाई स्कूल के दौरान स्वतंत्रता-संघर्ष जोरों पर था। मैंने सन् 1947 में तेरह वर्ष की उम्र में अपनी एस.एस.एल.सी. की परीक्षा प्रथम श्रेणी में उत्तीर्ण की। तब विशेष विषयों के रूप में मैं भौतिकी, रसायन विज्ञान व गणित के साथ सरकारी इंटरमीडिएट कॉलेज में शामिल हआ था। निर्देश का माध्यम अंग्रेजी था; लेकिन मुझे पाठ्‍यक्रम से कोई कठिनाई नहीं थी। दुर्भाग्य से, जिन लोगों ने भौतिकी, रसायन विज्ञान व गणित का संयोजन चुना था, उन्हें जीव विज्ञान पढ़ने का अवसर नहीं मिला।

मेरे कॉलेज में जाने के कुछ सप्ताह बाद भारत ने स्वतंत्रता प्राप्त कर ली थी। तिथि 15 अगस्त, 1947 थी। देश द्वारा मनाए गए पहले स्वतंत्रता दिवस के उत्साह को मैं कभी नहीं भूल सकता। मैं अभी भी प्रथम प्रधानमंत्री पं. जवाहरलाल नेहरू तथा अन्य नेताओं के भाषणों को याद करता हूँ। उसके तुरंत बाद मैसूर राज्य में लघु स्वतंत्रता आंदोलन हुआ था, क्योंकि हमारे महाराजा सीधे तौर पर भारतीय गणराज्य

पं. जवाहरलाल नेहरू

में शामिल होने को सहमत नहीं हुए थे। मैं भी उस आंदोलन में शामिल हुआ था, जो कुछ महीनों तक चला था। यहाँ तक कि उन दिनों में मैं गांधी टोपी भी पहना करता था। कोई नहीं भूल सकता कि किस प्रकार उन दिनों खाद्य-सामग्री व कपड़े का प्रतिबंधित वितरण किया जा रहा था। एक व्यक्ति सीमित मात्रा में ही चावल, कैरोसिन तेल व कपड़ा ले सकता था। वे कठिनाई भरे दिन जरूर थे, लेकिन वही दिन थे, जब हम सभी नए व महान् भारत के लिए प्रार्थना करने के लिए एक साथ आए थे।

30 जनवरी, 1948 का दिन पूरे राष्ट्र के लिए एक शोक दिवस था। एक वहशी आदमी द्वारा गांधीजी की हत्या कर दी गई थी। मैं इसका विश्वास नहीं कर पा रहा था। इस अविस्मरणीय राष्ट्रीय त्रासदी के बाद मैं नेहरू तथा अन्य नेताओं के द्वारा दिए गए भाषणों से प्रभावित हुआ। मैं याद करने की कोशिशें करता रहा था कि गांधीजी कैसे दिखते थे? मैंने उन्हें एक बार देखा था, जब मैं ग्यारह वर्ष का था।

कॉलेज के युवा छात्र के रूप में राव (1947)

इंटरमीडिएट परीक्षा पूरी करने के बाद मैंने बैंगलोर के सेंट्रल कॉलेज से बी.एस-सी. करने का फैसला किया था। मेरे कई मित्र इंजीनियरिंग कॉलेजों में गए थे; लेकिन मैं उन लोगों में शामिल होने को उत्सुक नहीं था। उस समय बैंगलोर सेंट्रल कॉलेज एकमात्र कॉलेज था, जहाँ से कोई विज्ञान की डिग्री ले सकता था। राज्य में एक ही विश्वविद्यालय था—मैसूर विश्वविद्यालय, जिसका सेंट्रल कॉलेज विज्ञान-केंद्र गठित किया गया था। सेंट्रल कॉलेज में सुबह लगभग 11 बजे कक्षा शुरू हुआ करती

सेंट्रल कॉलेज, बैंगलोर

थी। अधिकांश छात्र दोपहर का भोजन जल्दी कर पैदल ही कॉलेज जाया करते थे। पैसा बहुत कठिनाई से मिल पाता था और मेरे अधिकांश सहपाठियों के पास दोपहर के अवकाश में एक कप कॉफी पीने के पैसे भी नहीं होते थे। अभी भी खाद्य वितरण सीमा जारी थी और रेस्तराँओं में डोसा व इडली जैसी लोकप्रिय सामग्रियाँ नहीं परोसी जा रही थीं, जो बैंगलोर निवासियों को आतंकित करने के लिए पर्याप्त था।

कॉलेज में रोजाना बहुत कम व्याख्यान होते थे; लेकिन मुझे उनके बारे में कुछ भी विशेष याद नहीं आता है। मुझे भौतिकी में अधिक अच्छे व्याख्यान मिले थे। मैं रसायन विज्ञान संगोष्ठियों में भाग लेता और मैंने बहुलक पर एक भाषण दिया था। मैंने कॉलेज के संस्कृत एसोसिएशन एवं डिबेट में भी रुचि ली थी। वर्ष 1949–51 के बीच की अवधि स्वतंत्र भारत के शुरुआती वर्ष थे और हम लोग अपने राष्ट्रीय नेताओं से बहुत अधिक प्रभावित थे। सेंट्रल कॉलेज के दिनों में मेरी अधिकांश शाम भारत, स्वतंत्रता और अपने भविष्य के बारे में बातें करते हुए मित्रों के साथ बीतती थी। मैं गोखले इंस्टीट्यूट ऑफ पब्लिक अफेयर्स और इंस्टीट्यूट ऑफ वर्ल्ड कल्चर में नियमित रूप से शाम की कक्षा में जाया करता था। आस-पड़ोस में नेतृत्वकारी साहित्यिक व्यक्तियों को घूमते-फिरते देखना सामान्य बात थी।

उन दिनों कॉलेज की परीक्षाओं में अच्छा प्रदर्शन करना कठिन कार्य था। हमें ज्यादा अंक नहीं दिए जाते थे, चाहे उत्तर कितने भी अच्छे क्यों न हों। बिल्कुल सही उत्तर के लिए 10 में 10 अंक प्राप्त करने की बजाय 10 में से 6 या 7 अंक प्राप्त करता था। मैं नहीं समझ पाता था कि ऐसा क्यों है ? भाषा परीक्षाओं की स्थिति तो और भी अधिक खराब थी। अंतिम परीक्षाओं का डर बहुत ज्यादा हुआ करता था, जैसा कि वे केवल वार्षिक रूप से आयोजित होती थीं, न कि प्रत्येक अवधि या छमाही के अंत में। तब ऐसे 'मित्र' भी थे, जो हर किसी को हमेशा प्रश्नों से डराया

करते या सबसे अधिक संभावित प्रश्नों, जो कि परीक्षाओं में आने वाले थे, के बारे में बातें करते रहते थे। इस तरह के वार्त्तालापों के लिए किसी को बहरा या प्रतिरक्षित होना पड़ता था।

पिताजी मुझे चेतावनी दिया करते थे, "मुझे नहीं लगता है कि तुम अपने बी.एस-सी. पाठ्यक्रम में प्रथम श्रेणी प्राप्त करोगे। वैसे, शायद ही किसी को बी.एस-सी. में प्रथम श्रेणी मिलती है; लेकिन तुम्हें कोशिश करनी चाहिए।" जून 1951 में जब बी.एस-सी. परीक्षाओं के परिणाम घोषित हुए, मैंने पाया कि मैंने प्रथम श्रेणी प्राप्त की है। उस वर्ष मैं प्रथम श्रेणी प्राप्त करनेवाले तीन छात्रों में से एक था। तब मैं सत्रह वर्ष का था।

बनारस हिंदू विश्वविद्यालय, वाराणसी

मेरे बी.एस-सी. पाठ्यक्रम के दौरान रसायन विज्ञान में मेरे एक शिक्षक बनारस हिंदू विश्वविद्यालय (बी.एच.यू.) से स्नातकोत्तर थे। उन्होंने बी.एच.यू. के अपने शोध-प्रबंध पर आधारित एक शोध-पत्र दिखाया था। उन्होंने मुझे बताया था कि बी.एच.यू. में एम.एस-सी. का पाठ्यक्रम आंशिक रूप से शोध पर आधारित था और कोई अपने शोध पर आधारित एक या दो शोध-पत्र भी प्रकाशित कर सकता था। बॉम्बे विश्वविद्यालय से कोई पूरी तरह शोध के माध्यम से स्नातकोत्तर की उपाधि प्राप्त कर सकता था। भारतीय विज्ञान संस्थान में इंजीनियरिंग के प्रमाण-पत्र कार्यक्रमों में मेरी रुचि नहीं थी। मैंने सोचा था कि पाठ्यक्रमों व शोध-प्रबंध का संयोजन मेरे लिए आदर्श होगा। मैंने स्नातकोत्तर की डिग्री के लिए बी.एच.यू. जाने का फैसला किया था। मैंने बी.एस-सी. के परिणामों के साथ विभाग प्रमुख (प्रो. एस.एस. जोशी) को पत्र भेजा था। मेरे शिक्षक, बी.एच.यू. के पूर्व छात्र, ने मेरे लिए अनुशंसा-पत्र लिखा था। एक सप्ताह के भीतर ही मुझे यह बताते हुए तार मिला था कि मुझे बनारस हिंदू विश्वविद्यालय में रसायन विज्ञान में एम.एस-सी. में नामांकित कर लिया गया है। पिताजी ने मेरे फैसले का अनुमोदन किया, यद्यपि इसका अर्थ है कि व्यय के लिए

मुझे प्रतिमाह 75 रुपए भेजना था। बीती बातों को याद करने पर लगता है कि मेरे माता-पिता मुझे सदैव अपना समर्थन देते थे और मेरे फैसले पर विश्वास करते थे। उन्होंने यह नहीं पूछा था कि मैं बैंगलोर में ही कुछ करने के स्थान पर बनारस में एम.एस-सी. करने क्यों जा रहा हूँ? मैं उनके उस समर्थन के लिए उनकी प्रशंसा करता हूँ, जो उन्होंने मुझे प्रदान किया था।

जून 1951 में मैं बनारस चला गया था। दो दिनों में खत्म हुई लंबी रेलयात्रा के बाद अनारक्षित तृतीय श्रेणी के डिब्बे में गरमी भरी एक दोपहर में मैं वहाँ पहुँचा था। इससे पहले मैं उत्तरी भारत में नहीं रहा था और कभी साइकिल रिक्शा भी नहीं देखा था। मुझे रेलवे स्टेशन से विश्वविद्यालय परिसर के लिए साइकिल रिक्शा लेना था। कुछ दिनों बाद मैं छात्रावास में व्यवस्थित हो गया था। भोजन भिन्न था। समोसा, दाल, रोटी, पालक पनीर, रसधार व गुलाब जामुन से मेरा परिचय हुआ था।

बी.एच.यू. में रसायन विज्ञान विभाग

सत्र के पहले सप्ताह में मुझे विभागाध्यक्ष प्रो. जोशी से मिलने के लिए कहा गया था, जो डी.एस-सी. (लंदन) तथा प्रो. डोनान के छात्र थे। उन्होंने मुझसे पूछा था कि मैं क्या विशेष करने जा रहा हूँ? मैंने उनसे कहा था कि मैं भौतिक रसायनज्ञ बनना चाहता हूँ। उन्होंने मुझसे तत्काल अपने एम.एस-सी. शोध-प्रबंध पर काम शुरू करने के लिए कहा। उन्होंने कहा था, "तुम डॉ. मराठे के साथ काम करो, जिसने बस, पी-एच.डी. पूरी की है। वह तुम्हें शुरू करने में मदद करेगा।"

डॉ. मराठे भौतिकविद् थे, जिन्होंने मुझे विद्युत् अवतारणों पर प्रकाश के प्रभाव (जिसे 'जोशी प्रभाव' कहा जाता था) पर प्रयोग व्यवस्थित करने में मदद की थी। बी.एच.यू. में शामिल होने के तीन सप्ताह के अंदर मैंने अपनी एम.एस-सी. की डिग्री के लिए शोध शुरू कर दिया था। शोध केवल रात में ही संभव था, क्योंकि वहाँ पर केवल एकदिश धारा (डी.सी.) विद्युत् थी और किसी को परिवर्तक यंत्र के उपयोग से इसे प्रत्यावर्ती धारा (ए.सी.) में बदलना पड़ता था। यह केवल रात में ही हो सकता था। मैं सुबह लगभग 10 बजे विभाग में जाता और प्रयोगशाला के कार्य में दिन बिताता था, जिसमें अकार्बनिक सामग्रियों, कार्बनिक तैयारियों के साथ-साथ गुणात्मक व मात्रात्मक कार्बनिक विश्लेषण शामिल थे। भौतिक रसायन में भी प्रयोग थे, जिन्हें मैंने पूरा किया था। यह बहुत ही थकानेवाला था, विशेष रूप से उन दिनों में, जब बहुत अधिक गरमी होती थी और दिन में चाय पीने का भी समय मुश्किल से मिलता था। कभी-कभार मित्रों के साथ प्रयोगशाला से चुपके से बाहर निकलकर मैं भौतिकी भवन के बाहर सड़क पर बिकनेवाली मीठी चाय की प्याली पीने के लिए चला जाता। पहले कुछ सप्ताहों में अपने साथी छात्रों के अंतर-स्नातक प्रशिक्षण के बारे में लंबे दावे के कारण मैं कुछ हद तक परेशान था। धीरे-धीरे मैं साम्य स्थापित करने में सफल रहा था। मैं व्यस्त हो गया और दूसरे विषयों के बारे में चिंतित नहीं होता था। जैसा कि मैंने पहले प्रयोगशाला में काम नहीं किया था, इसलिए प्रयोग करने में लंबा समय बिताने पर बी.एच.यू. में शुरुआती अनुभव आनंददायक थे। मेरे अंतर-स्नातक दिनों में प्रयोगशाला के काम एक या दो घंटों में समाप्त हो जाते थे। बी.एच.यू. में रासायनिक प्रयोगों के साथ वास्तविक भागीदारी और अनुसंधान प्रयोगशाला में रात के कार्य ने मेरे अनुभव में बढ़त की थी। दुर्भाग्य से, सत्र में केवल कुछ ही व्याख्यान थे।

बनारस हिंदू विश्वविद्यालय में राव
(18 वर्ष की उम्र में)

कुछ सप्ताह के बाद मुझे हाइड्रोजन में इलेक्ट्रोड-रहित अवतारण में कुछ परिणाम मिलने लगे। छह महीनों के काम के बाद डॉ. मराठे ने मुझसे कहा था कि मैंने एम.एस-सी. शोध-प्रबंध के लिए पर्याप्त काम कर लिया था, जबकि अपने आप एक या दूसरा काम करता रहा था। जब मैं ऐसा कर रहा था तो होलकर कॉलेज, इंदौर से एक आगंतुक कोई डॉ. सक्सेना आए, जो प्रो. जोशी के साथ काम करने के लिए विश्वविद्यालय में आए हुए थे। प्रो. जोशी ने मुझे उनके साथ काम करने और कुछ प्रयोगों में उनकी मदद करने के लिए कहा था। मैंने आयोडीन वाष्प में मूक विद्युत् अवतारण पर काम किया था और उनके साथ कुछ माप लिये थे। डॉ. सक्सेना ने कहा था कि वह शोध-पत्रिका में परिणामों को प्रकाशित करना चाहते थे। उन्होंने आगरा विश्वविद्यालय जर्नल ऑफ रिसर्च के सन् 1954 खंड में मेरे साथ शोध-पत्र प्रकाशित कराया था। यह मेरा पहला शोध-पत्र था। पहले वर्ष के अध्ययन के बाद मुझे कनिष्ठ विषयों (कार्बनिक व अकार्बनिक रसायन) की अंतिम परीक्षाओं को हाथ में लेना पड़ा था। एक माह के बाद गरमी की छुट्टियों के लिए मैं बैंगलोर में था। मुझे यह जानकर सुखद आश्चर्य हुआ कि मैं प्रथम वर्ष में एम.एस-सी. परीक्षाओं में कुल अंकों में कक्षा में दूसरे स्थान पर था।

एम.एस-सी. के दूसरे वर्ष में मुझे केवल भौतिक रसायन ही पढ़ना था, जब मेरे सहपाठियों ने अपने शोध-प्रबंधों पर काम करना शुरू किया था। मैंने पहले ही अपना शोध तैयार कर लिया था, जबकि मुझे अपने आप शोध करने की अनुमति दे दी गई थी। मैंने एम.एस-सी. की अंतिम परीक्षा दे दी थी और मई 1953 में विश्वविद्यालय में अपना शोध-प्रबंध जमा करवा दिया था।

लिनस पॉलिंग

एम.एस-सी. की पढ़ाई के दौरान मुझे संगोष्ठियों में भाषण देने थे। मैंने ब्रह्मांडीय किरणों पर एक भाषण दिया था। मैंने सोचा था कि यह एक रोमांचक विषय और भौतिक में चर्चा का विषय है; जबकि रसायन विज्ञान

में बहुत कम लोग इसके बारे में जानते हुए लगते थे। मेरी दूसरी संगोष्ठी परमाणु हाइड्रोजन पर थी। मैं अपने बारे में सहपाठियों के परिहास का अभ्यस्त हो चुका था। वे मुझे 'प्रोफेसर' कहकर पुकारा करते थे, क्योंकि मैं बहुधा लीनस पॉलिंग, पीटर डिबाय और ऐसे ही वैज्ञानिकों के बारे में बातें किया करता था। मैं अल्फा-हेलिक्स पर लिनस पॉलिंग के काम को लेकर अत्यंत उत्साहित था। मैं उनकी प्रसिद्ध पुस्तक 'द नेचर ऑफ द केमिकल बॉण्ड' से सचमुच प्रभावित था, जो मैंने अपने एक शिक्षक से उधार लेकर पढ़ी थी; जबकि लोग मेरा मजाक उड़ाते थे। मैं लिनस पॉलिंग तथा उन्होंने जिस प्रकार रसायन विज्ञान का काम किया था, के बारे में अपनी बातों को लेकर बहुत अधिक गंभीर था। मेरी एकमात्र उम्मीद यही थी कि एक दिन मैं भी रसायन विज्ञान के क्षेत्र में उसी प्रकार का कार्य करूँगा, जिस प्रकार का मैं उनकी पुस्तक में पढ़ता हूँ।

जून 1953 के आरंभ में मुझे पता चला था कि मैंने एम.एस-सी. प्रथम श्रेणी से उत्तीर्ण कर ली थी, फिर से वर्ग में दूसरे स्थान के साथ। कुल मिलाकर बनारस का मेरा अनुभव विलक्षण था। बी.एच.यू. सचभुच में एक राष्ट्रीय विश्वविद्यालय था। यह वहीं था, जहाँ मैंने वैज्ञानिक बनने का निर्णय किया था (और एक रसायनज्ञ)। यह बनारस ही था, जहाँ मैंने लॉर्ड टॉड जैसे विदेशों के महान् वैज्ञानिकों (रसायनज्ञों) को देखा व सुना था। यह वहीं था, जहाँ मैं सही अर्थों में शास्त्रीय संगीत के संपर्क में आया था। यहाँ तक कि मैं ऐसे परिवार से आया था, जहाँ मेरे अनेक सगे-संबंधी शास्त्रीय संगीत जानते थे; हालाँकि मैं स्वयं संगीत नहीं सीख सका था। पं. ओंकारनाथ ठाकुर की अध्यक्षतावाले बी.एच.यू. के संगीत कॉलेज के कारण मैं कई उत्कृष्ट संगीत समारोहों में जा सका था। यह वहीं था, जहाँ मैंने विष्णु दिगंबर पलुस्कर जैसे महान् संगीतज्ञों को पहली बार सुना था। बी.एच.यू. के छात्रावास में पूरे भारत से आए छात्रों के साथ रहना आनंददायक अनुभव था, जैसा कि कभी-कभार नगर की यात्रा। मैंने पहली बार बी.एच.यू. में मीठा पान चखा था। पूरे वर्ष ठंडे पानी से नहाने का अभ्यस्त भी हो गया।

यद्यपि शैक्षिक संदर्भ में संकाय सदस्यों द्वारा स्नातकोत्तर छात्रों के लिए शायद ही कोई व्याख्यान दिया गया था और शिक्षण प्रयोगशालाएँ उपकरण-सज्जा में खराब थीं। समग्र वातावरण सकारात्मक था तथा किसी को भी अनुसंधान को आगे बढ़ाने के लिए उत्साहित करता था। विज्ञान विभाग में प्रयोगशालाएँ लोगों के अनुसंधान करने से

रात में प्रकाशमान रहती थीं। प्रो. जोशी ने मेरे अनुसंधान कार्य को शायद ही देखा था; लेकिन वे उत्साही थे और हमेशा अनुसंधान की बातें करते थे। अन्य नगरों की तुलना में बनारस इस संदर्भ कुछ अधिक था। यह एक शाश्वत शहर है, प्रकाश का शहर। बनारस ने मुझ पर अनुमान से परे प्रभाव डाला था।

मुझसे पूछा गया था कि क्या मैं बी.एच.यू. में अस्थायी व्याख्याता का पद लेना चाहूँगा ? लेकिन मैं इच्छुक नहीं था। मैं अनुसंधान करना चाहता था और पी-एच.डी. की उपाधि के लिए संभव स्थान की खोज कर रहा था। भौतिक रसायन में एम.एस-सी. करने के बाद मेरी आशा थी कि मैं उस समय की वर्तमान रुचि के विषय में अनुसंधान करने में सक्षम रहूँगा। इसका अर्थ आणविक संरचना जैसे विषय में काम करना था, पॉलिंग जिसके गुरु थे। यह मुझे स्पष्ट नहीं था कि मैं इसे भारत में कैसे कर सकूँगा। जब मैं भारतीय विज्ञान संस्थान (आई.आई.एस-सी.) में भौतिक रसायन के प्राध्यापक से मिला, उन्होंने कहा था कि उन्हें नहीं लगता कि वहाँ किसी की वर्तमान रुचि में भौतिक रसायन को आगे बढ़ाना था। उन्होंने मुझे आई.आई.एस-सी. के विभाग में शामिल न होने की सलाह दी थी। मैं आश्चर्यचकित था कि भौतिक रसायन के प्राध्यापक खुद मुझे अपने विभाग में शामिल न होने के लिए कह रहे थे; क्योंकि वे इस प्रकार का भौतिक रसायन नहीं कर रहे थे, जो कि विश्व भर में सीमा-प्रदेश में था। उन्होंने मुझसे पूछा, "तुम कुछ समय के लिए भारतीय प्रौद्योगिकी संस्थान (आई.आई.टी.), खड़गपुर में क्यों नहीं शामिल होते ?"

सर जे.सी. घोष के निर्देशन में आई.आई.टी., खड़गपुर बस आने ही वाला था, जिन्होंने खड़गपुर में पहला आई.आई.टी. शुरू करने के लिए आई.आई.एस-सी. को छोड़ा था। आई.आई.एस-सी. से कई संकाय सदस्य नए आई.आई.टी. में शामिल हुए थे। प्रो. घोष की एक भौतिक रसायनज्ञ के रूप में अच्छी प्रतिष्ठा थी। बैंगलोर में मेरा साक्षात्कार लिया गया और मुझे आई.आई.टी., खड़गपुर में निदेशक की प्रयोगशाला में शोध-छात्र के रूप में काम करने के लिए चुना गया था। संस्थान एक पुराने भवन में अवस्थित था,

(www.nobelprize.org)

सर जे.सी. घोष

जिसके नजदीक नए परिसर का निर्माण शुरू ही हुआ था। खड़गपुर में विशाल रेलवे कॉलोनी थी और वहाँ और कुछ भी नहीं था। कलकत्ता (कोलकाता) रेलगाड़ी से दो-तीन घंटे दूर था। डॉ. एम.वी.सी. शास्त्री मेरे पर्यवेक्षक थे और मैं 'उत्प्रेरक सतहों पर गैसों का अवशोषण' पर काम करता था। मैंने इसके उद्देश्य से उपकरणों का निर्माण और कुछ प्रयोग किए। इस बीच अमेरिका में रसायन विज्ञान विभाग को लिखना भी शुरू किया, जहाँ मैं अपनी पी-एच.डी. कर सकता था। मैं उस प्रकार का रसायन विज्ञान सीखने की जल्दी में था, जो मुझे प्रमुख शोध-पत्रिकाओं में प्रकाशित आलेखों को समझने में सक्षम बनाने वाला था। मैंने अपने बी.एच.यू. शोध-प्रबंध के आधार पर अंग्रेजी शोध-पत्रिका में एक टिप्पणी प्रकाशित की। खड़गपुर में रहने का एक महत्त्वपूर्ण लाभ यह था कि मैंने बंगाल व बंगाली सभ्यता के बारे में सीखा था। मैं बंगाल के पुनर्जागरण काल से आश्चर्यचकित था। बंगाल के लिए मेरा प्यार, जो तब जाग्रत् हुआ था, अब भी बना हुआ है।

भारतीय विज्ञान कांग्रेस ने जनवरी 1954 में हैदराबाद में अपना वार्षिक अधिवेशन आयोजित किया था। मैंने उन्हें अपने शोध-पत्र का सार भेजा, जो मैं वहाँ प्रस्तुत करना चाहता था। प्रो. लीनस पॉलिंग कांग्रेस के मुख्य वक्त होने वाले थे, इसलिए मैंने सोचा था कि मुझे कम-से-कम उन्हें देखना चाहिए और मैं रेलगाड़ी से अनारक्षित तृतीय श्रेणी की सीट पर अपने खर्च से हैदराबाद गया। जब प्रो. पॉलिंग नहीं आए तो मैं बहुत ही निराश हुआ था। उन्हें पासपोर्ट देने से मना कर दिया गया था, इसलिए वे अमेरिका छोड़ नहीं पाए थे। उन्हें तब 'कॉमी' (कम्युनिस्ट) तथा सुरक्षा के लिए जोखिम माना गया था—उनके वायुमंडलीय परमाणु परीक्षण के विरोध के कारण। उस समय तक मैं उन्हें आणविक संरचना पर उनके साथ पी-एच.डी. करने की संभावना के बारे में लिख चुका था। उन्होंने प्रत्युत्तर में यह बताते हुए लिखा था कि वे अब आणविक संरचना पर काम नहीं करते और सुझाया कि मैं उनके किसी पूर्व छात्र के साथ कहीं और काम कर सकता हूँ। यह वही संबंध था कि मुझे पुर्डुए विश्वविद्यालय के बारे में पता चला, जहाँ प्रो. लिविंगस्टन आणविक संरचना को निश्चित करने के लिए गैसों के विवर्तन पर काम कर रहे थे। वर्ष 1954 में, हालाँकि देर से, मुझे पुर्डुए से रसायन विज्ञान में पी-एच.डी. कार्यक्रम में नामांकन के साथ-साथ शोध सहायक पद (150 डॉलर प्रति माह) का प्रस्ताव मिला था। मैंने सोचा कि एम.आई.टी. एवं पेन स्टेट के स्थान पर पुर्डुए में जाना अच्छा विचार है, जिन दोनों ने मुझे सहायक पद के प्रस्ताव दिए थे।

मैंने पिताजी को अपनी पी-एच.डी. के लिए अमेरिका जाने की योजना बताई। उन्होंने मुझसे एक ही बात कही और वह यह थी कि 'क्या तुम्हें नहीं लगता कि इसके बारे में तुम्हें कुछ माह पहले मुझे बताना चाहिए था? इतने कम समय की सूचना पर मैं तुम्हारी यात्रा एवं अन्य चीजों की सहायता के लिए पैसे कहाँ से लाऊँगा?' उन्होंने मेरे अमेरिका जाने के लिए सहायता-स्वरूप चीजों पर काम करना शुरू किया। मुझे पासपोर्ट प्राप्त करना था और वह आसान नहीं था। मैंने खड़गपुर से आवेदन किया था। मुझे मिदनापुर में सरकारी कार्यालयों की यात्रा करनी पड़ी और बहुत से प्रमाण-पत्र एवं अनुज्ञा-पत्र प्राप्त करने पड़े थे। मेरे पिता का आर्थिक अनुज्ञा-पत्र पर्याप्त नहीं था। सौभाग्य से, आई.आई.टी., खड़गपुर के एक संकाय सदस्य ने मुझे पासपोर्ट प्राप्त करने के लिए अनुज्ञा-पत्र दे दिया। मैं चिकित्सा-परीक्षण व निष्ठा-शपथ के बाद कलकत्ता में वाणिज्य दूतावास से अमेरिका का आज्ञा-पत्र (वीजा) प्राप्त कर सका था। अब मैं अमेरिका जाने के लिए पूरी तरह तैयार था।

यू.एस. जाने से पहले राव अपने माता-पिता के साथ

मुझे जहाज से पहले लंदन और फिर आगे न्यूयॉर्क जाना था। मुझे बंबई से लंदन के लिए एस.एस. कोर्फू में शायिका मिली थी और तब एस.एस. क्वीन मैरी में साउथैंप्टन से न्यूयॉर्क के लिए। बंबई से लंदन की वह यात्रा सत्रह दिनों की थी। पिताजी कुछ मित्रों के साथ मुझे विदा करने आए थे। जैसे ही जहाज ने भारतीय समुद्र तट को छोड़ा, पिताजी को रोते हुए देखना मुझे गहराई से छू गया था। मैं जहाज में एकमात्र छात्र था। मैंने पहली बार नाश्ते में अंडे खाए थे और शाम में लोगों को नाचते देखा था। यद्यपि मैं पूरी तरह दूसरे संसार में था और अमेरिका में केवल अपने पी-एच.डी. के अध्ययन के बारे में सोच रहा था, साथ ही ओरिएंटेशन परीक्षा के बारे में, जो वहाँ पहुँचने के बाद मुझे देनी थी। यात्रा के दौरान मैंने अपने भौतिक रसायन,

कार्बनिक रसायन और ऐसे ही ज्ञान को फिर से चमकाने की कोशिश की थी। जब मैं लंदन पहुँचा था, एक परिचित ने मुझे एक छोटे होटल में ठहरने में मदद की थी। लंदन अभी द्वितीय विश्व युद्ध की क्षतियों से उबरने की कोशिश कर रहा था। न्यूयॉर्क के लिए जहाज लेने से पहले मैंने लंदन में तीन रातें बिताई थीं।

मैं पाँच दिनों बाद न्यूयॉर्क पहुँचा था। मैंने वाई.एम.सी.ए. के लिए टैक्सी ली थी, जैसा कि एक मित्र ने मुझे सुझाया था। वाई.एम.सी.ए. में सार्वजनिक स्नानघर था, जहाँ पुरुष नहाते थे। मैं सार्वजनिक रूप से नंगा होने का अभ्यस्त नहीं था। मैंने बहुत सुबह ही स्नान करने का फैसला किया, जब वहाँ कोई नहीं होगा। मैं वहाँ दो दिनों तक ठहरा और एक दिन नगर के दृश्यों को देखने में बिताया। तब मैंने न्यूयॉर्क से लाफएट, इंडियाना के पूरे रास्ते के लिए ग्रेहाउंड बस ली थी, क्योंकि वह वहाँ जाने का सबसे सस्ता तरीका था। अपने पड़ाव में से एक फूड काउंटर पर मैंने सुंदर सी एक गोल वस्तु देखी थी, जिसके बीच छेद था और सोचा कि यह बड़ा था। मैंने एक ही खरीदा तो पता चला था कि वह मीठा था। मैंने उससे पहले कभी डॉनट्स नहीं देखा था। वास्तव में मैंने अपने जीवन में पहले बहुत सी चीजों को न तो देखा था और न सुना था। अधिक महत्त्वपूर्ण बात, मुझे रसायन विज्ञान में अच्छी शिक्षा की कठोरता का अनुभव नहीं था। मैं उत्सुक व चिंतित था। मैं विश्वविद्यालय में अच्छा करना चाहता था। मैं एक अच्छा वैज्ञानिक बनना चाहता था।

अमेरिका पहुँचने के बाद मैं अपने वित्त के बारे में चिंतित हो गया था। पिताजी ने मेरे पहले महीने के खर्च के लिए बस, 150 डॉलर दिए थे—बस, उतना ही जितना शोध सहायक का पद एक माह बाद मुझे देने वाला था। मुझे सावधान रहना था। मैं यह चिंता करते हुए लाफएट पहुँचा था कि एक पी-एच.डी. छात्र के लिए मैं अपेक्षित मानक के अनुकूल था या नहीं। मेरी चिंता मुख्य रूप से भाषा की समझ और मुख्यधारा की शोध-पत्रिकाओं में प्रकाशित विषय सामग्रियों को लेकर थी। लाफएट पहुँचने के अगले दिन मैं सुबह 8 बजे रसायन विभाग पहुँचा था—नया सूट पहनकर, जो मेरे पिताजी ने मेरे लिए सिलवाया था। इस तरह की पोशाक में मैं वहाँ अकेला ही था। दूसरे छात्र अनौपचारिक पोशाक में थे। हमें ओरिएंटेशन परीक्षाओं के लिए रसायन विज्ञान की चार शाखाओं में ले जाया गया था।

परीक्षाओं के अगले दिन संयोजक ने मुझे बताया था कि मैंने कार्बनिक, अकार्बनिक व विश्लेषणात्मक रसायन विज्ञान में बहुत अच्छा प्रदर्शन किया था।

समस्या भौतिक रसायन के साथ थी, जिसे मेरा प्रमुख विषय होना था। उन्होंने परीक्षा में केवल समस्याओं को हल करने के लिए दिया था और मैं समस्याओं को तेजी से हल करने के लिए अभ्यस्त नहीं था। हमने भारत में लेख लिखे थे और कभी भी समस्याओं का हल नहीं किया था। मैं अंकीय गणनाओं के लिए लघुगणक तालिकाओं का उपयोग कर रहा था, जब अन्य सभी गणकों (स्लाइड रूल्स) का उपयोग कर रहे थे, जो मैंने पहले कभी भी नहीं देखा था। मैं बस, परीक्षा उत्तीर्ण होने में सफल रहा था। मुझे कई प्रकार के पाठ्यक्रम लेने की सलाह दी गई और मैंने विश्लेषणात्मक रसायन व अकार्बनिक रसायन के उच्च पाठ्यक्रमों के अतिरिक्त समस्या के हल को शामिल करनेवाला मानक भौतिक रसायन चुना था। मैंने भौतिकी विभाग में एक्स-रे की क्रिस्टलोग्राफी का पाठ्यक्रम भी लिया था। मैंने विभाग को बताया था कि मैं भौतिकी को कनिष्ठ विषय के रूप में साथ रखकर भौतिक रसायन की मुख्य पढ़ाई करते हुए रसायन भौतिकी कार्यक्रम भी लेना चाहूँगा। मैं जानता था कि इसके लिए कठिन परिश्रम की आवश्यकता थी, क्योंकि मुझे उन्नत भौतिक रसायन के साथ-साथ भौतिकी में भी पाठ्यक्रम लेना था और भौतिक रसायन व भौतिकी दोनों में प्रारंभिक परीक्षाएँ उत्तीर्ण करनी थीं। मुझे कुछ वरिष्ठ छात्रों द्वारा चेतावनी दी गई थी कि पी-एच.डी. की डिग्री के लिए इस प्रकार के कार्यक्रम में छह वर्षों की भी आवश्यकता पड़ सकती थी। किंतु फिर भी, मैंने इन विषयों को लेने का फैसला किया।

जब मैं वहाँ गया था, पुर्डुए में केवल कुछ ही भारतीय छात्र थे—हम सभी को मिलाकर 10। एक रसायन विज्ञान में पी-एच.डी. कर रहा था, अन्य अधिकांशतः अंतर स्नातक या इंजीनियरिंग में स्नातकोत्तर कार्यक्रम कर रहे थे। स्थिति बहुत तेजी से बदली थी। तीन वर्षों के बाद जब मैं पुर्डुए छोड़ रहा था, वहाँ 60 से 70 भारतीय छात्र थे। रेस्तराँ या मनोरंजन के रूप में लाफएट

The Chemistry department at Purdue University

पुर्डुए विश्वविद्यालय में रसायन विज्ञान विभाग

के पास प्रस्तुत करने के लिए बहुत कम था। संगीतशाला में विश्वविद्यालय द्वारा आयोजित कार्यक्रम ही केवल सांस्कृतिक मनोरंजन के अवसर थे।

पुर्डुए में पाठ्यक्रम कठिन था। अपने रुकने की पहली ही छमाही में रसायन विज्ञान व भौतिकी के अतिरिक्त मैंने विषय में अपनी पृष्ठभूमि को सुधारने के लिए गणित पाठ्यक्रम की लेखा परीक्षा भी दी थी। छमाही में प्रत्येक पाठ्यक्रम की तीन परीक्षाएँ होती थीं और एक अंतिम परीक्षा। इतने पाठ्यक्रमों के साथ मुझे एक के बाद दूसरी परीक्षा की तैयारी करनी पड़ती थी। इस बीच मुझे कुछ शोध-कार्य भी करने पड़ते थे।

यद्यपि मैंने पी-एच.डी. के लिए भौतिक रसायन को प्रमुख विषय के रूप में चुना था और अणुओं की संरचना के अन्वेषण के लिए गैस-फेस इलेक्ट्रॉन विवर्तन पर (प्रो. आर.एल. लिविंग्स्टन के साथ) काम करने का फैसला किया था, मेरा शोध सहायक का पद कार्बनिक रसायन के प्राध्यापक प्रो. युजिन लिएबेर के साथ था। प्रो. लिएबेर बल गति विज्ञान (काइनेटिक्स) की प्रतिक्रियाओं तथा अपनी प्रयोगशाला में बने कुछ अणुओं के वर्ण-क्रम मापन (स्पेक्ट्रोस्कॉपी) के अध्ययन के लिए एक भौतिक रसायनज्ञ चाहते थे। पुर्डुए में शामिल होने के एक सप्ताह बाद ही मैंने उनकी प्रयोगशाला में काम शुरू कर दिया था। मैं केवल रात व सप्ताहांत में ही काम कर पाता था। पाठ्यक्रमों व परीक्षाओं को सुचारु रूप से नियोजित रखना और शोध में भी योगदान करना दुर्जेय कार्य था, जबकि डॉ. चाओ के साथ, जो प्रो. लिएबेर के साथ डॉक्टरेट के बाद के शोधार्थी के रूप में काम कर रहे थे, मैं अपने पहले कुछ सप्ताहों में ही कुछ हासिल कर पाया था। इसमें अल्काइल एजाइडस का एक नया संश्लेषण शामिल था। प्रो. लिएबेर ने तत्काल एक शोध-पत्र 'जर्नल ऑफ ऑर्गेनिक केमिस्ट्री' में भेजा था, जिसे स्वीकृत कर लिया गया था। इस बीच प्रयोगशाला में कई ट्राइजोल बनाए गए और मैंने उन्हें शामिल करनेवाली निश्चित प्रतिक्रियाओं के बल गति विज्ञान व संतुलन का अध्ययन किया था। प्रो. लिएबेर ने इन परिणामों को 'जर्नल ऑफ अमेरिकन केमिकल सोसाइटी' में प्रकाशित किया था। पहली समस्या वर्ण-क्रम मापन (स्पेक्ट्रोस्कॉपी) शामिल करती थी, जिसमें मैंने ऑर्गेनिक एजाइडस के अवरक्त वर्णक्रम (इन्फ्रारेड स्पेक्ट्रा) से संबंधित विषय पर काम किया था। मैं एजाइड समूह के सममित व असममित खिंचाव प्रणाली के साथ-साथ झुकाव प्रणाली को निर्दिष्ट कर सकता था। यह शोध-पत्र 'एनालिटिकल केमिस्ट्री' में प्रकाशित हुआ और उसके बाद से कई रसायनज्ञों द्वारा उद्धृत किया गया था।

मैं पहली छमाही से ही बहुत व्यस्त था, मनोरंजन के लिए शायद ही समय था।

धीरे-धीरे मैं अति व्यस्त दिनचर्या का अभ्यस्त हो गया। मैंने महसूस किया कि कठिन परिश्रम कुछ ऐसा है, जिसका सभी को अभ्यस्त होना चाहिए। कड़ी मेहनत व निरंतर प्रयास व्यक्ति विशेष की प्रतिबद्धता पर निर्भर करता है। ये दो गुण थे, जिन्हें पुर्डुए में पहली छमाही में मैंने आत्मसात् करने की कोशिश की थी। अंत में, मुझे पता चला कि मैंने सभी पाठ्यक्रमों में अच्छा किया था और भौतिकी सहित 'ए' अंक स्तरों को प्राप्त किया था। मैंने भौतिक रसायन पाठ्यक्रम विशेषता के अपने विषय में उतना अच्छा नहीं किया था। यह फिर से इस कारण हुआ कि मैं दिए गए समय पर सभी समस्याओं को धीमी गति के कारण हल नहीं कर सका, जिस पर मैंने अपना उत्तर लिखा, जो अपेक्षित था। उस समस्या को कुछ चरणों में लिखकर हल करना और उत्तर देना था। मैंने अपनी समस्या-समाधान की गति को सुधारने का फैसला किया था और अगले कुछ महीनों में मैंने तेज गति से समस्याओं के हल करने की कला में महारत हासिल कर ली थी। अगली छमाही में जब मैंने एडवांस्ड थर्मोडायनेमिक्स एवं ऐसे ही पाठ्क्रम लिये थे, मैंने बहुत अच्छा किया था। मुझे उपकरण-विधियों से विश्लेषण पर पाठ्यक्रम की याद आती है। परीक्षा में दस से पंद्रह प्रश्न आने थे, जिनके उत्तर एक घंटे में देने थे। मैंने शुरू से ही बहुत अच्छा किया और अंतिम दो परीक्षाओं में 100 में से 100 अंक प्राप्त किए थे। मैंने प्रो. बॉब बेनकेसर द्वारा पढ़ाए गए उन्नत कार्बनिक रसायन पर पाठ्यक्रम का और प्रो. हर्बर्ट सी. ब्राउन द्वारा पढ़ाए अकार्बनिक रसायन पर पाठ्यक्रम का आनंद उठाया। कार्बनिक रसायन पाठ्यक्रम इतना अच्छा था कि इसने मुझे ऐसा महसूस कराया था कि मैंने कार्बनिक प्रतिक्रियाओं व संश्लेषण में महारत हासिल कर ली थी। कार्बनिक प्रतिक्रियाओं का तब प्राप्त किया गया ज्ञान अभी भी मेरे लिए शोध में उपयोगी बना हुआ है।

प्रो. हर्बर्ट सी. ब्राउन
(रसायन विज्ञान में नोबेल पुरस्कार विजेता)

सितंबर 1955 तक मैंने प्रो. लिएबेर के साथ कुछ शोध-पत्र प्रकाशित कर लिये थे और अभी तक

अपने प्रमुख विषय के प्राध्यापक (प्रो. लिविंग्स्टन) के पास नहीं गया था, जिनके साथ मुझे इलेक्ट्रॉन विवर्तन अध्ययन करना था। प्रो. लिएबेर मुझे मिनियापोलिस में अमेरिकन केमिकल सोसाइटी की शरत्कालीन मीटिंग में ले गए। मैं इससे पहले उस प्रकार की प्रोफेशनल मीटिंग में कभी नहीं गया था। मैंने मीटिंग में कई महान् रसायनज्ञों को देखा था और वहाँ एक व्यक्ति पीटर डेबाय को देखना विशेष रूप से याद करता हूँ।

पुर्डुए में पहले वर्ष के दौरान मैंने रसायन विज्ञान की कई नई अवधारणाओं व तकनीकों को सीखा था। उदाहरण के लिए, रासायनिक प्रतिक्रियाओं पर पदार्थों के प्रभाव को कैसे मापें और इस ज्ञान को कार्बनिक अणुओं, विशेष रूप में बेंजीन डेरिवेटिव्स के इलेक्ट्रॉनिक व कंपनशील विस्तार के वर्णक्रम मापन (स्पेक्ट्रोस्कॉपी) को समझने के लिए उपयोग करने का फैसला किया था। मैंने अपने खाली समय के दौरान साधारण सह-संबंधों को पूरा किया और विषय पर अपने दम पर छोटे शोध-पत्र प्रकाशित किए थे। इस प्रयास में प्रो. एच.सी. ब्राउन ने मुझे प्रोत्साहित किया और मेरे कार्य में रुचि ली थी, जबकि मैं उनका शोध-छात्र नहीं था। समय के साथ मेरे स्वतंत्र प्रकाशनों की संख्या बढ़नी शुरू हो गई थी। मैंने समस्याओं को हल करने के लिए साथी छात्रों और संकाय सदस्यों के साथ सहयोग किया, जो कक्षा व संगोष्ठियों में उल्लेख किए जाते थे।

वर्ष के अंत में मुझे रसायन विज्ञान की सभी चार शाखाओं में योग्यता परीक्षाएँ देनी थीं। यह रसायन विज्ञान विभाग की आवश्यकता थी—बाद में कोई क्या विशेषज्ञता प्राप्त करता है, इससे स्वतंत्र। रसायन भौतिकी के छात्र के रूप में मुझे भौतिकी में भी योग्यता परीक्षा देनी पड़ी थी। मैंने रसायन विज्ञान में परीक्षाएँ दी थीं और मेरे लिए यह बहुत खुशी की बात थी कि मैं उत्तीर्ण हुआ था। यह बहुत बड़ी राहत थी। मैं योग्यता परीक्षाओं को इतनी आसानी से उत्तीर्ण करने की अपेक्षा नहीं कर रहा था। योग्यता परीक्षा के तुरंत बाद मेरे मित्रों में से कुछ ने कहा था कि वे लोग न्यूयॉर्क जा रहे हैं। उन्होंने मुझसे पूछा कि क्या मैं उनमें शामिल होना और प्रसिद्ध नाटिका 'माय फेयर लेडी' देखना चाहूँगा। मैं तीन दिनों के लिए गया और एक मित्र के परिवार के साथ ठहरा था।

प्रो. लिएबेर के शोध सहायक के कार्य ने मुझे रसायन विज्ञान की महान् चीजों को सीखने में सक्षम बनाया था—इस प्रकार, जिससे भौतिक रसायनज्ञ के रूप में

सामान्य रूप से मेरी भेंट न हो पाती। इसने मुझे कई शोध-प्रकाशन भी दिए थे। दुर्भाग्य से, मेरे पहले वर्ष के अंत में प्रो. लिएबेर ने पुर्डुए को छोड़कर शिकागो जाने का फैसला कर लिया था। उनके साथ शोध सहायक के कार्य का अंत हो गया और मुझे विभाग में एक छमाही के लिए पढ़ाना पड़ा था। मैं भौतिक रसायन में शिक्षण सहायक था, जिसमें प्रयोगशाला पाठ्यक्रम की देखभाल भी शामिल था। प्रो. लिएबेर चाहते थे कि मैं उनके शोध से जुड़ा रहूँ। उन्होंने मुझे महीने में कम-से-कम एक बार सप्ताहांत में अपने पास यात्रा करने का निमंत्रण भी दिया था। इन यात्राओं के दौरान मैं रात भर उनके घर पर ठहरता था। मैंने वर्ण-क्रम मापन (स्पेक्ट्रोस्कॉपी) पर उनके छात्रों के साथ मिलकर काम करना जारी रखा था तथा कुछ और शोध-पत्र प्रकाशित किए। प्रो. लिएबेर के साथ कई भारतीय छात्र काम करते थे और उनमें से एक थे—जे. रामचंद्रन (राम)। उन्होंने बाद में बर्कले जीव रसायन (बायोकेमिस्ट्री) का अध्ययन किया था और कैलिफोर्निया में जेनटेक के शोध निदेशक और एस्ट्रा इंडिया के अध्यक्ष थे। राम के पहले कुछ शोध-पत्र मेरे साथ थे।

जब मैं अपने शोध पर्यवेक्षक प्रो. लिविंग्स्टन से मिला तो उन्होंने उल्लेख किया था कि हमें नया इलेक्ट्रॉन विवर्तन उपकरण बनाना था, क्योंकि पुराना उपकरण अच्छे आकार में नहीं था। वह विवर्तन प्रतिकृतियों के अभिलेखन के लिए घूर्णन क्षेत्र का उपयोग करना चाहते थे। हमें नए रसायन विज्ञान भवन (वेथरिल लैबोरेटरी) में उपकरण को व्यवस्थित करना था। मैं उपकरण बनाने में लगनेवाले समय को लेकर थोड़ा चिंतित था। सौभाग्य से, वरिष्ठ छात्रों में से एक चीजों का निर्माण करने में अच्छा था। मैंने संरचना निर्माण के कुछ पहलुओं में भाग लिया था। उदाहरण के लिए, मैंने घूर्णन क्षेत्र बनाए, जो फोटोग्राफिक प्लेट के ऊपर स्थिर किए जा सकते थे। छह महीने के बाद हमारे पास विवर्तन आँकड़ों के अभिलेखन के लिए नया उपकरण तैयार था।

मैंने भौतिक रसायन व भौतिकी में अपनी प्रारंभिक परीक्षाएँ पूरी कर ली थीं और वर्ष तकनीकी जर्मन व फ्रेंच की परीक्षाएँ भी। प्रारंभिक परीक्षाओं में लिखित व मौखिक दोनों परीक्षाएँ शामिल थीं। छात्रों द्वारा जमा की गई मूल प्रस्थापनाओं पर आधारित प्रश्न पूछे जाते थे। मूल प्रस्थापना को वैसी शोध समस्या होना था, जिस पर छात्र स्वतंत्र वैज्ञानिक के रूप में काम करने वाले थे। भौतिक रसायन में एक प्रश्न को लेकर संकाय सदस्य से मेरी असहमति थी; लेकिन अंततः हमने उसे सुलझा लिया

और हम मित्र बन गए थे। इस पूरी अवधि के दौरान मैंने अपने आप कुछ-न-कुछ करना जारी रखा और अणुओं के अवरक्त (इन्फ्रारेड) व इलेक्ट्रॉनिक वर्णक्रम मापन (स्पेक्ट्रोस्कॉपी) पर शोध-पत्र प्रकाशित किया था। उनमें से कुछ मैंने भारत में भी प्रकाशित किए थे, ताकि मैं भारत से किसी प्रकार जुड़ा रह सकूँ।

जैसा कि मैं अपनी पी-एच.डी. शोध-प्रबंध को पूरा करने के लिए आवश्यक समय को लेकर थोड़ा चिंतित रहने लगा था, एक अच्छी सुबह को मुझे यह कहते हुए विभाग प्रमुख का पत्र मिला था कि विभाग ने मुझे सर्वश्रेष्ठ पी-एच.डी. छात्र को दिए जानेवाले स्टैंडर्ड ऑयल फाउंडेशन फेलोशिप से पुरस्कृत करने का फैसला लिया है। वेतन अभी भी 150 डॉलर प्रतिमाह ही था; लेकिन मान्यता प्राप्त होने के कारण मैंने अच्छा महसूस किया। तब तक मैं विभाग में स्नातक छात्रों का प्रतिनिधि भी चुना जा चुका था। मेरे पास मित्रों का विशाल समूह था और मैं हैरी रूबिंस्टीन, सैंडी कर्न, जॉलेस क्रिस्टॉफ, एड केयर्न्स, काल कोबायाशी व की चे के सबसे नजदीक था। भारतीयों में ए.के. रामदास, जो अपनी पी-एच.डी. के बाद पुर्डुए में भौतिकी में डॉक्टरेट के शोधार्थी के रूप में आया था, मेरा नजदीकी मित्र था।

गैस-फेस इलेक्ट्रॉन विवर्तन अध्ययन में लीनस पॉलिंग की महान् रुचि के दो अणुओं कार्बन सबऑक्साइड एवं मिथाइल एजाइड की संरचना पर काम कर रहा था। मैं इन अणुओं की संरचनाओं को कुछ महीनों में हल कर सका था। संरचनाओं ने पॉलिंग के आसन्न आवेश नियम की पुष्टि की थी। उसी समय के आस-पास पॉलिंग ने रसायन विज्ञान विभाग की यात्रा की और दो अणुओं पर मेरे परिणामों को देखा था। वे आनंदित थे और 'द नेचर ऑफ द केमिकल बाण्ड' के तीसरे संस्करण में

पुर्डुए में राव व अन्य छात्रों द्वारा निर्मित इलेक्ट्रॉन विवर्तन उपकरण के साथ प्रो. लिविंग्स्टन (1956)

परिणामों को उद्धृत किया था। मैंने कई अन्य आणविक संरचनाओं के हल निकाले थे। प्रो. लिविंग्स्टन तब कॉलेज के अध्यक्ष (डीन) थे और प्रशासन में व्यस्त रहते थे। वे शोध-समूह को चलाने के लिए मुझ पर निर्भर रहते और मेरे मित्र बन गए थे। वे मुझे दोपहर के भोजन के लिए बाहर ले जाया करते और रात के भोजन के लिए अपने घर पर आमंत्रित करते थे। मैंने उनके समूह में हर छात्र के साथ काम किया और अधिकांश शोध-पत्रों पर मेरा नाम होता था। मैंने इलेक्ट्रॉन विवर्तन द्वारा आणविक संरचना के अध्ययनों पर लगभग दस शोध-पत्रों का प्रकाशन किया था। मैंने जिन समस्याओं का अध्ययन किया था, उनमें से एक क्लोरोएथिलीन पर लिनस पॉलिंग की संरचनात्मक भविष्यवाणियों से संबंधित था। दूसरी महत्त्वपूर्ण समस्या यदि कोई थी तो वह कार्बनिक अणुओं में अतिसंयुग्मन की भूमिका पर थी। सितंबर 1957 में मैंने सोचा था कि मैंने पी-एच.डी. की डिग्री प्राप्त करने के लिए पर्याप्त काम कर लिया है। प्रो. लिविंग्स्टन मुझे जनवरी 1958 में पुर्डुए में आए हुए लगभग तीन वर्ष पूरे करने पर अपना शोध-प्रबंध जमा करने देने से प्रसन्न थे। अधिकांश छात्रों ने अपने शोध-प्रबंध के लिए एक संरचना को हल किया, लेकिन मैंने छह संरचनाओं पर काम किया था। यह अद्भुत था; क्योंकि कुछ छात्रों ने, जो मेरे साथ-साथ रसायन भौतिकी कार्यक्रम में शामिल हुए थे, अपने शोध-प्रबंध कार्य केवल शुरू ही किए थे।

छात्रों के लिए पी-एच.डी. अंतिम परीक्षा में उपयुक्त सूट पहनना एक प्रकार की प्रथा थी। मेरे पास अच्छा सूट नहीं था और नया सूट खरीदने के लिए मुझे एक मित्र से 25 डॉलर उधार लेने पड़े। जब मैं परीक्षा कक्ष में गया, चार परीक्षकों ने मुसकराहट के साथ मेरा स्वागत किया था। उन्होंने पूछा, "तुम आगे क्या योजना बना रहे हो?" मेरे उत्तर देने से पहले ही उन्होंने कहा था कि वे मुझे परीक्षा में उत्तीर्ण करने के लिए प्रसन्न थे। यह दस मिनट के अंदर खत्म हो गया था। जब मैं इतनी जल्दी कक्ष से बाहर आ गया तो कुछ मित्रों को लगा कि शायद मैं आवश्यक मानक तक पहुँचने में विफल हो गया हूँ। मैं अपना पी-एच.डी. कार्य पहले पूरा करने में सौभाग्यशाली था और उसी समय मैंने रसायन विज्ञान के कई क्षेत्रों में अनुभव प्राप्त किया था। जब मैंने पी-एच.डी. की उपाधि हासिल की, उस समय मैं 24 वर्ष से भी कम उम्र का था। मेरे माता-पिता मेरे डॉक्टर ऑफ फिलॉसफी होने पर बहुत आनंदित थे। मेरे लिए यह लंबी यात्रा का पहला कदम था। जब तक मैंने पी-एच.डी. पूरी की, मेरे पास लगभग बीस शोध-पत्र थे, जिनमें से केवल पाँच ही मेरे पी-एच.डी. शोध-प्रबंध से संबंधित थे।

मुझे अवश्य ही अपने शुरुआती दिनों के एक शोध-पत्र का उल्लेख करना चाहिए। पुर्डुए में अपनी पी-एच.डी. शुरू करने के एक वर्ष बाद मैंने बी.एच.यू. में एम.एस-सी. के दौरान किए गए अपने कुछ स्वतंत्र कार्य पर टिप्पणी लिखने का फैसला किया। वह एक शोध-पत्र के उत्तर में था, जो एक प्रतिष्ठित शोध-पत्रिका में प्रकाशित हुआ था। मैंने टिप्पणी शोध-पत्रिका 'साइंस' को भेजी। आश्चर्यजनक रूप से उसे स्वीकार कर लिया गया और सन् 1956 में मेरा वह आलेख शोध-पत्रिका में प्रकाशित कर दिया गया था।

जैसा कि मैं पी-एच.डी. कार्य पूरा कर रहा था, ठोस अवस्था रसायन विज्ञान में एक समस्या पर काम कर सका था, जिसके लिए मैं अपने मित्र अल कजैंडरना का आभारी हूँ, जो जॉर्ज होनिग का छात्र था। उसने वर्णक्रम मापन की विधि से शुद्ध टाइटेनियम डाइऑक्साइड (TiO_2) तैयार किया था और रूटाइल जैसी संरचना की अपेक्षा की थी। मैंने उससे कहा था कि मैं उसके लिए एक्स-रे विवर्तन का उपयोग कर संरचना को निश्चित कर दूँगा। मुझे पता चला था कि टाइटेनियम डाइऑक्साइड (TiO_2) नमूने में एनाटेस (टाइटेनियम डाइऑक्साइड के चतुष्कोणीय रूपों में से एक, जो आमतौर पर भूरे क्रिस्टल के रूप में पाया जाता है) संरचना थी। यह आश्चर्य का विषय था और हमने शुद्ध एनाटेस के रूटाइल में रूपांतर, तापमान व अन्य मापदंडों के कार्य के रूप में अध्ययन करने फैसला किया था। एक या दो अच्छे शोध-पत्र के रूप में इसका परिणाम सामने आया था। फेस ट्रांजिशन के विषय में मेरी रुचि हो गई थी और अपने बाद के वर्षों में मैंने इस क्षेत्र में काम करना जारी रखा था। पुर्डुए में अपने समूचे अध्ययन के दौरान भौतिकी विभाग, विशेष रूप से प्रो. येआरियन, मेरे प्रति दयालु थे। उन्होंने मुझे अपनी एक्स-रे वर्णक्रम मापन (किस्टलोग्राफी) प्रयोगशाला का स्वतंत्र उपयोग करने की अनुमति दी थी। यह मेरे लिए बड़ी उपलब्धि थी। प्रो. येआरियन देर शाम को प्रयोगशाला में आते थे, जब मैं काम करता था। वे पूछा करते थे, "मूवी के बारे क्या विचार है?" और मुझे शहर के एक सिनेमाघर में ले जाते थे, सामान्य रूप से दोहरे चलचित्र प्रदर्शन में।

जिस समय तक मैंने अपनी पी-एच.डी. खत्म की थी, मैंने महसूस किया कि मैंने तर्कसंगत उपलब्धि के साथ कुछ रोचक समस्याओं पर शोध पूरा किया था। मुझे स्वतंत्र शोध-जीवन शुरू करने से पहले पी-एच.डी. के बाद के शोधार्थी के रूप में अच्छे स्थान में कुछ अनुभव की आवश्यकता थी। मैं हड़बड़ी वाला युवा था।

यथासंभव मैं जल्दी में पी-एच.डी. के बाद कार्यकाल पूरा करना चाहता था। इस बीच मैं पी-एच.डी. के बाद फेलोशिप के बारे में फैसला लेने की प्रतीक्षा कर रहा था, जो नेशनल साइंस फाउंडेशन फेलोशिप द्वारा समर्थित था। इसके अतिरिक्त, मैं अंतर-स्नातकों को भौतिक रसायन पढ़ाता था। पहली बार मैं आर्थिक रूप से स्थिर था। अन्यथा, अपनी पी-एच.डी. के दिनों में प्रत्येक माह के अंतिम सप्ताह में मुझे पैसे की कमी हो जाती थी। मैं रेस्तराँ या यहाँ तक कि यूनियन कैफेटेरिया में भी खाना खा पाने में सक्षम नहीं था। नाश्ते में मैं अपने आवास में टोस्ट खाता था और दोपहर के भोजन में घर में बने सैंडविच। मैं छात्र संघ में दो या तीन बार कॉफी पीता था, जहाँ एक कप की कीमत 10 सेंट थी। प्रयोगशाला मुझे व्यस्त व हँसमुख रखती थी। महीने के अंत में मैं छात्र अध्यक्ष के कार्यालय से 10 डॉलर उधार लेता और एक सप्ताह बाद लौटा देता था। उन दिनों मेरे काम करने का समय सुबह 8 बजे से लेकर रात 1 बजे तक होता था। मैं बहुधा सुबह का स्नान रसायन विज्ञान भवन में करता था।

भारतीय लोक सेवा आयोग के अध्यक्ष ने अमेरिका की यात्रा की और हममें से कुछ उनसे मिले थे। उन्होंने बहुत बेरुखी से कहा था कि वे डिग्रियों को महत्त्व नहीं देते। उन्होंने कहा था कि ऑक्सफोर्ड से पी-एच.डी. डिग्रीधारक भी अपने शुरुआती वेतन के रूप में 300 या 400 रुपए प्रति माह प्राप्त करता है। वे नहीं देखते थे कि अमेरिका में पी-एच.डी. पर क्यों विशेष ध्यान दिया जाना चाहिए। मुझे उन्हें समझाना पड़ा था कि अमेरिकी पी-एच.डी. कई मामलों में बहुत उच्च कोटि की है। लेकिन वे सहमत नहीं हुए। उन्होंने कहा कि उस समय 'यहाँ तक कि डी.एस-सी. भी भारत में अपने शुरुआती वेतन में 400 रुपए पाता है।' मैं नहीं जानता था कि डी.एस-सी. का क्या अर्थ होता था। मैंने लोगों से पूछा और पता चला कि डी.एस-सी. पी-एच.डी. से बड़ी उपाधि होती है और भारत में कोई अपने मातृ विश्वविद्यालय में स्वतंत्र शोध-पत्र प्रस्तुत करके यह उपाधि हासिल कर सकता है। मुझे लगा था कि किसी भी प्रकार से तत्काल डी.एस-सी. की उपाधि हासिल करनी चाहिए, यदि वह भारत में उचित पद प्राप्त करने की महत्त्वपूर्ण आवश्यकता है। मुझे पता चला कि मैसूर विश्वविद्यालय उनसे डी.एस-सी. के शोध-प्रबंध स्वीकार करता था, जिनके पास वहाँ से बी.एस-सी. की डिग्री होती थी। पी-एच.डी. के शोध-पत्रों के अतिरिक्त मेरे पास स्वयं के कुछ शोध-पत्र थे और दूसरे लगभग दर्जन भर प्रो. लिएबेर के साथ, जो डी.एस-सी. शोध-प्रबंध का रूप ले सकते थे। मैंने एक परिचय लिखा था। उसे मैंने सभी पुनर्मुद्रित

शोध-पत्रों, जो मैंने प्रकाशित किए थे, के साथ बँधवाया और पंजीकरण शुल्क के साथ मैसूर विश्वविद्यालय को भेज दिया था। अभी भी जब मैं उसके बारे में सोचता हूँ, मुझे अपने तब के साहस पर आश्चर्य होता है। शोध-प्रबंध जमा करने के बाद मैं उसके बारे में भूल गया और पुर्डुए में इलेक्ट्रॉन विवर्तन एवं अन्य क्षेत्रों पर और अधिक कार्य को पूरा करने में जुट गया था। मैं पी-एच.डी. के बाद के संभावित पदों की भी खोज करने लगा था।

मैंने प्रो. लिप्सकॉम्ब से शोध सहायक पद का प्रस्ताव प्राप्त किया था। दुर्भाग्य से, उन्होंने कहा था कि मुझे कुछ महीनों की प्रतीक्षा करनी पड़ेगी, क्योंकि वह मिनिसोटा से हार्वर्ड स्थानांतरित हो रहे थे। मुझे प्रोटीन पर काम करना था। मैं उतनी लंबी प्रतीक्षा नहीं करना चाहता था। मैं शिकागो विश्वविद्यालय भी जा सकता था; परंतु दुर्भाग्यवश मैं शिकागो जाने से डर गया था, क्योंकि विश्वविद्यालय परिसर को रात में असुरक्षित समझा जाता था। मैंने बर्कले में कैलिफोर्निया विश्वविद्यालय जाने का फैसला किया, जिसने मुझे प्रसिद्ध भौतिक रसायनज्ञ केनेथ पिट्जर के साथ काम करने के लिए पी-एच.डी. के बाद की फेलोशिप (625 डॉलर मासिक वेतन के साथ) देने का प्रस्ताव किया था। पुर्डुए को छोड़ना एक भावुक अनुभव था। जब मैंने लाफएट छोड़ा, प्रो. लिविंग्स्टन रो रहे थे।

मैंने कैलिफोर्निया जाना पसंद किया, जो संयुक्त राज्य अमेरिका के अधिक उदार क्षेत्र का प्रतिनिधित्व करता था। अमेरिका 1950 के दशक के शुरुआती वर्षों में भी मैककार्थी युग में ही था। रोसेनबर्ग का कानूनी परीक्षण जारी था। अमेरिका के कुछ हिस्सों में अधिक रूढ़िवाद था। मैंने कभी-कभी स्वयं के प्रति भेदभाव का अनुभव किया था। पुर्डुए परिसर के बाहर एक बार में मेरी उपेक्षा की गई थी। अश्वेत होने के कारण प्रसिद्ध मनोरंजनकर्ता हैरी बेलाफोंट को भी उसी

कैलिफोर्निया विश्वविद्यालय, बर्कले

बार में प्रवेश नहीं दिया गया था। केंटुकी में मुझे एक बस अड्डे में कॉफी काउंटर के दूसरी तरफ जाने को कहा गया, जहाँ अश्वेतों को परोसा जा रहा था। साल्ट लेक सिटी के एक होटल में, जहाँ मेरा आरक्षण था, मुझे कमरा देने से मना कर दिया गया और उसकी जगह स्थानीय वाई. एम.सी.ए. में जाने के लिए कहा गया। किंतु ऐसी घटनाओं पर मैंने ध्यान नहीं दिया।

बर्कले में राव

कैलिफोर्निया जाना मेरे लिए ताजगी का अनुभव था। कैलिफोर्निया विश्वविद्यालय कई प्रकार से पुर्डुए से भिन्न था। जब मैं केनेथ पिट्जर के पास पी-एच.डी. के बाद के काम के लिए गया, निश्चित नहीं था कि मैं किस क्षेत्र में काम करूँगा। उन्होंने तरल हीलियम तापमान पर ठोस पदार्थों की ताप क्षमता व परमाणु चुंबकीय अनुनाद वर्णक्रम मापन (न्यूक्लियर मैग्नेटिक रेजोनेंस/एन.एम.आर. स्पेक्ट्रोस्कॉपी) पर कुछ समस्याओं का सुझाव दिया था। ताप क्षमता के मापन प्रो. गिआक की प्रयोगशाला में किए जाने थे। मुझे हाइड्रोजन-बंधन को समझने के लिए विभिन्न तापमानों पर अल्कोहलों के एन.एम.आर. वर्णपट पर काम करना था। इसके अतिरिक्त, मैंने अव्यवस्थित धातु ऑक्साइड के तापीय गुणों पर अध्ययन और कार्बनिक अणुओं के इलेक्ट्रॉनिक वर्णपट का अनुसंधान किया था। प्रो. पिट्जर ने मुझे कुछ परिणामों को स्वतंत्र रूप से प्रकाशित

प्रो. के. एस. पिट्जर—महान् भौतिक रसायनज्ञ

करने की अनुमति दी थी। मेरे पास तीन या चार स्वतंत्र शोध-पत्र थे, जिनमें से दो 'नेचर' में थे।

कैलिफोर्निया विश्वविद्यालय, बर्कले रहने के लिए विलक्षण स्थान था। मंगलवार या बृहस्पतिवार की संगोष्ठियों में प्रथम पंक्ति रसायन विज्ञान के दिग्गजों से भरी होती थी। मैं अभी भी उस दिन को याद करता हूँ, जब मैंने भौतिक रसायन की पहली संगोष्ठी को संबोधित किया था। पहली पंक्ति में पिट्जर, जोएल हेनरी हिल्डब्रांड, ग्लेन टी. सीबोर्ग, जॉर्ज सी. पिमेंटल, जुरा, मेल्विन कैल्विन तथा अन्य थे। यह डरानेवाला अनुभव था। हर कोई बर्कले के गलियारों में महान् वैज्ञानिकों को देखता था। हेनरी आयरिंग एवं अन्य महान् भौतिक रसायनज्ञ नियमित रूप से विभाग की संगोष्ठियों में बोलते थे। ये वे दिन थे, जब लीनस पॉलिंग को अमेरिकी सरकार द्वारा प्रताड़ित किया जा रहा था। मैं उन्हें दूरदर्शन पर बार-बार एडवर्ड टेलर के साथ बहस करते हुए देखता था। टेलर स्वयं बर्कले परिसर में सामान्य रूप से देखे जाते थे, जैसे कि जे. रॉबर्ट ओपेनहाइमर। उस अद्भुत वातावरण में मैं तेजी से बढ़ रहा था। मैंने प्रो. पिट्जर के उदारतापूर्ण सहयोग से अपने स्वयं के शोध-पत्र प्रकाशित किए। मैंने बहुत लोगों, विशेष रूप से पिमेंटल के बारे में जाना था, जो एक उत्कृष्ट शिक्षक व वैज्ञानिक थे। पिमेंटल ने पिट्जर के साथ अपनी पी-एच.डी. की थी और सहायक प्राध्यापक थे। पिमेंटल के साथ मेरे जुड़ाव ने हाइड्रोजन-बंधन में मेरी रुचि को और अधिक मजबूत किया। बर्कले के रसायन विज्ञान विभाग में कोई भी हर जगह जी.एन. लेविस के भूत का अनुभव कर सकता था। लेविस ने सन् 1912 में बर्कले के रसायन विज्ञान विभाग को शुरू किया था और अपने अथक परिश्रम से उसे विश्व का सबसे अच्छा रसायन विज्ञान विभाग बनाया। मैंने विभाग में होने का आनंद उठाया और वहाँ अभ्यास किए जा रहे रसायन विज्ञान के अधिक नए क्षेत्रों में शामिल हो गया था।

प्रो. जी.एन. लेविस

जब यह आगे बढ़ रहा था, मैं भटक रहा था कि मुझे आगे क्या करना था। मैंने यह महसूस करना शुरू किया था कि मुझे जितना शीघ्र संभव हो, अपना स्वतंत्र कैरियर शुरू करना चाहिए। मुझे स्वतंत्र वैज्ञानिक के रूप में अपने छात्रों के समूह के साथ काम करने की खुजली हो रही थी। ऐसा स्वतंत्र कैरियर अमेरिका में संभव था। कुछ विश्वविद्यालयों द्वारा संकाय पदों के बारे में मुझसे संपर्क किया गया था। विश्वविद्यालयों में से एक ने मुझे लिखा था कि मेरे शामिल होने के दो से तीन वर्षों के भीतर वह मेरी पदोन्नति पर विचार करेगा, क्योंकि मेरे पास बहुत बड़ी संख्या में पहले से ही शोध-पत्र थे। जैसा कि मैं इस बारे में भटक रहा था, भारतीय विज्ञान संस्थान, बैंगलोर के साथ मेरा पत्राचार फलीभूत हुआ और मुझे रसायन विज्ञान विभाग में 500 रुपए के वेतन पर अकार्बनिक व भौतिक रसायन के व्याख्याता पद के प्रस्ताव का पत्र मिला था। यह भत्तों के साथ मुझे प्रतिमाह लगभग 700 रुपए की आमदनी देनेवाला था। मेरे पास पंजाब विश्वविद्यालय से भी अध्यापक के पद का प्रस्ताव था।

यह फैसला न कर पाने के कारण कि मैं भारत लौट जाऊँ या अमेरिका में रहूँ, मैंने कई रातें जागकर काटी थीं। अमेरिका में मुझे जाननेवाले हरेक यही महसूस कर रहे थे कि मैं अपने जीवन की सबसे बड़ी गलती करूँगा, यदि मैं भारत वापस लौट जाऊँगा। प्रो. लिविंग्स्टन, प्रो. पिट्जर तथा अन्य लोगों ने महसूस किया कि मैं अमेरिकी शैक्षिक प्रणाली के लिए सबसे अधिक उपयुक्त था, क्योंकि मैंने दूसरों के साथ इतना अच्छा काम किया और तेज गति से चीजों को हासिल किया था (अमेरिकी तरीके से)। मुझे भारत के बारे में और अपने माता-पिता, विशेष रूप से अपनी माँ, के बारे में सोचना था। तब मुझे अपने पिता से एक पत्र मिला था कि क्या मैं भारत वापस आने के बारे में विचार करूँगा, क्योंकि मैं पहले ही बहुत समय से अपने देश से दूर रहा था। मैंने अमेरिका आने के बाद अपने माता-पिता को नहीं देखा था और न ही उनसे बात की थी। आज्ञा-पत्र की समस्या के कारण उनके पास जाने का प्रश्न ही नहीं उठता था। उन दिनों टेलीफोन काम नहीं करते थे और मैं अपने माता-पिता के साथ एकमात्र साप्ताहिक पत्रों के माध्यम से था। मैंने भारतीय विज्ञान संस्थान में शामिल होने का फैसला किया। इसने भारत वापस जाने और अपने माता-पिता के साथ होने की मेरी इच्छा को संतुष्ट किया था। मैंने सोचा था कि भारत में वैज्ञानिक कार्य के लिए आई.आई.एस-सी. सबसे अधिक संभव स्थान था। यह इसलिए महत्त्वपूर्ण था कि मैं अपना शोध ऐसी जगह पर आगे बढ़ाना चाहता था, जो सबसे अच्छे रूप में

कहीं से भी अधिक अच्छा था। यह मेरी आशा व प्रार्थना थी; लेकिन मैं निश्चित नहीं था कि यह संभव होगा या नहीं। जैसे-जैसे बर्कले छोड़ने के दिन नजदीक आ रहे थे, मैं अनेक प्रयोगात्मक परियोजनाओं को पूरा करने की जल्दी में था। अपनी रवानगी के एक दिन पहले मैं एन.एम.आर. अध्ययनों के कुछ नमूने बना रहा था, तभी प्रो. पिट्जर प्रयोगशाला में आए और कहा, "राव, हम वास्तव में तुम्हें बहुत मिस करेंगे।" वे मुझे रात के भोजन के लिए अपने घर ले गए थे।

कुछ सप्ताह के लिए पुर्डुए विश्वविद्यालय की यात्रा से लौटने के बाद मैंने सितंबर 1959 में अमेरिका छोड़ने का फैसला किया। मैं भारतीय विज्ञान संस्थान में यथासंभव जल्दी शामिल होने के लिए चिंतित था। मैं माइकल फैराडे के प्रसिद्ध कथन में विश्वास करता था कि विज्ञान में हम "काम करते हैं, पूरा करते हैं और प्रकाशित करते हैं।" एच.सी. ब्राउन कहा करते थे कि यदि यह करने योग्य था तो इसे प्रकाशित करने योग्य भी अवश्य ही होना चाहिए। मेरी भारत वापस जाने और भारत से अपने छात्रों के साथ अच्छे शोध-पत्र प्रकाशित करने की तीव्र इच्छा थी। मैं रुचि की विभिन्न समस्याओं पर शोध करना चाहता था। ऐसा करने में मैं जी.एन. लेविस की प्रसिद्ध परिभाषा का अनुसरण करने वाला था, "भौतिक रसायन कुछ भी है, जो रोचक है।" अवरक्त वर्णक्रम मापन (इन्फ्रारेड स्पेक्ट्रोस्कॉपी) में मैं सामान्य कंपन विश्लेषण के आधार पर कुछ अणुओं के सौंपे गए मंडली कार्यों को करने के अतिरिक्त निम्न तापमानों, मंडली तीव्रताओं व फेस संक्रमणों पर आव्यूह से अलग प्रजातियों का परीक्षण करना चाहता था। मैं इलेक्ट्रॉनिक वर्णक्रम मापन (यू.वी.-विजिबल) में उत्तेजित अवस्था, विलायक प्रभावों, आणविक पारस्परिक क्रियाओं और ऐसी ही चीजों का अध्ययन करना चाहता था। यदि समय मिला तो मैं ठोस अवस्था रसायन विज्ञान में भी कुछ समस्याओं पर काम करूँगा। मैं आणविक कक्षीय संकेत चिह्नों के साथ कार्बनिक अणुओं के यू वी-विजिबल वर्णक्रम मापन पर बहुत ही बेसब्री से विशेष निबंध लिखना चाहता था। मैं सुनिश्चित नहीं था कि भारत में मुझे किन समस्याओं का सामना करना पड़ेगा, लेकिन अपने पेशेवर जीवन में नया अध्याय शुरू करने के बारे में मैं अवश्य सुनिश्चित था।

समापन में

मैंने शिकागो से लंदन के लिए टी.डब्ल्यू.ए. विमान से अमेरिका छोड़ा था। वहाँ कुछ दिन रुकने (और डॉ. सटन के पास उनकी इलेक्ट्रॉन विवर्तन व्यवस्था को देखने

के लिए ऑक्सफोर्ड की यात्रा) के बाद मैं बंबई (अब मुंबई) की उड़ान भरने से पहले पेरिस व जिनेवा गया था—हरेक जगह कुछ दिनों के लिए। मुझे हवाई अड्डे पर सीमा शुल्क विभाग के निरीक्षण के लिए लंबी प्रतीक्षा करनी पड़ी, जहाँ पर हमारे सूटकेस की सामग्रियों की अच्छी तरह से जाँच की गई थी। उस समय तक जो सामान मैंने अमेरिका से समुद्र के रास्ते भेजा था, वह पहुँच चुका था और मैंने उसके बैंगलोर नौवहन की व्यवस्था की थी। मैं सुबह की उड़ान से बैंगलोर पहुँचा। मेरे माता-पिता, दादा-दादी, चाचा-चाची—सभी हवाई अड्डे पर उपस्थित थे। मैं बहुत-बहुत लंबे समय के बाद उन लोगों को देख रहा था।

जब कोई विज्ञान में काम करना शुरू करता है, वह सोचता है कि सफलता के कुछ ही कदम हैं; लेकिन जैसे-जैसे वह आगे बढ़ता है, स्पष्ट हो जाता है कि उत्कृष्टता की सीढ़ी असीम है। मैं चकित था कि सीढ़ी को चढ़ने के लिए मैं पर्याप्त रूप से उपयुक्त था या नहीं।

एक चीज निश्चित है। कोई नहीं जानता कि भविष्य के हाथ में क्या है? जैसा कि नील्स बोर ने कहा था, "भविष्यवाणी की विचित्र विशेषता यह है कि कोई भविष्य की भविष्यवाणी नहीं कर सकता।"

भविष्य के हाथ में जो हो, व्यक्ति को बड़ा सपना देखना होता है।

"यह त्रासदी है, यदि कोई अपने सपने को साकार नहीं करता; लेकिन यह अधिक बड़ी त्रासदी है, यदि वह बिल्कुल सपना नहीं देखता।"

—एनॉन

□

4

संघर्ष व चिंता के दिन स्वयं को सिद्ध करना

अमेरिका से बैंगलोर वापस लौटने के अगले दिन मैं आई.आई.एस-सी. गया। जैसे ही मैंने सुंदर एवं सजे-सँवरे परिसर में कदम बढ़ाया, मैंने महसूस किया कि मैं अपने जीवन के अगले चरण में प्रवेश कर रहा हूँ। मैं बस, 25 वर्ष से ऊपर की उम्र का था, आशा व उत्साह से लबालब। मैं अकार्बनिक व भौतिक रसायन के विभागाध्यक्ष प्रो. एम.आर.ए. राव से मिला और औपचारिक रूप से व्याख्याता के रूप में विभाग में शामिल हुआ था। वह एक प्राध्यापक, एक या दो सहायक प्राध्यापक और तीन व्याख्याताओं के साथ एक छोटा विभाग था। यह उस समय संस्थान के अधिकांश विभागों का औसत आकार था। विभाग ने दो छात्रों को मेरे साथ अपनी पी-एच.डी. के लिए भरती किया था। सीमित उपलब्ध जगह को देखते हुए विभाग ने मुझे कोई कार्यालय या स्थान नहीं सौंपा था, लेकिन भवन के कोने में एक छोटी सी प्रयोगशाला दी थी। कक्ष के बीच में लकड़ी का एक बहुत बड़ा ढाँचा था—पुराने दिनों का अवशेष। मैं उस ढाँचे को नहीं हटाने वाला था। इसने प्रयोगशाला के कार्य के लिए बहुत छोटी जगह और उपकरण की विरचना के

भारतीय विज्ञान संस्थान बैंगलोर

लिए लगभग कोई स्थान नहीं छोड़ा था। मुझसे कक्ष में किसी जगह बैठने और उसे कार्यालय की तरह उपयोग करने की अपेक्षा की गई थी। मैं निराश हुआ, क्योंकि मैं अपने लिए कम-से-कम एक छोटा कार्यालय चाहता था। विभाग के पास पर्याप्त निधि नहीं थी और शोध के लिए लगभग 5,000 रुपए दिए गए थे।

मैंने सुविधाओं की खोज शुरू की। विभाग में हस्तचालित यू वी-विजिबल स्पेक्ट्रोफोटोमीटर के अतिरिक्त उल्लेख करने योग्य कोई उपकरण नहीं था। स्पेक्ट्रोफोटोमीटर से किसी नमूने पर नाप लेने में एक या दो घंटे लगते थे। किसी को प्रत्येक तरंग दैर्घ्य पर बिंदुवार प्रकाशीय घनत्व को मापना पड़ता था और हाथ से वर्णक्रम खींचना पड़ता था। विभाग में कोई अभिलेखक नहीं था। मैंने रसायन विज्ञान विभाग में एक अवरक्त वर्णक्रम मापक (इन्फ्रारेड स्पेक्ट्रोमीटर) उपलब्ध होने की अपेक्षा की थी; लेकिन ऐसा नहीं था। जब मुझे पता चला कि भौतिकी विभाग में एकल किरण अवरक्त वर्णक्रम मापक था, मैं वहाँ विभागाध्यक्ष से मिला। वह बहुत रूखे थे और उन्होंने मुझसे कहा था, "मुझे नहीं लगता कि रसायनज्ञ को अवरक्त वर्णक्रम मापक क्यों उपयोग करना चाहिए।" वह मुझे वर्णक्रम मापक के उपयोग की अनुमति देने का कोई रास्ता नहीं दिखा सका था। मेरे पास अवरक्त वर्णक्रम मापन पर अनेक शोध-प्रकाशन थे, लेकिन इससे उनको कोई अंतर नहीं पड़ा था। मैं विकट स्थिति में था और नहीं जानता था कि वर्णक्रम मापन में शोध का क्या करूँ?

जैसा कि मैं उपलब्ध सुविधाओं के बारे में चिंता कर रहा था, मेरे ध्यान में विभाग में छोटा पाउडर कैमरा सहित एक पुराने एक्स-रे उत्पादक आया था। इस कैमरे का उपयोग कर कोई विवर्तन प्रतिरूप की एक या दो पंक्ति प्राप्त कर सकता था। मैंने महसूस किया कि मैं यहाँ उस एक्स-रे उपकरण से भी समस्याओं को निदान योग्य बनाने की खोज कर सकता हूँ। मैं जो वर्णक्रम मापन कर सकता था, वह हस्तचालित यू वी-विजिबल स्पेक्ट्रोमीटर के उपयोग से ही संभव था। मैंने विलायकों और कार्बनिक अणुओं के इलेक्ट्रॉन संक्रमणों पर प्रतिस्थापक प्रभावों पर कुछ कार्य की शुरुआत की थी। किसी को वर्णपट हासिल करने के लिए अपनी बारी की प्रतीक्षा करनी पड़ती थी; लेकिन मैंने विशेष अनुमति से रात में काम की स्थिति को सँभालने की कोशिश की थी। मैंने इलेक्ट्रॉनिक वर्णपट पर शोध-पत्रों का प्रकाशन शुरू किया, विशेष रूप से एन सिग्मा और अन्य कार्बनिक अणुओं में गैर-बंधित इलेक्ट्रॉनों के अन्य संक्रमणों पर जहाँ तक अवरक्त वर्णक्रम मापन का मामला था, मुझे इस तथ्य

पर स्वयं त्याग-पत्र देना था कि मैं अब इस पर बहुत अधिक कार्य करने में सक्षम नहीं हो पाऊँगा। मैंने सोचा था कि मैं यहाँ-वहाँ कुछ रोचक अणुओं के वर्णपट का अभिलेखन करूँगा और बैंड सासाइनमेंट्स बनाऊँगा। मैं वर्णपट अभिलेखन व पुस्तकालय कार्य के लिए कई बार राष्ट्रीय रसायन प्रयोगशाला, पुणे गया था।

कहीं और अभिलेखित वर्णपट पर आधारित मेरे छात्रों में से एक और मैं अणुओं में कंपनों का C=S व NH-C=S सौंपे जानेवाले कार्य बना सका था। यह शोध-पत्र शास्त्रीय उद्धरण बन गया था। अवरक्त वर्णक्रम मापन (इन्फ्रारेड स्पेक्ट्रोस्कॉपी) पर आधारित मेरा शोध पूरी तरह कहीं और उपलब्ध सुविधाओं पर निर्भर था, जिनका मैं संबंधित प्रयोगशालाओं के सौजन्य से उपयोग कर सका था। मैंने खोजने की कोशिश की थी कि मैं बंबई में आणविक शोध केंद्र या टाटा इंस्टीट्यूट ऑफ फंडामेंटल रिसर्च की सुविधाओं का उपयोग कर सकता हूँ या नहीं। किंतु मुझे किसी भी स्थान से सकारात्मक प्रतिक्रिया नहीं मिली।

मैंने पहले उल्लिखित एक्स-रे विवर्तन कैमरे का उपयोग कर टाइटेनियम डाइऑक्साइड (TiO_2) के एनाटेस व ब्रूकाइट स्वरूपों के रूटाइल स्वरूप में फेस-ट्रांजिशंस पर कुछ काम करना शुरू किया था। मैंने अगले दो वर्षों में टाइटेनियम डाइऑक्साइड के फेस-ट्रांजिशंस पर ट्रांजेक्शन्स ऑफ द फैराडे सोसाइटी में दो शोध-पत्र प्रकाशित किए थे। तब मैंने रेयर अर्थ ऑक्साइड्स पर कार्य का सूत्रपात किया, जो उस समय नॉन-स्टोचिओमेट्री की समस्या के कारण, जैसा कि Pr_6O_{11} एवं Tb_4O_7 के द्वारा उदाहरण प्रस्तुत किया गया था, शोध का लोकप्रिय क्षेत्र था। मैं शुद्ध स्टोचिओमेट्रिक PrO_2 व TbO_2 बनाना और उनके अपघटन से प्राप्त विभिन्न चरणों का अध्ययन करना चाहता था। कोई इन ऑक्साइड्स को कैसे बना सकता था? मुझे उच्च दबाव का उपयोग किए बिना इसे करने का रास्ता निकालना था। मैंने जल-मिश्रित अम्लों के द्वारा Pr_6O_{11} व Tb_4O_7 के उस सरल सॉल्वोलिटिक डिसप्रोपोर्सनेशन को खोज लिया था, जो डाइऑक्साइड को ठोस अवशेषों का रूप देगा। इसका अर्थ यह था कि मुझे अवशेषों के रूप में PrO_2 व TbO_2 पाने के लिए बस, जल-मिश्रित अम्लों से Pr_6O_{11} व Tb_4O_7 को धोना था। यह 'चिमी डॉस' (या सॉफ्ट केमिस्ट्री) का शुरुआती उदाहरण है और स्पष्ट करता है कि शोध को किस प्रकार उस पर आधारित होना चाहिए, जिसे कोई उपलब्ध सीमांत सुविधाओं के साथ सुलझा सकता है। यदि कोई थर्मोग्रेविमेट्री करना चाहता था तो रास्ता क्वार्ज स्प्रिंग से

छोटा तराजू बनाना और आँकड़ों का हाथ से अभिलेखन करना था। हमने बिल्कुल यही किया था। 1950 के दशक में ठोस अवस्था रसायन विज्ञान लोकप्रिय विषय नहीं था और विश्व में इस विषय के अभ्यासकर्ता केवल कुछ ही थे। मैंने महसूस किया था कि मुझे अधिक उत्साह के साथ ठोस अवस्था रसायन विज्ञान को आगे बढ़ाना चाहिए।

विभाग में मैं शाम को संगोष्ठियों का आयोजन करता था, जहाँ छात्र महत्त्व के प्रसंगों पर बातचीत कर सकते थे। छात्रों का प्रत्युत्तर उत्साहपूर्ण था; लेकिन दुर्भाग्यवश मेरे कुछ सहकर्मी दु:खी हो गए कि उनके छात्र उन संगोष्ठियों में भाग ले रहे थे, जिनकी कोई आधिकारिक अनुमति नहीं थी। मुझे अन्य शैक्षिक गतिविधियों में भी कठिनाई आ रही थी। मैं प्रमात्रा रसायन विज्ञान (क्वांटम केमिस्ट्री), आणविक संरचना एवं वर्णक्रम मापन विज्ञान जैसे क्षेत्रों में आधुनिक घटनाक्रमों को प्रतिबिंबित करने के लिए पाठ्यक्रम कार्यक्रम में कुछ परिवर्तन चाहता था। मैं आणविक संरचना एवं वर्णक्रम मापन विज्ञान के साथ-साथ रासायनिक बंधन पर भी व्याख्यान देना चाहता था; लेकिन विभाग मुझे ऐसा करने के लिए प्रोत्साहित नहीं करता था। ऐसा इसलिए, क्योंकि वहाँ पर संकाय के एक पुराने सदस्य थे, जो इन प्रसंगों पर व्याख्यान देते थे, भले ही उन्हें विषयों का कोई अनुभव या विशिष्ट ज्ञान नहीं था। यद्यपि जो उत्साहवर्धक था, वह यह था कि देश में कई लोग मुझे वर्णक्रम मापन विज्ञान व आणविक संरचना पर भाषण देने के लिए पूछने लगे थे।

इंदु व राव अपने विवाह के अवसर पर

दिसंबर 1959 में मैंने इंदु, अपनी भावी पत्नी, को विवाह का प्रस्ताव दिया था। मैंने उसकी सहमति के लिए उसके विभागीय टेलीफोन से संपर्क किया था, क्योंकि परिसर में टेलीफोन नहीं थे। विभाग में सभी जानते थे कि क्या हो रहा था। अंग्रेजी में बी.ए. ऑनर्स इंदु का छात्रा के रूप में उत्कृष्ट कीर्तिमान था। उसके पिता बी.एस.

नारायण स्वामी कर्नाटक लोक निर्माण विभाग में वरिष्ठ अभियंता थे। मई 1960 में बैंगलोर में बहुत से सगे-संबंधियों की उपस्थिति में हमारा विवाह हुआ था। इंदु बापू परिवार से आई थी, जो हमारे जाननेवाले थे। वास्तव में मेरी नानी बापू परिवार से संबद्ध थीं। हम मल्लेश्वरम, आई.आई.एस-सी. के बहुत नजदीक 100 रुपए प्रतिमाह किराए का भुगतान कर एक बड़े घर में रहते थे।

सन् 1960 में डॉ. विक्रम साराभाई से मुझे एक पत्र देर से मिला था, जिसमें उन्होंने मुझे जनवरी 1961 में रुड़की में भारतीय विज्ञान कांग्रेस के भौतिकी सेक्शन में भाषण देने के लिए कहा, जिसके वे अध्यक्ष थे। वे चाहते थे कि मैं रसायन विज्ञान में वर्णक्रम मापन विज्ञान पर भाषण दूँ। मैं विज्ञान कांग्रेस में गया और वहाँ मैंने पं. नेहरू एवं एस.एन. बोस सहित कई वैज्ञानिकों को देखा। मैं भाग्यशाली था कि मैं रुड़की गया, क्योंकि मुझे वहाँ पता चला कि अलीगढ़ मुसलिम विश्वविद्यालय, के डॉ. वेंकटेश्वरलु द्वारा 40 मेगाहट्र्ज का एम.एम.आर. स्पेक्ट्रोमीटर अधिगृहीत किया गया है। मैंने उनसे संपर्क किया और उनके समूह के साथ हाइड्रोजन बॉण्डिंग से संबंधित दो साधारण समस्याओं पर सहभागिता की तथा उनके साथ संयुक्त रूप से शोध-पत्रों को प्रकाशित किया था।

मैं बहुत अधिक दबाव में काम कर रहा था; लेकिन ठीक-ठीक निश्चित नहीं था कि मैं लंबे समय में क्या करना चाहता था? संस्थान में अकार्बनिक रसायन के प्राध्यापक प्रो. डी.के. बनर्जी कुछ हद तक मुझे संकट से उबारने आ गए थे। वे एक अनोखे व्यक्ति थे और उन्होंने मुझे कई तरीके से प्रोत्साहित किया था। मेरे साथ काम करने के लिए उन्होंने अपने विभाग का एक विलक्षण छात्र दिया था। उन्होंने मुझे अपने विभाग के लिए खरीदे गए छोटे इन्फ्राकॉर्ड का उपयोग करने की अनुमति दे दी थी। कभी-कभी हम ब्रिगेड रोड पर बैंगलोर के एकमात्र चीनी रेस्तराँ में दोपहर का भोजन करने के लिए जाते थे।

एक महत्त्वपूर्ण घटक, जिसने उन दिनों मुझे मेरे मानसिक संतुलन को किसी प्रकार बनाए रखने में मदद की, वह थी—कुछ सहकर्मियों, विशेष रूप से एस. रामाशेषन व सतीश धवन के साथ मेरी मित्रता। रामाशेषन भौतिकी विभाग में थे और हम लोग संस्थान के विभिन्न मामलों में सहानुभूति प्रकट करने के लिए प्रतिदिन मिला करते थे। सतीश धवन वैमानिक अभियांत्रिकी (एयरोनॉटिकल इंजीनियरिंग) विभाग के प्राध्यापक थे और उच्च नैतिकतावाले उत्कृष्ट व्यक्ति थे। संस्थान में सामाजिक

जीवन अनुपस्थित था; लेकिन मेरी पत्नी और मैं नियमित रूप से रामाशेषन परिवार, धवन परिवार व बनर्जी परिवार से मिलते थे। हम जीवन का आनंद उठाते, जबकि हमारी आर्थिक स्थिति अनिश्चित थी। मेरा कुल वेतन 720 रुपए (उस समय के विनिमय मूल्य पर 180 डॉलर) प्रतिमाह था। कई कटौतियों के बाद मुझे इतनी धनराशि मिलती थी, जो एक उचित जीवन जीने के लिए पर्याप्त थी। मेरे ससुरजी ने एक बार पूछा था कि मैंने उच्च वेतनवाली औद्योगिक नौकरी को क्यों नहीं चुना था, जो तब मुझे आई.सी.आई. लिमिटेड द्वारा प्रस्तावित की जा रही थी? मैंने उन्हें संक्षेप में बताया कि मैं उनकी बेटी को अपने वेतन में भी खिला सकता हूँ और मैं धन के अभाव में उसे वापस उनके घर नहीं भेजूँगा।

वर्ष 1959 के अंत में मैंने कार्बनिक अणुओं के यू वी-विजिबल स्पेक्ट्रोस्कॉपी पर पुस्तक लिखनी शुरू की थी। मुझे अपने पुस्तकालय के कार्य के लिए राष्ट्रीय विज्ञान प्रयोगशाला, पुणे जाना था, क्योंकि आई.आई.एस-सी. मेरी आवश्यकता की कई शोध-पत्रिकाओं की सदस्यता नहीं लेती थी। जब मैं पुस्तक के बारे में बात करता था, मेरे कुछ सहकर्मियों द्वारा नकारात्मक टिप्पणियाँ की जाती थीं। वे सोचते थे कि शायद यह कोई मजाक है। पुस्तक को प्रकाशन के लिए बटरवर्थ्स (लंदन) द्वारा स्वीकार किया गया और वह वर्ष 1961 की शुरुआत में प्रकाशित हुई थी। वह 170 पृष्ठ की थी। जब लोगों ने पुस्तक की मुद्रित प्रतियाँ देखी थीं, उन्होंने चुप्पी साध ली। कई लोग, विशेष रूप से ससेक्स विश्वविद्यालय के प्रो. जॉन मुरेल, जो क्वांटम केमिस्ट्री व इलेक्ट्रॉनिक स्पेक्ट्रोस्कॉपी में जाने-माने थे, ने मुझे लिखा और बाद में व्यक्तिगत रूप से कहा था कि मेरी पुस्तक अणुओं के इलेक्ट्रॉनिक वर्णपट का वर्णन करने के लिए आणविक कक्षीय संकेतनों का उपयोग करनेवाली पहली पुस्तक थी। उसके बाद से पुस्तक कई भाषाओं में प्रकाशित होती रही और

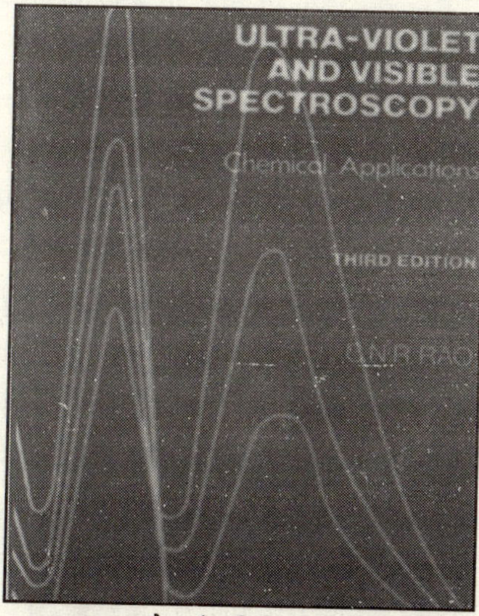

अल्ट्रा-वायलेट एंड विजिबल स्पेक्ट्रोस्कॉपी

उसके कई संस्करण भी छपे। 1961 का वर्ष हमारे जीवन के लिए एक महत्त्वपूर्ण वर्ष था, जब हमारी पहली संतान सुचित्रा पैदा हुई थी।

वर्ष 1961 में एक सुबह मुझे डाक द्वारा एक खाकी लिफाफा मिला। वह मैसूर विश्वविद्यालय से आया एक पत्र था। विश्वविद्यालय ने मुझे शोध-प्रबंध के आधार पर डी.एस-सी. की उपाधि प्रदान की थी, जो मैंने सन् 1958 में जमा किया था, जब मैं अमेरिका में था।

यू वी-विजिबल स्पेक्ट्रोस्कॉपी पर मेरी पुस्तक आने के तुरंत बाद मैंने इन्फ्रारेड स्पेक्ट्रोस्कॉपी पर पुस्तक के बारे में सोचना शुरू कर दिया, जो रासायनिक पहलुओं पर जोर देता और कार्बनिक, अकार्बनिक व जीव वैज्ञानिक रसायन विज्ञान में अनुप्रयोगों के बारे में कुछ विस्तार से विचार-विमर्श करता था। वर्ष 1961 की शुरुआत में मैंने अपनी वह पुस्तक लिखनी शुरू कर दी थी और जून 1962 में पूरी कर दी थी। 'केमिकल एप्लीकेशंस ऑफ इन्फ्रारेड स्पेक्ट्रोस्कॉपी' शीर्षकवाली पुस्तक (यह लगभग 700 पृष्ठों की थी) को प्रकाशन के लिए एकेडमिक प्रेस, न्यूयॉर्क ने स्वीकार किया था।

वर्ष 1961 तक मैंने कुछ और पी-एच.डी. छात्र ले लिये थे और ठोस अवस्था रसायन विज्ञान के कुछ पहलुओं के अतिरिक्त हाइड्रोजन बॉण्डिंग व आवेश स्थानांतरण जटिलताओं के वर्णक्रम विज्ञान पर शोध की शुरुआत की थी। इस समय के आस-पास मुझे जून 1962 में मैरीलैंड (संयुक्त राज्य अमेरिका) में इंटरनेशनल स्पेक्ट्रोस्कॉपी कॉन्फ्रेंस में भाषण देने के लिए आमंत्रित किया गया था। मैंने सम्मेलन में जाने का फैसला किया और इस अवसर का अमेरिका में कुछ माह बिताने के लिए उपयोग करना चाहता था। मैं शिकागो में लघुकालीन शोध-नियुक्त के बाद वर्ष 1962 की गरमियों में पुर्डुए विश्वविद्यालय में शिक्षण पद प्राप्त करने में सफल रहा था। मैं सम्मेलन में चार्ल्स कॉलसन (महान् सैद्धांतिक रसायनज्ञ) से मिला और डब्ल्यू. जे. ओर्विले-थॉमस से अपनी मित्रता बढ़ाई, जो तब यूनाइटेड किंगडम के वेल्स विश्वविद्यालय में काम कर रहे थे। हमारी मित्रता कई वर्षों तक जारी रही और हमने एक साथ मिलकर कुछ शोध-पत्र प्रकाशित किए थे। पोलैंड से हेनरिक रटाजकजैक भी हमारे नजदीक थे और हमने एक टीम बनाई थी। हेनरिक से मित्रता मेरी पोलैंड-यात्रा और कुछ संयुक्त प्रकाशन का परिणाम लाई थी। ओर्विले-थॉमस अब नहीं रहे, हालाँकि हेनरिक और मैं अभी भी एक-दूसरे के साथ पत्राचार करते

हैं। मेरे एक दूसरे मित्र, जिनसे मैं मैरीलैंड सम्मेलन में मिला था, टेड बेकर थे, बर्कले से परिचित, जो नेशनल इंस्टीट्यूट्स ऑफ हेल्थ में एन.एम.आर. स्पेक्ट्रोस्कॉपी पर काम करते थे। मैंने टेड के साथ कई अंतरराष्ट्रीय समितियों में काम किया था और हाइड्रोजन बॉण्डिंग के अध्ययनों पर सहभागिता की थी। टेड भी कई बार मेरे पास भारत आए थे।

मैंने पुर्डुए में ग्रीष्मकालीन सत्र में इन्फ्रारेड स्पेक्ट्रोस्कॉपी पर पाठ्यक्रम पढ़ाया था। मैं अभिरुचि के कई यौगिकों के अवरक्त वर्णपट (इन्फ्रारेड स्पेक्ट्रा) को अभिलेखित कर सका और अमेरिका में सहकर्मियों के साथ कुछ शोध भी आगे बढ़ाया था। मैंने अपने शोध के लिए तापन तत्त्वों (हीटिंग एलिमेंट्स) एवं थर्मोकपल्स सहित बहुत से रसायन व प्रयोगशाला के उपकरणों को संकलित किया था। बैंगलोर की वापसी यात्रा में मेरे पास सामग्रियों से भरा हुआ पूरा सूटकेस था। सौभाग्य से, सीमा शुल्क अधिकारियों ने क्रिस्टल से भरी हुई छोटी बोतलों और विभिन्न रंगों के पाउडर पर कोई आपत्ति नहीं की। मैंने कुछ सामग्रियाँ अपनी स्वयं की बचत से खरीदी थीं।

अमेरिका में ठहरने के पूरे समय के दौरान मैं अपने वैज्ञानिक भविष्य को लेकर चिंतित था। मेरी वास्तविक चिंता यह थी कि मैं भारत में कभी भी शोध को उस स्तर पर कैसे आगे बढ़ा सकूँगा, जिस पर मैं काम करना चाहता था? मैं भारतीय विज्ञान संस्थान के निदेशक प्रो. एस. भगवंतम को मेरी आवश्यकता के कुछ आवश्यक उपकरण खरीदने के लिए 10 लाख रुपए खर्च करने के लिए मनाने में असफल हो गया था। अच्छा उपकरण खरीदने की किसी भी उम्मीद के अभाव में मैं नुकसान में था। अमेरिका में संकाय पद लेने के बारे में कुछ सुझाव थे; लेकिन मेरी पत्नी व मेरी दोनों की अमेरिका स्थानांतरित होने में कोई रुचि नहीं थी। उस समय मैंने सुना था कि कानपुर में अमेरिकी विश्वविद्यालयों के सहायता संघ, जिसमें एम.आई.टी., ओहियो स्टेट, मिशिगन, प्रिंस्टन व पुर्डुए शामिल थे, के समर्थन से नया भारतीय प्रौद्योगिकी संस्थान (आई.आई.टी.) शुरू किया जा रहा था। वर्ष 1962 के अंत में आई.आई.टी., कानपुर द्वारा मुझे साक्षात्कार के लिए आमंत्रित किया गया और कुछ सप्ताह बाद मुझे रसायन विज्ञान विभाग में सह-प्राध्यापक पद का प्रस्ताव मिला था। वर्ष 1963 में मैं अप्रैल के गरम दिनों में रेलगाड़ी से कानपुर पहुँचा। बैंगलोर से कानपुर तक पहुँचना किसी के लिए भी कठिनाई भरा हो सकता है, लेकिन मैंने किसी भी प्रकार

की कठिनाइयों व असुविधाओं पर ध्यान न देने का फैसला किया, जिसका मैं संभवत: सामना करने वाला था।

वर्ष 1963 की शुरुआत में आई.आई.टी. कानपुर नगर के ही एक भवन में काम कर रहा था और कोई परिसर नहीं था। परिसर स्वयं भी नगर से बहुत दूर था और उसके कोई शैक्षिक भवन या छात्रावास नहीं थे। परिसर में कुछ छोटे घर (तीसरी श्रेणी के) बनाए गए थे और मुझे उनमें से एक रहने के लिए दिया गया था। मैं वहाँ रहता था और प्रतिदिन नगर में संस्थान की यात्रा करता था। गरम मौसम में रात में सोना कठिन होता था। परिसर में भोजन करने का कोई स्थान नहीं था। दोपहर के खाने में मुझे सड़क के किनारे के दुकानदारों द्वारा बेचे जानेवाले समोसे खाने पड़ते थे। तापमान तब बढ़ना जारी हुआ था और मई में 40 डिग्री सेंटीग्रेड जा पहुँचा था। मैंने इस तरीके से कई सप्ताह काटे थे, बहुधा घर के लिए और शिक्षण प्रयोगशाला के लिए चीजों की खरीदारी के लिए नगर तक गाड़ी चलाकर। मेरी मुख्य चिंता अंतर-स्नातकों के लिए नए शिक्षण कार्यक्रम के बारे में थी, जो जुलाई 1963 में शुरू होने वाला था। कार्यशाला भवन बस तैयार होने वाला था और हम वहाँ अंतर-स्नातक शिक्षण प्रयोगशाला व्यवस्थित करने की अपेक्षा कर रहे थे। पहले जून 1963 तक छात्रावास के तैयार हो जाने की संभावना थी। मुझे एक भवन में छात्रों को जुलाई में शुरू हो रहे रसायन विज्ञान में पहला पाठ्यक्रम (केम 101) पढ़ाना (प्रभारी प्रशिक्षक के रूप में) था, जो अभी तैयार हो रहा था। सभी संकाय सदस्य श्रेणी क्रम से स्वतंत्र पाठ्यक्रम के लिए अनुशिक्षक (ट्यूटर) थे। हमने कार्यशाला भवन में स्थानीय बढ़ई व ठेकेदारों के द्वारा प्रयोगशाला को निश्चित करवा लिया था। हमें सुनिश्चित करना था कि छात्र जिस प्रकार इसका प्रयोग करें, वे रोचक हों और शीशे के सामान व प्रयोगशाला की अन्य आवश्यकताओं को विभिन्न स्रोतों से खरीदना था।

कानपुर पहुँचने के दो महीने बाद मेरी पत्नी व बेटी मेरे पास आ गई थीं। अलग-थलग पड़े परिसर में रहनेवाला हमारा पहला परिवार था। यहाँ तक कि नमक खरीदने के लिए भी हमें कुछ किलोमीटर गाड़ी चलाकर जाना पड़ता था। लेकिन हमने इन कठिनाइयों की ओर ध्यान नहीं दिया। हम लोग एक महान् व नए संस्थान की आशा कर रहे थे। वर्ष 1963-65 के दौरान कई युवा संकाय सदस्यों ने संस्थान में शामिल होना शुरू किया था। उनमें से अधिकांश अमेरिका या यूरोप से आ रहे थे। विश्वविद्यालयों के सहायता संघ से भी कुछ अमेरिकी प्राध्यापक थे। उन्होंने

पाठ्यक्रम व दूसरे शैक्षिक मामलों से संबंधित विचार-विमर्शों में भाग लिया था। रसायन विज्ञान में हमारे पास डेरेक डैवनपोर्ट (पुर्डुए से) एवं ट्रूमैन कोहमैन (कार्नेगी मेलन) थे। उनमें से दोनों विलक्षण लोग थे और उन्होंने मेरा व अन्य सहकर्मियों का पूरा समर्थन किया था।

वर्ष 1963 के अंत में इन्फ्रारेड स्पेक्ट्रोस्कॉपी पर एकेडमिक प्रेस, न्यूयॉर्क से प्रकाशित मेरी पुस्तक बाहर आई थी। मैंने उसे संस्थान के निदेशक डॉ. पी.के. केलकर को दिखाया था, जो एकेडमिक प्रेस से पुस्तक को देखकर आनंदित थे, जिसके प्रथम पृष्ठ पर आई.आई.टी., कानपुर के नाम को विशेष स्थान दिया गया था। यद्यपि हमने आई.आई.टी., कानपुर में शुरुआती दिनों में बहुत सी शारीरिक असुविधाओं का सामना किया था, लेकिन हम महान् आशा में जी रहे थे। संस्थान की सफलता मुख्य रूप से उत्कृष्ट संस्थान-निर्माण करने की संकाय सदस्यों की असाधारण आकांक्षा के कारण थी। युवा संकाय सदस्यों व उत्साही छात्रों के कारण परिसर का माहौल उत्साहपूर्ण था। शिक्षण आनंदमय था। मैं अंतर-स्नातक कार्यक्रम में बड़े स्तर पर शामिल था और कार्यक्रम का संयोजक था। हमें पाठ्यक्रमों के प्रकारों और यहाँ तक कि छात्रों के मूल्यांकन की विधि पर भी निर्णय लेना था। मैं आई.आई.टी., कानपुर के पहले दो-तीन वर्षों को कभी नहीं भूल सकता। अंतर-स्नातक कार्यक्रम के साथ-साथ रसायन विज्ञान विभाग के लोगों ने जुलाई 1964 में पी-एच.डी. पाठ्यक्रम शुरू किया था और कुछ समय बाद एम.एस-सी. कार्यक्रम।

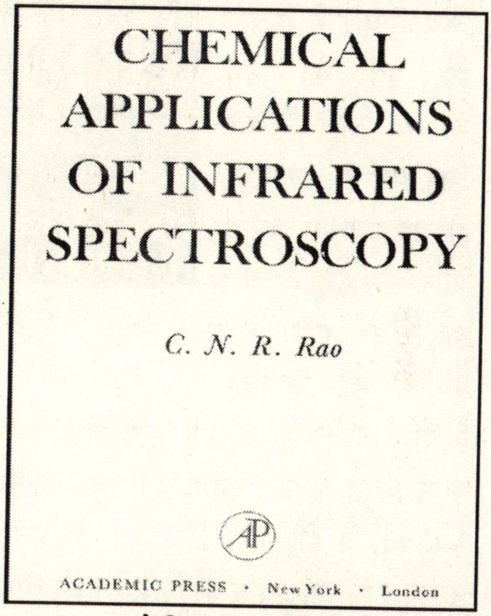
CHEMICAL APPLICATIONS OF INFRARED SPECTROSCOPY

C. N. R. Rao

ACADEMIC PRESS • New York • London

केमिकल एप्लीकेशंस ऑफ इन्फ्रारेड स्पेक्ट्रोस्कॉपी

रसायन विज्ञान विभाग में काम करते समय निदेशक मेरे साथ इस प्रकार का व्यवहार करते थे, मानो मैं विभाग का अध्यक्ष था; हालाँकि उन्होंने इसकी घोषणा नहीं की थी। जुलाई 1964 में मुझे औपचारिक रूप से रसायन विज्ञान विभाग का प्रमुख बनने

के लिए कहा गया और पूर्ण प्राध्यापक के रूप में पदोन्नत किया गया। मैं केवल 30 वर्ष की उम्र का था और केवल आई.आई.टी., कानपुर ही मुझे विभाग प्रमुख बना सकता था। यह संभव हुआ था; क्योंकि डॉ. केलकर विशिष्ट निदेशक थे, जो मुझ जैसे व्यक्ति पर भरोसा करते थे। जो उनके साथ काम करते थे, उन लोगों की उनमें अतिशय आस्था थी। उन्होंने हमें हर प्रकार की स्वतंत्रता व प्रोत्साहन दिया था, जिसकी हमें आवश्यकता थी। उनके साथ काम करना प्रसन्नतादायक था। हमारे पास मित्रवत् उप-निदेशक डॉ. एम.एस. मुथन्ना भी थे। मैंने अपना सभी उपलब्ध समय रसायन विज्ञान विभाग के निर्माण में लगाया और समूचे विश्व से संकाय सदस्यों के रूप में विशिष्ट युवाओं की नियुक्ति करनी शुरू की। मुझे मेरे वरिष्ठ सहकर्मियों एम.वी. जॉर्ज एवं पी.टी. नरसिम्हन से पूरा समर्थन प्राप्त था। हमने उस प्रकार का आधुनिक रसायन विज्ञान पढ़ाना शुरू किया, जो कि विश्व के सर्वश्रेष्ठ संस्थानों में पढ़ाया जाता था। यहाँ तक कि आज भी आई.आई.टी., कानपुर की ऐसे संस्थान के रूप में प्रतिष्ठा है, जिसने भारत में पहली बार आधुनिक रसायन विज्ञान की पढ़ाई का सूत्रपात किया था।

पी.के. केलकर लाइब्रेरी, आई.आई.टी. कानपुर (इनसेट : डॉ. केलकर)

वर्ष 1964 के अंत तक मैंने आई.आई.टी., कानपुर में कुछ शोध करना शुरू किया था। वह वर्ष हमारे बेटे संजय के जन्म को भी चिह्नित करता है। अमेरिकी अनुदान कार्यक्रम ने हमें अच्छा इन्फ्रारेड व यू वी-विजिबल स्पेक्ट्रोमीटर प्रदान किया था। अतिथि अमेरिकी प्राध्यापकों ने संकाय-सदस्यों की नियुक्ति और पाठ्यक्रम संबंधी मामलों के साथ-साथ अमेरिका से अतिथि प्राध्यापकों को पाने में मदद की थी। हम अमेरिकी कार्यक्रम के माध्यम से उपकरण की कई सामग्रियों व रसायनों की खरीदारी कर सके थे। दुर्भाग्यवश, विभाग में स्पेक्ट्रोमीटर सामान्य उपयोग के

लिए थे और मेरे पास स्वयं उपयोग के लिए समर्पित उपकरण की पहुँच नहीं थी। इसके बाद भी हम ऑप्टिकल स्पेक्ट्रोस्कॉपी में निर्णायक कार्य कर सके थे, हालाँकि उस प्रकार का नहीं, जैसी कि मैंने पहले योजना बनाई थी। इसीलिए स्पेक्ट्रोस्कॉपी में अधिकांश कार्य जो मैंने किया था, वह हाइड्रोजन बॉण्डिंग व आणविक परस्पर क्रिया से संबंधित था। मैंने कई अणुओं का सामान्य कंपन विश्लेषण भी पूरा किया था। दुर्भाग्यवश, मैं एन.एम.आर. व ई.पी.आर. स्पेक्ट्रोमीटर का उपयोग नहीं कर सका, जैसा कि वे व्यक्ति विशेषों के नियंत्रण में थे, जिन्होंने उन्हें अपनी निजी संपत्तियाँ बना ली थीं। ठोस अवस्था रसायन विज्ञान में मेरा कार्य ठोस पदार्थों में फेस-ट्रांजिशंस, आयनिक ठोस पदार्थों में दोष एवं ऑक्साइड्स में इलेक्ट्रॉनिक गुण थे। मैं विशेष रूप से धातु ऑक्साइड्स में रुचि लेने लगा था, क्योंकि वे विभिन्न प्रकार की संरचनाओं व गुणोंवाले पदार्थों के सबसे विशाल वर्ग से थे।

कानपुर के शुरुआती वर्षों के बारे में मैं जो नहीं भूल सकता, वह हमारा कुछ सार्थक हासिल करने का दृढ़ निश्चय था। केवल परिष्कृत उपकरणोंवाली प्रयोगशालाएँ ही वातानुकूलित थीं। अन्य प्रयोगशालाएँ, स्वयं मेरे सहित और लेक्चर हॉल में वातानुकूलन व्यवस्था नहीं थी। हमने मौसम को ध्यान में रखे बिना जुलाई से सितंबर की गरमियों में 200 या अधिक छात्रों को व्याख्यान दिए थे। मई-जून के बीच में अपने कार्यालय में पंखे के नीचे मुझे पांडुलिपि लिखने की याद आती है। हालाँकि पंखे गरम हवा फेंकते थे, लेकिन हमारे मस्तिष्क ठंडे थे। वर्ष 1967 के अंत में मेरे छात्रों में से तीन ने आई.आई.टी., कानपुर से अपनी पी-एच.डी. की उपाधियाँ प्राप्त कर ली थीं। आई.आई.एस-सी. के मेरे छात्रों ने भी तब तक अपनी पी-एच.डी. की डिग्रियाँ पूरी कर ली थीं, पहले तीन ने अपनी डिग्रियाँ वर्ष 1962 में पूरी कर ली थीं, मेरे आई.आई.एस-सी. में शामिल होने के तीन वर्षों बाद।

आई.आई.टी., कानपुर में रसायन विज्ञान विभाग की आर्थिक स्थिति काफी अच्छी थी। धन्यवाद, कम-से-कम आंशिक रूप में अमेरिकी कार्यक्रम द्वारा उपकरण व रसायनों की आपूर्ति को लेकर। मैंने भी वैज्ञानिक एवं औद्योगिक अनुसंधान परिषद् (सी.एस.आई.आर.) से दो शोध अनुदान प्राप्त किए थे, दो शोधार्थियों तथा प्रति वर्ष 3,000 रुपए का आकस्मिक अनुदान प्रदान कर। मैंने तब यू.एस. नेशनल ब्यूरो ऑफ स्टैंडर्ड्स एवं द नेशनल इंस्टीट्यूट्स ऑफ हेल्थ के माध्यम से पी.एल. 480 से अधिक बड़े अनुदान प्राप्त किए थे।

जुलाई 1964 में इन्फ्रारेड स्पेक्ट्रोस्कॉपी पर मेरी पुस्तक के आने के बाद मुझे प्रो. सी.वी. रमण से एक पत्र मिला था, जिसमें उन्होंने लिखा था कि वह मेरी पुस्तक से प्रभावित हुए थे। उन्होंने महसूस किया था कि ऐसी पुस्तक के लेखक को इंडियन एकेडमी ऑफ साइंसेज का सदस्य होना चाहिए। उन्होंने मुझे नामांकित करने का प्रस्ताव रखा और यह सुनिश्चित किया कि मैं चुना जाऊँ। उन्होंने अपना वचन रखा था। प्रो. जी.एन. रामचंद्रन ने नामांकन को अनुमोदित किया था। मैं प्रो. रमण के महान् प्रयास को कभी नहीं भूल सकता। इंडियन एकेडमी ऑफ साइंसेज की सदस्यता का चुनाव मेरे जीवन की पहली पेशेवर मान्यता थी।

SIR C. V. RAMAN
Director

RAMAN RESEARCH INSTITUTE
BANGALORE-6

Ref: No. 308

3rd July, 1964

Dear Dr. Rao,

The volume by you entitled "CHEMICAL APPLICATIONS OF INFRARED SPECTROSCOPY" published by the Academic Press has recently come into my hands. It is a praiseworthy effort that you undertook to write this book.

I feel that it would be an appropriate recognition of your fruitful scientific activity that you are elected as a Fellow of the Indian Academy of Sciences. This, of course, assumes that you would desire to be so elected and that you are prepared to fulfil the obligations of the Fellowship which include an entrance fee of Rs.50/- and an annual subscription fee of Rs.36/-. If you are so agreeable, necessary steps will be taken at this end. I enclose herewith a copy of the latest year book of the Academy which will give you any further information you may require.

Your full name, academic degrees and your official designation will be needed for proposing your name for election.

Yours sincerely,

C.V. Raman

Encl: One book

Dr. C.N.R. Rao,
Department of Chemistry,
Indian Institute of Technology,
KANPUR (INDIA)

सर सी.वी. रमण का पत्र

वर्ष 1967 की शुरुआत में फैराडे सोसाइटी, इंग्लैंड ने घोषणा की थी कि मुझे 'मारलो मेडल' से पुरस्कृत किया जाएगा। मान्यता पैंतीस वर्ष से कम उम्र के सबसे विशिष्ट युवा भौतिक रसायनज्ञ के लिए थी। पुरस्कार ठोस अवस्था रसायन विज्ञान व वर्णक्रम मापन विज्ञान (स्पेक्ट्रोस्कॉपी) में मेरे योगदानों के लिए था। सितंबर 1967 में मैं फैराडे सोसाइटी की विशेष बैठक में 'मारलो मेडल' प्राप्त करने के लिए

अपनी पत्नी के साथ टोरंटो गया था। क्योंकि मैं उत्तरी अमेरिका जा रहा था, इसलिए मैंने सोचा कि शोध क्षेत्रों के बारे में, जो मुझे आनेवाले वर्षों में आगे बढ़ाना चाहिए, गंभीरता से विचार करने के लिए अमेरिका में कुछ समय बिता सकता हूँ। आई.आई.टी., कानपुर ने इस उद्‍देश्य के लिए मुझे एक वर्ष के अवकाश की अनुमति दे दी थी और पुर्डुए विश्वविद्यालय ने मुझे अतिथि प्राध्यापक के पद का प्रस्ताव दिया था। हमें अपने दोनों बच्चों को बैंगलोर में इंदु के माता-पिता के पास छोड़ना पड़ा था, उसे पुर्डुए में शिक्षा में एम.एस. की डिग्री के अध्ययन के लिए। हमारी आशा थी कि यह उसे उसकी रुचियों को विस्तृत करने में मदद करेगी। तब तक उसने कानपुर से समाज-शास्त्र में एम.ए. की डिग्री प्राप्त कर ली थी।

फैराडे सोसाइटी एवं मेरलो मेडल

परिवार : राव के माता-पिता के साथ

परिवार : इंदु के माता-पिता के साथ

मैंने पुर्डुए में जॉर्ज होनिग तथा अन्य के साथ सहभागिता की थी और मेरी मुख्य उपलब्धियाँ धातु ऑक्साइड में धातु विसंवाहक संक्रमण (मेटल इंसुलेटर ट्रांजिशंस) थे—एक नया क्षेत्र, जो अभी उभर ही रहा था। ताँबे जैसी धातुओं में गुणों को प्रदर्शित करने के लिए विभिन्न ऑक्साइड्स प्राप्त किए जाते रहे थे और मैं इस प्रकार के असाधारण गुणोंवाले संक्रमण धातु ऑक्साइड्स की खोज में रुचि लेने लगा था। उस समय भी ठोस अवस्था रसायन विज्ञान के बहुत कम अभ्यासकर्ता थे—पॉल हैजेनमुलर फ्रांस में और जॉन गुडएनफ अमेरिका में पर्याप्त रूप से प्रमुख लोग थे। वर्ष 1968 की शुरुआत में बोस्टन में एक बैठक में मैं पहली बार गुडएनफ से मिला था। हम तत्काल मित्र बन गए थे। पुर्डुए में जिन दूसरे संकाय सदस्यों के साथ मैंने सहभागिता की थी, उनमें मुझे जैव रसायनज्ञ हेनरी फ्यूर का उल्लेख अवश्य करना चाहिए। वे मेरे अच्छे मित्र रहे थे, जब तक कि वे कुछ वर्ष पहले गुजर नहीं गए थे। पुर्डुए में अपने प्रवास के दौरान मैंने भौतिक रसायन व सामान्य रसायन विज्ञान का हिस्सा पढ़ाया था। मैं रोमांचित था, जब छात्रों ने मेरा मूल्यांकन एक विशिष्ट शिक्षक के रूप में किया था।

प्रो. जॉर्ज होनिग के साथ

पुर्डुए से लौटने के बाद मुझे आई.आई.टी., कानपुर में अनुसंधान व विकास का अध्यक्ष (डीन) बनने को कहा गया था। मैंने इस कार्य को किया और संस्थान में अनुसंधान व विकास को समर्थन देने के लिए उचित संरचना स्थापित करने की कोशिश की थी। ई.सी. सुब्बाराव संकाय के अध्यक्ष थे। सुब्बाराव तथा मैंने परास्नातक पदार्थ विज्ञान कार्यक्रम शुरू किया था। पुर्डुए में मेरे रुकने ने मुझे यह निर्णय लेने में सक्षम बनाया कि आनेवाले वर्षों में मेरे शोध का मुख्य ध्यान-केंद्र ठोस अवस्था व पदार्थ रसायन विज्ञान रहने वाला था, न कि वर्णक्रम मापन विज्ञान (स्पेक्ट्रोस्कॉपी) एवं आणविक संरचना। मैंने पेरोव्सकाइट ऑक्साइड्स द्वारा प्रदर्शित धातु-विसंवाहक संक्रमणों, गुणों व परिघटना सहित कई अन्य नए क्षेत्रों में शोध का

सूत्रपात किया था। मैंने इस अवधि के दौरान खुद को शोध करने तथा पढ़ाने में व्यस्त रखा था और संस्थान के विभिन्न पहलुओं में योगदान करने में भी।

सन् 1969 में इंडियन एकेडमी ऑफ साइंसेज ने प्रो. सी.वी. रमण के 80वें जन्म-दिवस को अहमदाबाद में मनाया था। विक्रम साराभाई स्थानीय आयोजक थे और उसमें भारतीय विज्ञान के सभी प्रमुख लोग उपस्थित हुए थे। मैं वक्ताओं में से एक था। मेरे भाषण के बाद प्रो. रमण ने सार्वजनिक रूप से मेरी प्रशंसा की थी।

वर्ष 1970 में एक दिन मुझे यह कहते हुए सी.एस.आई.आर. से अनपेक्षित तार मिला कि मुझे वर्ष 1968 के लिए रसायन विज्ञान में 'भटनागर पुरस्कार' से पुरस्कृत किया जा चुका है। पुरस्कार की घोषणा में दो वर्ष देर थी। मुझे इस बात की भी जानकारी नहीं थी कि मुझे 'भटनागर पुरस्कार' में नामित किया गया था। यह मेरे लिए बहुत बड़ा प्रोत्साहन था। 'भटनागर पुरस्कार' प्राप्त करनेवालों से अपने कार्य पर भाषण देने की अपेक्षा की जाती थी। मैंने ऐसा दिल्ली विश्वविद्यालय में प्रो. टी.आर. शेषाद्रि के अध्यक्षत्व में किया था। मैंने नए पदार्थों, विशेष रूप से धातु ऑक्साइड्स एवं उनके अद्भुत गुणों की बात की थी। दुर्भाग्य से, अध्यक्ष ने उस प्रकार के रसायन विज्ञान, जिसके बारे में मैंने बात की थी, का मजाक उड़ाया था। मुझे चुप रहना पड़ा था। मैंने तब मन-ही-मन सोचा था कि मैं कभी भी किसी युवा वैज्ञानिक का उपहास नहीं करूँगा।

श्री सी. सुब्रह्मण्यम से 'भटनागर पुरस्कार' प्राप्त करते राव (1968)

वर्ष 1963 से 1970 तक मैंने डॉ. केलकर के साथ नजदीकी कार्य-संबंध साझा किया था। वे उत्कृष्टता को आगे बढ़ानेवाले निदेशक थे और संस्थान व उसके संकाय सदस्यों पर गर्व करते थे। वे बहुधा लगभग 5 बजे शाम को मुझे अपने कार्यालय में बुलाते और मुझसे विस्तारित समयावधि तक बात करते थे, जो मेरी पत्नी को आतंकित करने लिए काफी था। ऐसी बैठकों में वे मुझसे कहा करते थे, "तुम्हें एफ.आर.एस. (फेलो ऑफ द रॉयल सोसाइटी) होना चाहिए। मेरी यह भावना है कि तुम होगे।"

डॉ. मुथन्ना के साथ एक दीक्षांत समारोह में आई.आई.टी. कानपुर (1967)

सन् 1970 में डॉ. केलकर आई.आई.टी., कानपुर के निदेशक पद से सेवानिवृत्त हो गए थे। वे संस्थान के स्वर्ण काल के वास्तुकार थे। मुझे दिल्ली में शिक्षा मंत्री के द्वारा निदेशक का पद ग्रहण करने के लिए कहा गया था; लेकिन मेरी उसमें कोई रुचि नहीं थी। मुझे विज्ञान में कई चीजें करनी थीं। मैंने मंत्री महोदय से कहा था कि मैं केवल 37 वर्ष की उम्र का हूँ और आई.आई.टी. का निदेशक नहीं बनना चाहता। वे आश्चर्यचकित थे। तब डॉ. मुथन्ना निदेशक बने। उसके तुरंत बाद कई कारणों से परिसर में कई तरह की समस्याएँ खड़ी हो गई थीं।

प्रो. रमण के विशेष आमंत्रण पर मैंने इंडियन एकेडमी ऑफ साइंसेज की 1970 की बैठक में भाग लिया था। बैठक बैंगलोर में एकेडमी के परिसर में हुई थी। प्रतिभागी बहुत कम थे, लेकिन प्रो. रमण पहली पंक्ति में बैठे हुए थे। मैंने पानी की संरचना पर भाषण दिया था। व्याख्यान के बाद बड़ी वाक्पटुता के साथ उन्होंने अपनी प्रशंसा व्यक्त की थी। इसके कुछ सप्ताह बाद ही उनका आकस्मिक देहांत हो गया। हमने विज्ञान के एक महान् दिग्गज को खो दिया था।

वर्ष 1969 से 1974 की अवधियों के दौरान मैंने सबसे महत्त्वपूर्ण प्रयासों में एक जो किया, वह था ठोस अवस्था रसायन विज्ञान में जॉन गुडएनफ, जे.एस.

एंडरसन व जॉर्ज होनिग जैसे विदेशी विशेषज्ञों के साथ शीतकालीन स्कूलों का आयोजन। ये स्कूल बहुत सफल रहे थे। मैंने प्रथम स्कूल के व्याख्यानों पर आधारित 'मॉडर्न एस्पेक्ट्स ऑफ सॉलिड स्टेट केमिस्ट्री' शीर्षक पुस्तक का संपादन भी किया था। पुस्तक प्लेनम प्रेस (1970) द्वारा प्रकाशित की गई, जो ठोस अवस्था रसायन विज्ञान पर पहली (लगभग) संपूर्ण पुस्तक थी। शीतकालीन स्कूल पर आधारित इस विषय पर मेरे द्वारा एक और पुस्तक संपादित की गई और मार्सेल डेकर द्वारा प्रकाशित की गई थी।

श्रीमती इंदिरा गांधी

सन् 1971 में प्रधानमंत्री इंदिरा गांधी ने भारत के लिए प्रभावी विज्ञान व प्रौद्योगिकी योजना की रूपरेखा बनाने के लिए श्री सी. सुब्रह्मण्यम (सी. एस.) के अध्यक्षत्व में नेशनल कमेटी फॉर साइंस एंड टेक्नोलॉजी (एन.सी.एस.टी.) गठित करने का फैसला किया था। सी.एस. भारत सरकार में विज्ञान एवं योजना मंत्री थे। परिषद् में नौ सदस्य थे और मुझे उनमें से एक बनने को कहा गया था। इसमें कुछ अन्य सदस्य एम.एस. स्वामीनाथन, राजा रामन्ना एवं वी. रामलिंगासामी भी शामिल थे। सी.एस. के साथ काम करना मेरे लिए महान् अनुभव था। एन.सी. एस.टी. की पहली अनुशंसाओं में से एक थी नए विज्ञान एवं प्रौद्योगिकी विभाग (डी.एस.टी.) की स्थापना। शीघ्र ही मेरे प्रिय मित्र अरकोट रामचंद्रन (तब आई.आई.टी., मद्रास के निदेशक) विभाग के सचिव बने और भारत में विज्ञान एवं प्रौद्योगिकी के क्षेत्र में बहुत कुछ योगदान किया। एन.सी.एस.टी. में मुझे आधारभूत विज्ञान, विज्ञान शिक्षा व उन्नत पदार्थों की देखभाल करनी थी। हमारी कुछ अनुशंसाएँ सच हो गई थीं। विज्ञान एवं अभियांत्रिकी अनुसंधान परिषद् और क्षेत्रीय परिष्कृत उपकरण केंद्रों की स्थापना दो ही उदाहरण हैं। आई.आई.टी. के समान राष्ट्रीय

डॉ. श्री अरकोट रामचंद्रन

विज्ञान विश्वविद्यालयों की स्थापना की अनुशंसा फलीभूत नहीं हुई थी।

एन.सी.एस.टी. ने विज्ञान एवं प्रौद्योगिकी के विभिन्न पहलुओं पर अनुशंसाएँ की थीं। एन.सी.एस.टी. द्वारा प्रस्तावित योजनाएँ व कार्यक्रम विशिष्ट थे और परिषद् द्वारा बनाए गए प्रलेख भारत में विज्ञान एवं प्रौद्योगिकी के लिए सर्वाधिक संपूर्ण योजना बन रहे थे। योजना तैयार करने में कुछ हजार वैज्ञानिकों को शामिल किया गया था। एन.सी.एस.टी. में काम करने के लाभप्रद अनुभव के अतिरिक्त मैंने वर्ष 1969 से 1973 के बीच सार्वजनिक क्षेत्र के लघु रसायन उद्योग (हिंदुस्तान इंसेक्टिसाइड्स) के अध्यक्ष के रूप में उद्योगों का प्रत्यक्ष ज्ञान हासिल किया था। 26 जनवरी, 1974 को यह जानकर सुखद आश्चर्य हुआ था कि मुझे राष्ट्रीय सम्मान 'पद्मश्री' से पुरस्कृत किया जा रहा है। मुझे अपने नामित होने की कोई जानकारी नहीं थी। स्पष्ट रूप से यह सी.एस. की ओर से उपहार होना चाहिए था। एन.सी.एस.टी. के दिनों में मैंने अरकोट रामचंद्रन के साथ काम करने में आनंद उठाया था। मैं अरकोट रामचंद्रन की अध्यक्षता तथा आर.डी. देशपांडे के प्रशासन में नए विज्ञान एवं अभियांत्रिकी अनुसंधान परिषद् के कार्य में भी शामिल था। बार-बार होनेवाली बैठकों में अरकोट मुझसे कहा करते थे, "सी.एन.आर., तुम्हें उन तीन अक्षरों को लेना चाहिए।" तीन शब्द एफ.आर.एस. को उद्धृत करते थे। मैं आश्चर्यचकित होता था कि यह कभी होगा भी या नहीं।

1970 के दशक में मैं अंतर-स्नातकों को गहनता से रसायन विज्ञान पढ़ाने में संलग्न था। अंतर-स्नातकों के लिए पहला पाठ्यक्रम (केम 100) बनाने में मैंने काफी परेशानी उठाई थी। वह एक रोमांचक अनुभव था और ऐसा करने में मुझे आनंद आया था। यहाँ तक कि आज भी जब मैं कुछ हजार उन अंतर-स्नातकों में से किसी से मिलता हूँ, जिसे मैंने तब पढ़ाया था, पहली चीज जो वे याद करते हैं, वह मेरा केम 101 पाठ्यक्रम है।

इस संबंध में मैंने हृदय को स्पर्श करनेवाले अनुभव प्राप्त किए थे। जब मैं पदार्थों पर विचार-गोष्ठी के लिए संयुक्त अरब अमीरात में रास अल-खैमाह में था, वहाँ के शासक शेख सऊद से बातचीत कर रहा था। एक लंबा भद्र पुरुष अंदर आया और शेख ने मुझसे उसका अपने वित्तीय व कारोबारी सलाहकार के रूप में परिचय कराया था। तभी वह सलाहकार मेरे पाँव छूते हुए फर्श पर दंडवत् लेट गया था। तत्क्षण वह उठा और बोला, "मैं आपके केम 101 को कभी नहीं

भूल सकता।" जब मैं विदेशी सदस्य के रूप में अकादमी में नामांकित किए जाने के लिए ऑस्ट्रेलिया में था, जहाँ भारतीय समुदाय की ओर से एक स्वागत समारोह आयोजित किया गया। मैंने स्वागत सभागार में बस, प्रवेश ही किया था कि मध्यम उम्र के दो भद्र पुरुष तेजी से मेरी ओर आए और पूछा, "क्या आप केम 101 से हमें याद करते हैं?" मेरे साथ समूचे विश्व, हवाई अड्डों तथा अन्य स्थानों पर ऐसी अनेक आकस्मिक भेंटों की घटनाएँ हुई हैं। हाल में मैं नेशनल केमिकल रिसर्च सोसाइटी की बैठक में था, जहाँ भारतीय मूल के विशिष्ट सम्मान प्राप्त एक अमेरिकी प्राध्यापक को समग्र व्याख्यान देना था। उन्होंने अपना व्याख्यान यह कहते हुए शुरू किया था कि वह आई.आई.टी., कानपुर में मेरे केम 101 पाठ्यक्रम और बाद में मैंने उसके पेशेवर जीवन के बारे में जो सलाह दी, उसका बहुत ऋणी था।

मैंने कॉलेज में नए छात्रों के लिए कुछ सहकर्मियों के साथ मिलकर एक पुस्तक 'विश्वविद्यालय जनरल केमिस्ट्री' लिखी थी। सन् 1973 में मैकमिलन द्वारा प्रकाशित पुस्तक साधारण भाषा में रसायन विज्ञान के सभी प्रमुख पहलुओं को प्रस्तुत करती है। इसमें समस्याओं के कई उदाहरण व हल प्रस्तुत किए गए हैं। पुस्तक अभी भी बिक रही है और प्रमुख संस्थानों में नामांकन की खोज करनेवाले युवाओं द्वारा व्यापक रूप से उपयोग की जा रही है। मैंने 'एक्सपेरिमेंट्स इन जनरल केमिस्ट्री' लिखी थी। मुझे यह अवश्य उल्लेख करना चाहिए कि नए छात्रों के लिए प्रायोगिक वर्ग में हम उन प्रयोगों के साथ आए थे, जो उन्हें रुचिकर लगें। उनमें से एक कोकाकोला की अम्लता को निश्चित करना था, जहाँ वे उपयोग में नहीं लाए गए सभी कोक पी सकते थे। छात्रों को एस्पिरिन टैबलेट बनाने के लिए कहा जाता था। टैबलेट बनाने में वे यौगिकों की रासायनिक तैयारियों से अधिक आनंद लेते थे।

भारतीय प्रौद्योगिकी संस्थान, कानपुर में राव

सन् 1973 में इंटरनेशनल यूनियन ऑफ प्योर एंड एप्लाइड केमिस्ट्री (आई.यू.पी.ए.सी.) की रसायन विज्ञान शिक्षण समिति ने मुझे उसका सदस्य बनने के लिए कहा था। मैंने बहुत रुचि से उन लोगों के साथ काम करना शुरू किया। मैं प्रो. डी.एस. कोठारी के नेतृत्व में विज्ञान शिक्षण में राष्ट्रीय कार्यक्रम में सम्मिलित हुआ और समूचे भारत में रसायन विज्ञान शिक्षकों को व्याख्यान दिया। कुछ सहकर्मियों की मदद से मैं विज्ञान समाचार-पत्रक बनाया करता, जो 5,000 स्कूलों व कॉलेजों के शिक्षकों को डाक से भेजा जाता था। मेरी पत्नी के नेतृत्व में अपॉर्च्युनिटी स्कूल के छात्रों ने समाचार-पत्रक के प्रेषण की

आई.आई.टी., कानपुर में प्रो. एम.वी. जॉर्ज के साथ

देखभाल की थी। पहली पीढ़ी के सीखनेवालों को, सामान्य रूप से दिहाड़ी मजदूरों के बच्चों को अच्छी शिक्षा प्रदान करने के लिए परिसर में अपॉर्च्युनिटी स्कूल को संगठित किया गया था। सन् 1973 में मुझे दो वर्षों की अवधि के लिए 'जवाहरलाल नेहरू फेलोशिप' से पुरस्कृत किया गया था और मैंने संस्थान के अध्यक्ष का पद त्याग दिया था।

आई.आई.टी., कानपुर में शोध व शिक्षण में मेरी भारी भागीदारी और एन.सी. एस.टी. के साथ मेरे कार्य ने मुझे वास्तव में व्यस्त रखा था। मेरा दिन सुबह 7.30 या 8 बजे शुरू होता था और 7 बजे शाम तक चलता था—सप्ताह के हरेक दिन। बहुत से रात्रिभोज समारोहों के साथ परिसर में जीवन आनंददायक था। हमने घर में भी मित्रों व सहकर्मियों का बहुत जल्दी-जल्दी सत्कार किया था। अन्य स्थानों से आई.आई.टी., कानपुर की यात्रा करनेवाले वैज्ञानिक भी अनिवार्य रूप से घर आकर ही समापन करते थे। 1970 के दशक तक आई.आई.टी., कानपुर विज्ञान में उच्च शिक्षा के सर्वश्रेष्ठ संस्थान के रूप में उभरकर सामने आया और प्रतिष्ठा ने अनेक वैज्ञानिकों को परिसर तक आकर्षित किया था—इस वास्तविकता के बाद भी कि कानपुर पहुँचना सबसे आसान स्थान नहीं था। आई.आई.टी., कानपुर अन्य संस्थानों की ईर्ष्या का कारण था। यह कहना अतिशयोक्ति नहीं है कि कोई व्यक्ति आज देश में जो सबसे विलक्षण रसायनज्ञ देखता है, वे आई.आई.टी., कानपुर के पूर्व छात्र हैं। यहाँ के कुछ संकाय सदस्य, जो प्रसिद्ध हुए, वे हैं मेरे वरिष्ठ सहकर्मी जॉर्ज व नरसिम्हन के अतिरिक्त डी. बालसुब्रह्मण्यन, अनिमेष चक्रवर्ती, जी. मेहता एवं एस. रंगनाथन।

सन् 1974 में मैं नेशनल साइंस एकेडमी का फेलो चुना गया था। अधिक महत्त्वपूर्ण रूप से जून 1974 में रसायन विज्ञान में कॉमनवेल्थ प्रोफेसर बनने का आमंत्रण देते हुए मुझे एक वर्ष के लिए प्राध्यापक के वेतन और मेरे परिवार को ऑक्सफोर्ड जाने के लिए यात्रा-समर्थन का प्रस्ताव करते हुए ऑक्सफोर्ड विश्वविद्यालय का पत्र मैंने प्राप्त किया था। मुझसे ऑक्सफोर्ड में इनऑर्गेनिक केमिस्ट्री लैबोरेटरी (आई.सी.एल.) के अक्तूबर 1974 में शुरू होने की अपेक्षा की गई थी। क्योंकि मैं इस प्रकार के प्रस्ताव की अपेक्षा नहीं कर रहा था, स्थिति की आदत होने में कुछ समय लगा। आई.आई.टी., कानपुर के बोर्ड अध्यक्ष डॉ. हुसैन जहीर और निदेशक डॉ. मुथन्ना ने मुझे ऑक्सफोर्ड जाने के लिए प्रोत्साहित किया। उन्होंने ऑक्सफोर्ड के आमंत्रण को एक सम्मान के रूप में लिया।

सितंबर 1974 के अंत में मैं अपनी पत्नी एवं दोनों बच्चों—सुचित्रा व संजय के साथ ऑक्सफोर्ड चला गया था। अपने ऑक्सफोर्ड पहुँचने के अगले दिन मैं आई.सी.एल. गया और शोध की शुरुआत के रास्तों को खोजना शुरू किया था। हम ऑक्सफोर्ड के बाहर ओल्ड मार्सटन नामक गाँव में एक अच्छे घर में रहते थे और मेरे बच्चे नजदीक के ही एक स्कूल में पढ़ने के लिए जाते थे। इंदु मनोविज्ञान व अन्य विषयों में पाठ्यक्रम लेने के लिए ऑक्सफोर्ड के शिक्षण विभाग में शामिल हो गई थीं।

ऑक्सफोर्ड विश्वविद्यालय

ऑक्सफोर्ड विश्वविद्यालय

ऑक्सफोर्ड में हमारा रुकना अनोखा था। प्रो. जे.एस. एंडरसन के नेतृत्ववाली इनऑर्गेनिक रसायन विज्ञान प्रयोगशाला संभवत: विश्व में ठोस अवस्था रसायन विज्ञान के सर्वश्रेष्ठ केंद्रों में से एक थी। वहाँ लोग ठोस अवस्था रसायन विज्ञान के लगभग सभी पहलुओं पर काम कर रहे थे—इलेक्ट्रॉन माइक्रोस्कोपी, विभिन्न प्रकार के स्पेक्ट्रोस्कॉपी, न्यूट्रॉन विवर्तन (डिफ्रेक्शन), इलेक्ट्रॉनिक संरचना, संश्लेषण व अन्य सहित। मैंने कई लोगों के साथ रहकर जितना मैं कर सकता था, यथासंभव अधिक-से-अधिक सीखने का फैसला किया। इंदु मुझसे परिहास करती थी कि मैं ऑक्सफोर्ड में विदेशी छात्र था, न कि अतिथि प्राध्यापक। वह सही थी। दिन-रात यौगिक बनाते तथा ऑक्सफोर्ड के कॉलेजों के साथ परिघटनाओं व गुणों का अध्ययन करते हुए एक स्तर पर मैं बेचैन हो गया था।

मैं सन् 1974 में क्रिसमस की छुट्टियों की एक घटना को याद करता हूँ। उस समय प्रयोगशाला ने ताप को बद कर दिया था और यदि कोई भवन में रहना चाहता था तो उसे कक्ष के अंदर बड़ा कोट पहनना पड़ता था। मैं घर में बैठकर ऊब गया था और मैंने कुछ पांडुलिपियाँ तैयार करने के लिए अपने कार्यालय जाने का फैसला किया। तभी मैंने ऊपरी कक्ष से अचानक कुछ शोरगुल सुना। यह देखने के लिए कि क्या हो रहा है, मैं वहाँ पर गया। वहाँ प्रो. जे.एस. एंडरसन एक मेज पर काम करते हुए यौगिकों में से एक में गैलियम का विश्लेषण कर रहे थे, क्योंकि उनके एक छात्र को कुछ कठिनाई थी। क्रिसमस के एक दिन पहले वृद्ध प्रो. एंडरसन को प्रयोगशाला में काम करते हुए देखना ह्रदय को छू जाने वाला था।

प्रो. जे.एस. एंडरसन

जब ऑक्सफोर्ड में मेरा वर्ष खत्म होने को आया, मेरे पास प्रो. एंडरसन सहित ऑक्सफोर्ड के संकाय सदस्यों के साथ लगभग 17 शोध-पत्र थे। मैंने ऑरिविलिअस फेसों तथा अन्य पदार्थों पर हाई रिजॉल्यूशन इलेक्ट्रॉन माइक्रोस्कोपी की थी और

विषय पर प्रो. एंडरसन व अन्य के साथ कुछ शोध-पत्र प्रकाशित किए थे। मैंने ठोस पदार्थों की एक्स-रे फोटोएमिशन स्पेक्ट्रोस्कॉपी (टोनी ऑर्चर्ड के साथ) एवं अणुओं की यू वी-फोटोएमिशन स्पेक्ट्रोस्कॉपी (जेनी ग्रीन के साथ) पर काम किया था। मैंने ऑक्साइड्स के रमण-वर्णपट पर भी कुछ शोध-पत्र प्रस्तुत किए थे।

प्रो. नेविल फ्रांसिस मॉट राव के गुरु

ऑक्सफोर्ड के अपने समय के दौरान मैं प्रो. नेविल मॉट से मिला, जो कैंब्रिज से एक विचार गोष्ठी को संबोधित करने आए थे। प्रो. मॉट आधुनिक ठोस अवस्था विज्ञान के प्रमुख संस्थापकों में से एक हैं। उनके नोबेल पुरस्कार की कहानी रोचक है। कई कारणों से जो हममें से कई नहीं समझते हैं, जब वह कैंब्रिज के कैवेंडिश प्रोफेसर थे, उन्हें संघनित पदार्थ के विभिन्न पहलुओं पर उनके उल्लेखनीय कार्य के लिए नोबेल पुरस्कार नहीं दिया गया था। उन्होंने तब 65 वर्ष की उम्र में कैवेंडिश प्रोफेसर के पद से सेवानिवृत्ति ले ली थी और पूरी तरह नई समस्या—यादृच्छिक जाल में इलेक्ट्रॉन पर काम शुरू किया था, जिस काम के लिए उन्होंने नोबेल पुरस्कार प्राप्त किया था। मैंने दृढ़ता से सह-संबद्ध ऑक्साइड्स पर प्रो. मॉट के साथ सहभागिता शुरू की और कुछ बार कैंब्रिज में उनके पास गया था। वे सरल व शांत एक सज्जन पुरुष थे। मैंने उनके साथ भी कुछ शोध-पत्र प्रकाशित किए थे। मैंने टोनी चीथम के साथ NbO_2 पर न्यूट्रॉन विवर्तन अध्ययन किया था।

सितंबर 1974 के अंत में मुझे आई.आई.टी., कानपुर वापस लौटना था। मैंने तथा मेरी पत्नी इंदु ने सामाजिक व शैक्षिक रूप से दोनों ऑक्सफोर्ड में अपने रुकने का बहुत आनंद उठाया था। पेशेवर अध्यक्ष के रूप में सेंट कैथेरीन्स कॉलेज से मेरे संबंध ने मुझे कॉलेज जीवन का अनुभव और उच्च वर्ग का सुख दिया था। ऑक्सफोर्ड के मेरे कई सहकर्मी प्रो. एंडरसन सहित हमारे घर आया करते थे। हमारे बच्चों ने भी ऑक्सफोर्ड में अपने रुकने को पसंद किया था। इंदु ने विश्वविद्यालय के शिक्षण विभाग से शिक्षण में प्रमाण-पत्र प्राप्त किया था। अपने रुकने के अंतिम दिनों में मैंने ठोस पदार्थों के फेस-संक्रमण पर एक पुस्तक की योजना शुरू की थी।

ऑक्सफोर्ड से भारत लौटने ने मेरे मस्तिष्क में कुछ कठिन प्रश्न उठाए थे। ये परिष्कृत उपकरणों एवं अन्य सुविधाओं से संबंधित मुद्दे थे, जो मेरे पास नहीं होंगे, जब मैं कानपुर लौटूँगा। मैंने फैसला किया था कि मुझे भारत में किसी जगह प्रयोगशाला स्थापित करने की अपनी सबसे अच्छी कोशिश अवश्य करनी चाहिए, जिसमें ठोस अवस्था एवं पदार्थ रसायन विज्ञान में सीमांत शोध को पूरा करने के लिए सभी आवश्यक सुविधाएँ हों। मेरे मस्तिष्क में एक बार यह विचार आया था, यह स्पष्ट हो गया था कि मुझे आई.आई.टी., कानपुर छोड़ना पड़ेगा। उस प्रकार का शोध करना संभव नहीं, जो मेरे मस्तिष्क में था, उस समय कानपुर में यह कर पाना या इस उद्देश्य के लिए आवश्यक प्रयोगशाला की स्थापना संभव नहीं था। इसका एक महत्त्वपूर्ण कारण सन् 1971 में डॉ. केलकर की विदाई के बाद परिसर में संकाय सदस्यों के बीच प्रबल हो गई असहिष्णुता तथा कर्मचारियों से समस्या थी। भारत को छोड़ देना तथा अमेरिका या कहीं और चले जाना एक समाधान हो सकता था। किंतु मैंने इस संबंध में विभिन्न संभावनाओं के पक्षों व विपक्षों के बीच आवश्यक चर्चा की थी।

इस अवधि में मुझे एक असाधारण अनुभव हुआ था। तत्कालीन प्रधानमंत्री इंदिरा गांधी मुझसे मिलना चाहती थीं। मैं एक सुबह प्रधानमंत्री निवास गया। वहाँ मुझे गरम कॉफी परोसी गई। थोड़ी देर बाद वे प्रकट हुईं, नए व सुंदर ढंग से कपड़े पहने हुईं। उन्होंने कहा था, "मैं वैज्ञानिक अभिकरणों की प्रधानगी के लिए युवा लोगों को खोज रही हूँ। मैं चाहूँगी, आप सरकार में सचिव बनें।" सुनकर मैं चकित रह गया। शीघ्र ही मैं सँभल गया था और उनसे कहा था कि मैं शोध को त्यागना और पूर्णकालिक सरकारी कर्मचारी नहीं बनना चाहता। तब उन्होंने टिप्पणी की थी, "क्या आप निश्चित हो? आप पहले ऐसे व्यक्ति हो, जिसने इस प्रकार के प्रस्ताव को ठुकराया है।" उन्होंने मुझसे हाथ मिलाया और मैं कमरे से बाहर आ गया था।

मैं संशय से गुजर रहा था, नहीं जानते हुए कि क्या करूँ। मैंने आई.आई.टी., कानपुर को छोड़ना कठिन पाया, जिसने मेरे लिए इतना कुछ किया था और जिसे मैं प्यार करता था। मैंने कानपुर जाने के बाद ही स्वयं को वैज्ञानिक के रूप में स्थापित किया था। मेरे परिवार तथा मैंने परिसर में अपने ठहरने का आनंद उठाया था। तब भारत में आकर्षक वैकल्पिक स्थान को खोजना और आकर्षक धन (कम-से-कम 1-2 करोड़ रुपए का) प्राप्त करना भी समस्या थी। मेरे पास कोई विचार नहीं था

कि मैं इसे कैसे करूँगा। इस अवधि के दौरान मुझे अमेरिकन केमिकल सोसाइटी से पदक मिला था। जब सितंबर 1976 में मैं पदक प्राप्त करने के लिए न्यूयॉर्क गया, विश्वविद्यालय के कुछ अध्यक्षों ने मुझसे अमेरिका में मेरे स्थानांतरण के बारे में चर्चा की थी। ग्लेन सीबोर्ग के पदक प्रदान करने एंवं लिनस पॉलिंग शताब्दी व्याख्यान देने के साथ कार्यक्रम अपने आप में अद्‌भुत था। अवसर को लीनस पॉलिंग के साथ बुरे संबंध के इतिहास को मिटाने के लिए उपयोग किया गया था।

जबकि मैं अभी तक अपने कैरियर के भविष्य के बारे में चिंता कर रहा था, मैं इंडियन एकेडमी ऑफ साइंसेज की बैठक में प्रो. सतीश धवन से मिला। उन्होंने मुझसे पूछा, "आपको भारत छोड़कर अमेरिका जाने की आवश्यकता क्यों है ? मैं आपको बैंगलोर वापस लाने के लिए क्या कर सकता हूँ ?" मैंने उनसे ठोस अवस्था एवं पदार्थ रसायन विज्ञान के एक श्रेष्ठ विभाग की स्थापना की अपनी इच्छा बताई थी। प्रो. धवन ने भारतीय विज्ञान संस्थान में मुझे समायोजित करने के कई रास्ते सुझाए थे। वे चाहते थे कि मैं रसायन विज्ञान प्रभाग की अध्यक्षता करूँ। लेकिन मैं इस सुझाव के विरुद्ध था। कुछ विचार-विमर्श के बाद आई.आई.एस-सी. में ठोस अवस्था व संरचनात्मक

!!!!!!!!!!!

रसायन विज्ञान पर नया विभाग स्थापित करने के लिए सहमति हुई थी। दुर्भाग्यवश, हम प्रस्तावित नए विभाग की स्थापना के लिए कोई आर्थिक समर्थन नहीं प्राप्त कर सके थे और मुझे उपकरण खरीदने तथा अन्य विभिन्न सुविधाओं के लिए धन की व्यवस्था करनी थी। अंततः मैंने यह दुरूह कार्य करने का फैसला किया था।

कानपुर से बैंगलोर वापस आने के मेरे फैसले ने मेरे व इंदु के माता-पिता को प्रसन्न कर दिया था। मैं नवंबर 1976 में आई.आई.एस-सी. में स्थानांतरित हो गया था। सौभाग्यवश, विज्ञान एवं प्रौद्योगिकी विभाग के विज्ञान एवं अभियांत्रिकी परिषद् ने दो प्रमुख अनुदान दिए थे, जिसकी धनराशि 60 से 70 लाख रुपए की थी। इसी बीच आई.आई.एस-सी. ने पदार्थ शोध केंद्र स्थापित करने के लिए एक अनुदान प्राप्त किया था। प्रो. धवन ने मुझे पदार्थ शोध केंद्र की अध्यक्षता करने को भी कहा था। मैंने संस्थान में शामिल होने के कुछ सप्ताह के भीतर सॉलिड स्टेट एंड स्ट्रक्चरल केमिस्ट्री यूनिट नामक नए विभाग और न्यू मैटेरिअल रिसर्च सेंटर का भी निर्माण शुरू किया था। नए विभाग को 'इकाई' कहने का विचार प्रो. धवन का था। उन्होंने कुछ वर्ष पूर्व प्रो. जी.एन. रामचंद्रन के साथ मॉलिक्यूलर बायोलॉजी यूनिट स्थापित की थी। मुझे शोध-कार्य शुरू करने के लिए तत्काल प्रयोगशाला की आवश्यकता थी; लेकिन रसायन विज्ञान प्रभाग ने निष्ठुरतापूर्वक कहा था कि वे एक कमरा भी नहीं दे सकते थे। सौभाग्यवश, रसायन अभियांत्रिकी व धातुकर्म विभाग ने मुझे

आई.आई.एस-सी. में प्रो. सतीश धवन के साथ

प्रयोगशालाओं की स्थापना के लिए कुछ कमरे दिए थे। आई.आई.टी., कानपुर के मेरे कुछ छात्रों और आई.आई.एस-सी. से कुछ नए लोगों ने मेरे द्वारा कानपुर से लाए गए उपकरणों व रसायनों का उपयोग कर शोध की शुरुआत करने में मेरी मदद की थी।

प्रो. जी.एन. रामचंद्रन

मैंने एक अच्छे इन्फ्रारेड स्पेक्ट्रोमीटर, एक यू वी-विजिबल स्पेक्ट्रोमीटर, एक एक्स-रे फोटोइलेक्ट्रॉन स्पेक्ट्रोमीटर, एक ई.पी.आर. स्पेक्ट्रोमीटर और अन्य के लिए आदेश दिए थे। मैंने लेजर रमण स्पेक्ट्रोमीटर के लिए भी आदेश दिया था। संस्थान के पास पहली बार रमण उपकरण होने वाला था। मुझे मैटेरियल्स रिसर्च सेंटर के लिए दोनों स्केनिंग व ट्रांसमिशन इलेक्ट्रॉन माइक्रोस्कोप और एक्स-रे डीफ्रेक्टोमीटर मिले थे। वर्ष 1977 के मध्य तक पहली बार मुझे शोध के लिए उचित सुविधा मिली थी—मेरे स्वतंत्र कैरियर शुरू करने के 18 वर्षों बाद। मैंने उस प्रकार के हमारे शोध को पूरा करने का प्रस्ताव किया था, जो मैं हमेशा से करना चाहता था। अनवरत विद्युत् आपूर्ति को सुनिश्चित करने के लिए मैंने तय किया था कि वहाँ एक स्थायी डीजल जेनरेटर हो, क्योंकि मुझे याद है, नगर की विद्युत् आपूर्ति विश्वसनीय नहीं रही थी और शायद आज भी स्थिति वैसी ही है।

बैंगलोर में स्थानांतरण मेरे लिए वित्तीय समस्याओं का बड़ा सऊदा बन गया था। कानपुर में हमारे पास परिसर में बहुत अच्छा घर था। आई.आई.एस-सी. ने मुझे रहने के लिए घर नहीं दिया और मुझे अपने वेतन का एक बड़ा हिस्सा मल्लेश्वरम, संस्थान से अधिक दूर नहीं, में घर के किराए पर खर्च करना पड़ा था। तब बच्चों को सुस्थिर करने, अच्छा स्कूल व कॉलेज खोजने की समस्याएँ थीं। यद्यपि नए सॉलिड स्टेट एंड स्ट्रक्चरल केमिस्ट्री यूनिट का निर्माण करना बहुत आनंद का विषय था। मैं कुछ युवा संकाय सदस्यों को नियुक्त करने में सक्षम था और नए उपकरणों के साथ कुछ नए क्षेत्रों में शोध शुरू कर सकता था। हमने कई स्नातकोत्तर पाठ्यक्रमों को भी

पढ़ाना शुरू किया था और पदार्थ रसायन विज्ञान में विंटर स्कूल के अतिरिक्त विभिन्न प्रकार की विचार-गोष्ठियों, छोटी संगोष्ठियों को आयोजित किया था। नई इकाई ने जल्द ही अच्छी प्रतिष्ठा प्राप्त कर ली थी और संस्थान में दूसरों की ईर्ष्या का पात्र बन गई थी। इकाई बहुत कम समय में शोध में ऊर्बर बन गई थी और सर्वश्रेष्ठ शोध-पत्रिकाओं में सर्वश्रेष्ठ शोध-पत्रों को प्रकाशित कर रही थी। इकाई ने ठोस अवस्था रसायन विज्ञान में स्वयं को विश्व स्तर पर प्रमुख शोध-केंद्र के रूप में स्थापित कर लिया था। मैटेरियल्स रिसर्च सेंटर ने उन सभी लोगों के लिए, जो ठोस अवस्था व पदार्थ विज्ञान में काम कर रहे थे, शोध के लिए बहुत अधिक आवश्यक सुविधाएँ प्रदान की थीं। सन् 1978 में मेरी पुस्तक 'फेस ट्रांजिशंस इन सॉलिड्स' के.जे. राव के सहलेखन में मैकग्रा हिल, न्यूयॉर्क द्वारा प्रकाशित की गई थी।

प्रो. रामाशेषन के साथ

प्रो. रमण के देहावसान के बाद मैं इंडियन एकेडमी ऑफ साइंसेज से निकटता से जुड़ा था और एस. रामाशेषन के साथ नजदीकी से काम किया था। मैं एकेडमी का पहला वैज्ञानिक सचिव बन गया था और वार्षिक बैठक सहित विभिन्न प्रकार की गतिविधियों को आयोजित करने के लिए बहुत कुछ किया था। सामयिक संगोष्ठी, युवा सहयोगिता योजना तथा ऐसे अन्य नए कार्यक्रमों की शुरुआत की गई थी। मैं दो कार्यकालों के लिए सचिव था और बाद में प्रकाशनों का संपादक व उपाध्यक्ष। हमने शोध-पत्रिकाओं को पुनर्गठित किया था और पदार्थ विज्ञान के लिए नई शोध-पत्रिका शुरू की थी। रसायन विज्ञान शोध-पत्रिका को काररवाइयों से स्वतंत्र पूर्णरूपेण शोध-पत्रिका बनाया गया था। मैं इन दोनों शोध-पत्रिकाओं का पहला संपादक था।

वर्ष 1977-82 के बीच बैंगलोर से ठोस अवस्था व संरचनात्मक रसायन विज्ञान में सर्वोत्तम संभव शोध को पूरा करना मेरी मुख्य व्यस्तता रही थी। यह

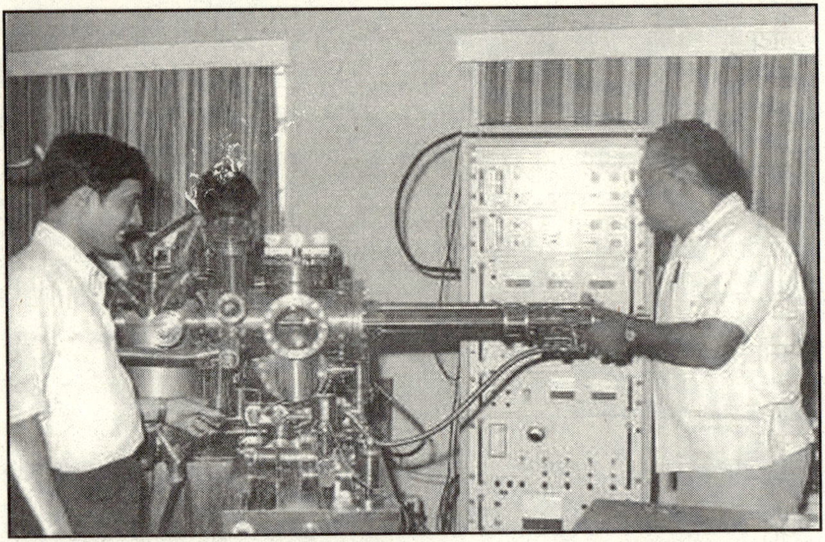

भारतीय विज्ञान संस्थान के सॉलिड स्टेट एंड स्ट्रक्चरल केमिस्ट्री यूनिट में राव

शादी के दिन सुचित्रा (1981)

बहुत हद तक उपलब्ध सुविधाओं के कारण संभव हुई थी, हालाँकि कुछ सीमाएँ भी थीं। मैंने मुख्य रूप से पदार्थों के रसायन विज्ञान, विशेष रूप से धातु ऑक्साइड पर काम किया था; लेकिन वर्णक्रम मापन विज्ञान (स्पेक्ट्रोस्कॉपी) एवं संरचना में कुछ छात्र थे। मेरे साथ बहुत से अद्भुत छात्र काम कर रहे थे और हमने ठोस पदार्थों के इलेक्ट्रॉनिक संरचना के साथ-साथ स्वतंत्र अणुओं के अध्ययन के लिए

फोटोएमिशन एवं एनर्जी लॉस स्पेक्ट्रोमीटर बनाए थे। उस समय हमने फोटोएमिशन स्पेक्ट्रोस्कॉपी पर अनेक शोध-पत्र प्रकाशित किए थे। मैंने अनुसंधान परिषद् के साथ विज्ञान एवं प्रौद्योगिकी विभाग की मदद के लिए कुछ प्रयास किए थे, और विश्वविद्यालय अनुदान आयोग का सदस्य था। मैंने विज्ञान शिक्षण से संबंधित गतिविधियों में अपनी भागीदारी को जारी रखा और तब तक टीचिंग ऑफ केमिस्ट्री ऑफ इंटरनेशनल यूनियन ऑफ प्योर एंड एप्लाइड केमिस्ट्री (आई.यू.पी.ए.सी.) की समिति का अध्यक्ष बन गया था। मैंने समिति के कार्यों में विशिष्ट रसायनज्ञों एवं रासायनिक शिक्षा-प्रदाताओं को शामिल किया, विशेष रूप से अंतरराष्ट्रीय सम्मेलनों में, जो मैंने शुरू किए थे। तब मैं आई.यू.पी.ए.सी. के स्पेक्ट्रोस्कॉपी कमीशन का भी सदस्य था। सन् 1977 में मैं आई.यू.पी.ए.सी. के ब्यूरो का सदस्य चुना गया था। आई.यू.पी.ए.सी. का मुख्यालय ऑक्सफोर्ड में था और ब्यूरो वर्ष में एक बार मिलता था। यद्यपि मेरी मुख्य व्यस्तता शोध व शिक्षण में बनी रही थी।

अक्तूबर 1981 में मेरी बेटी सुचित्रा का विवाह डॉ. के.एन. गणेश, दिल्ली व कैंब्रिज से पी-एच.डी. के साथ एक रसायनज्ञ, से हुआ था। यह खुशी का अवसर था। कुछ समय बाद सन् 1982 में मुझे पता चला कि मुझे रॉयल सोसाइटी ऑफ केमिस्ट्री द्वारा 'सॉलिड स्टेट केमिस्ट्री मेडल' से पुरस्कृत किया जाना है। लगभग इसी समय के आस-पास पुर्डुए विश्वविद्यालय ने मुझे लिखा था कि वह जून 1982 के सत्रारंभ में मुझे 'डॉक्टर ऑफ साइंस' की मानद उपाधि प्रदान करना पसंद करेगा। मैंने गौरवान्वित महसूस किया था कि अमेरिका में मेरी मातृ संस्था मुझे यह सम्मान प्रदान करने वाली थी। मेरी पत्नी व मैंने सन् 1982 में उस समारोह के लिए पुर्डुए विश्वविद्यालय जाने और वहाँ कुछ सप्ताह बिताने का फैसला किया। मैं मई 1982 के अंतिम सप्ताह में लास वेगास में अमेरिकन केमिकल सोसाइटी की संगोष्ठी में भाषण देने के लिए अनुसूचित था।

PURDUE UNIVERSITY

UPON THE NOMINATION OF THE PRESIDENT AND THE FACULTY
AND BY THE AUTHORITY OF THE TRUSTEES

HAS ADMITTED

C. N. R. RAO

TO THE DEGREE OF

DOCTOR OF SCIENCE

FOR HIS PIONEERING CONTRIBUTIONS TO MANY
AREAS OF SOLID STATE AND STRUCTURAL CHEMISTRY

WEST LAFAYETTE, INDIANA
MAY 15, 1982

PRESIDENT OF THE TRUSTEES

Arthur G. Hansen
PRESIDENT OF THE UNIVERSITY

C. N. R. RAO — DOCTOR OF SCIENCE

In a letter to the New York Times in 1945, James Bryant Conant, the president of Harvard University, declared, "There is only one proved method of assisting the advancement of pure science — that of picking men of genius, backing them heavily, and leaving them to direct themselves."

Certainly, Conant's observation is all the more true because of the example of Dr. C. N. R. Rao, who is one of chemistry's most prodigious researchers — a man of genius — in the complexities of chemical spectroscopy, molecular structure, and solid-state chemistry.

He is world-renowned and often honored in his field for his impressive contributions to the world's scientific literature which now include 10 books and more than 300 research papers. Most recent of the many prestigious honors that have come to him was his being named a Fellow of the Royal Society in London.

Professor Rao's honors and awards are impressive and include, besides membership in the prestigious Royal Society, the Marlow Medal of the Faraday Society; S. S. Bhatnagar Prize in Chemistry; Sri C. V. Raman Award in Physical Sciences; Centennial Foreign Fellowship of the American Chemical Society; Federation of the Indian Chamber of Commerce and Industry Prize for Research in physical sciences; and the S. N. Boss Medal of the Indian National Science Academy. The president of India bestowed upon him the national honor, Padmashri, in 1974. He was elected a foreign member of the Academy of Sciences of Yugoslavia in 1981.

He is also distinguished by the fact that his wife, Indumati, is an alumna of Purdue, having received the M.S. degree in 1968.

Purdue is proud to count Professor Rao as one of its own.

पुर्डुए विश्वविद्यालय का डी.एस-सी. प्रमाण-पत्र

रॉयल सोसाइटी ऑफ केमिस्ट्री, लंदन की मानद फेलोशिप

अमेरिका के अपने रास्ते में मेरी पत्नी व मैं कुछ मित्रों के पास जाने के लिए चार दिनों के लिए पेरिस में रुके थे। जब मैं पेरिस में था, मुझे पता चला कि मुझे फेलो ऑफ रॉयल सोसाइटी चुन लिया गया हूँ। मैं जानता था कि मुझे फेलोशिप के लिए यूनाइटेड किंगडम के नेतृत्वकारी रसायनज्ञों द्वारा नामित किया गया था; लेकिन अपेक्षा नहीं थी कि मुझे इतनी जल्दी चुन लिया जाएगा। वह एक महान् क्षण था और उसने मुझे विनम्र व आभारी महसूस कराया था। मैंने एक एफ.आर.एस. बनने की अपेक्षा नहीं की थी और आश्चर्य कर रहा था कि मैंने स्वयं को इस सम्मान के लिए प्रमाणित किया था या नहीं। मेरे माता-पिता बहुत आनंदित थे।

पुर्डुए से मेरे डी.एस-सी. (मानद) प्राप्त करने और न्यू हैंपशायर में गॉर्डन रिसर्च कॉन्फ्रेंस में शामिल होने के बाद हम बैंगलोर वापस आ गए थे। रॉयल सोसाइटी में मेरे चुनाव ने शोध को कभी न छोड़ने की मेरी प्रतिबद्धता को और मजबूत बनाया था।

श्रीमती व प्रो. ओर्विले-थॉमस के साथ प्रो. हेनरिक रताजक

वर्ष 1970 से 1982 के बीच मैं कई वर्णक्रम विज्ञान (स्पेक्ट्रोस्कॉपी) सम्मेलनों में गया था। आई.यू.पी.ए.सी. स्पेक्ट्रोस्कॉपी कमीशन में मेरी सदस्यता (बाद में चेयरमैन का पद) इसके लिए आंशिक रूप से उत्तरदायी थी। मेरी कई बैठकों को आयोजित करने में मेरे मित्र ओर्विले-थॉमस व रताजक शामिल थे।

ओर्विले-थॉमस बड़े अनुगामी थे और वह उस समूह के नेतृत्वकर्ता थे, जो प्रो. एच.डब्ल्यू. थॉम्पसन (ऑक्सफोर्ड) जैसे कुछ प्रमुख वर्णक्रम विज्ञान विशेषज्ञों के बहुत नजदीक नहीं थे। लोग कुछ हद तक प्रो. थॉम्पसन से डरते थे, जो रॉयल सोसाइटी के विदेश सचिव थे। मैंने उन्हें अच्छी तरह से जाना था। वह आई.यू.पी.ए.सी. के अध्यक्ष व स्पेक्ट्रोस्कॉपी पर समर्पित शोध-पत्रिका के संपादक भी थे। ओर्विले ने संरचना व वर्णक्रम विज्ञान से संबद्ध कई शोध-पत्रिकाओं को शुरू किया था। मैं उन दोनों व्यक्तियों द्वारा संपादित शोध-पत्रिकाओं के संपादक मंडलों में था। वर्णक्रम विज्ञान विशेषज्ञों के बीच व्यक्तित्व के टकराव, प्रतिस्पर्धा या ऐतिहासिक कारणों से थे। उदाहरण के लिए, शुरुआती दिनों में इन्फ्रारेड स्पेक्ट्रोस्कॉपी में ऑक्सफोर्ड व कैंब्रिज समूहों के बीच बहुत बड़ी प्रतिद्वंद्विता थी। दोनों ने स्वतंत्र रूप से एक ही समय पर आई.आर. स्पेक्ट्रोमीटर का निर्माण किया था। नेतृत्वकारी वर्णक्रम विज्ञान विशेषज्ञ मैनसेल डेविस को उचित मान्यता नहीं मिली थी, क्योंकि शायद वे एक अच्छे वक्ता नहीं थे। ओर्विले-थॉमस मैनसेल डेविस के छात्र थे। मैं अभी भी ओर्विले का अभाव महसूस करता हूँ।

अगस्त 1983 में मुझे कैंब्रिज विश्वविद्यालय का आमंत्रण मिला था—अक्तूबर 1983 से शुरू होनेवाले पहला जवाहरलाल नेहरू प्राध्यापक बनने के लिए। मुझे किंग्स कॉलेज का प्राध्यापकीय फेलो चुना गया था। मैंने संस्थान से अध्ययन प्रोत्साहन अवकाश लेने के बाद कैंब्रिज के रसायन विज्ञान विभाग में जाने का फैसला किया था। तत्कालीन प्रधानमंत्री इंदिरा गांधी ने अपने पिता के नाम पर प्राध्यापक पद ग्रहण करनेवाला पहला व्यक्ति होने पर मुझे शुभकामना देने के लिए जब फोन किया, तब मैं अपनी पत्नी के साथ अस्पताल में था। प्रधानमंत्री इस प्रकार की व्यक्तिगत रुचि किसी व्यक्ति के मनोबल को मजबूत बनाने के लिए करती हैं।

सन् 1983 में बॉर्डिओक्स विश्वविद्यालय और श्री वेंकटेश्वर विश्वविद्यालय ने मुझे मानद डी.एस-सी. की उपाधि दी थी।

समापन में

वर्ष 1959-83 के बीच की अवधि मेरे जीवन में प्रयास करने की अवधि थी, जब मैं पूरे समय स्वयं को सिद्ध करने की कोशिश कर रहा था। इसे प्रशिक्षण की अवधि भी माना जा सकता था। इस अवधि के होने के बारे में कोई जो कुछ माने, यह

निश्चित रूप से ऐसी थी, जब मैंने अपने काम तथा कैरियर के बारे में चिंता करते हुए बिना नींद की रातें गुजारी थीं। भारत में महान् विज्ञान कर्म करना मेरे जीवन का मुख्य लक्ष्य बन गया था। वर्ष 1983 तक ऐसा लग रहा था मानो मैं इस कोशिश में कुछ हद तक सफल रहा था।

'एक आदमी की पहुँच उसकी समझ से अधिक होनी चाहिए, अन्यथा स्वर्ग किस चीज के लिए है।'

—रॉबर्ट ब्राउनिंग

□

5

वे व्यस्त भरे दिन : बाधाओं के विरुद्ध काम करना

सितंबर 1983 के अंत में मैं नेहरू प्रोफेसर का पद ग्रहण करने के लिए कैंब्रिज गया था। मुझे चौसर रोड, वनस्पति उद्यान के नजदीक, पर रसायन विज्ञान विभाग से दूर नहीं, अच्छा घर मिल गया था। मैं बहुत कम समय में अपने मित्र प्रो. जॉन थॉमस एवं दूसरे सहकर्मियों के साथ कुछ शोध शुरू करने में सफल हुआ। मैंने सोचा था कि मुझे अपने कैंब्रिज में रहने के दौरान एक पुस्तक 'न्यू डायरेक्शंस इन सॉलिड स्टेट केमिस्ट्री' लिखनी चाहिए। पुस्तक इस महत्त्वपूर्ण विषय के उभरते हुए रुझान को प्रस्तुत करने के उद्देश्य से थी। रोचक रूप से ठोस अवस्था रसायन विज्ञान, जो 1950 के दशक में रासायनिक

(Commons.wikimemdia.org)

किंग्स कॉलेज, कैंब्रिज

(http://www1.udel.edu)

सर जॉन एम. थॉमस

विज्ञान में मुख्यधारा का प्रसंग नहीं था, 1980 के दशक में जीवंत रुचि का क्षेत्र बन गया था। यह अपने नए अवतार में 'मैटेरियल्स केमिस्ट्री' कहा जाने लगा था। मैंने सह-लेखक के रूप में जे. गोपालकृष्णन के साथ पुस्तक पर काम करना शुरू किया था। यह कैंब्रिज विश्वविद्यालय प्रेस द्वारा प्रकाशित किया जाना था।

मेरे कैंब्रिज में रुकने का उल्लेखनीय पहलू प्रो. नेविल मॉट के साथ मेरा घनिष्ठ सहयोग था, जो उस समय 80 वर्ष के होने वाले थे। रसायन विज्ञान विभाग के पीटर एडवर्ड्स के साथ मैंने प्रो. मॉट के 80वें जन्मदिन को मनाने के लिए सम्मान-संग्रह के रूप में एक पुस्तक का संपादन किया था। पुस्तक प्रो. मॉट के प्रिय विषय मेटल-इंसुलेटर ट्रांजिशंस के अनेक पहलुओं से संबद्ध था। यह टेलर एंड फ्रांसिस (1985) द्वारा प्रकाशित किया गया था।

वर्ष 1983-84 में कैंब्रिज में मेरा ठहरना आनंददायक था, हालाँकि मैंने कुछ हद तक अस्वस्थ महसूस करना शुरू कर दिया था और उच्च रक्तचाप विकसित कर लिया था। किंग्स कॉलेज के साथ मेरे सहयोग ने मुझे सामाजिक रूप से अद्भुत बनाए रखा था। कॉलेज में प्रसिद्ध ब्रह्मांड विज्ञानी व खगोलशास्त्री मार्टिन रीस मेरे करीबी मित्र थे। सिडनी ब्रेनर, फ्रेड सैंगर तथा कई अन्य लोगों से मेरी जान-पहचान हुई थी, जो कॉलेज में बहुधा आते-जाते रहते थे। सुचित्रा व गणेश कुछ महीनों के लिए कैंब्रिज आए थे और मेरे साथ रुके थे, जब गणेश एम.आर.सी. लैबोरेटरी में काम कर रहे थे। मैंने जॉन थॉमस व अन्य संकाय सदस्यों के साथ कई शोध-पत्र प्रकाशित किए थे और ब्रिटेन के कई विश्वविद्यालयों में व्याख्यान दिया था। सन् 1984 में रॉयल सोसाइटी ऑफ केमिस्ट्री ने मुझे मानद फेलोशिप प्रदान की।

मैं सितंबर 1984 के आस-पास भारतीय विज्ञान संस्थान वापस लौटने वाला था। जून 1984 में मैंने प्रो. सतीश धवन से सूचना-स्वरूप दूरभाष संवाद प्राप्त किया था कि मुझे आई.आई.एस-सी. का निदेशक का पद प्रस्तावित किया जा रहा है। वे चाहते थे कि मैं इस प्रस्ताव को स्वीकार करूँ। वे महसूस करते थे कि यह महत्त्वपूर्ण है, इसीलिए मैं ऐसा करूँ। आई.आई.एस-सी. की सभा के अध्यक्ष जे.आर.डी. टाटा की भी इच्छा थी कि मैं निदेशक बनूँ। मैं नहीं जानता था कि मुझे क्या करना चाहिए, क्योंकि आई.आई.एस-सी. के निदेशक का पद मेरी योजनाओं का हिस्सा नहीं था। मैं संशयपूर्ण अवस्था में बैंगलोर लौट आया था। आई.आई.एस-सी. के निदेशक के रूप में निदेशक का प्रभार ग्रहण करने के लिए लोग मेरी प्रतीक्षा कर रहे थे।

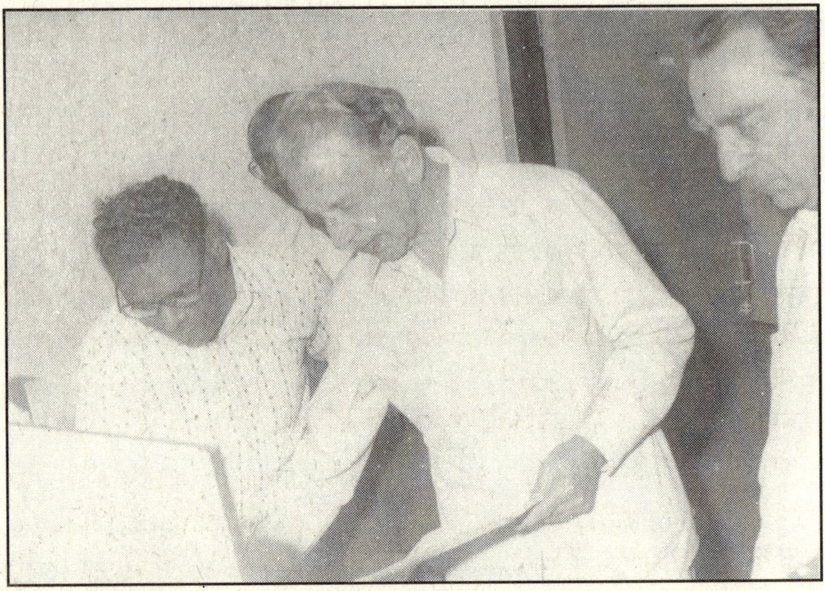

आई.आई.एस-सी. सभा के अध्यक्ष श्री जे.आर.डी. टाटा के साथ (1980)

आई.आई.एस-सी. को बहुत कुछ करने की आवश्यकता थी। उसे अपनी आधारभूत संरचना को सुधारने के लिए प्रमुख आर्थिक योगदानों की आवश्यकता थी। प्रयोगशालाओं व कार्यालयों में सुविधाओं को सुधारने की तत्काल आवश्यकता थी और अधिक छात्रावासों एवं संकाय सदस्यों तथा सहयोगी कर्मचारियों के लिए आवास की आवश्यकता थी। अच्छे शोध उपकरण संभवत: सबसे बड़ी आवश्यकता थी। परिसर में विद्युत् व जल-आपूर्ति व्यवस्था खराब थी। इसकी नल-साजी लगभग सत्तर वर्ष पुरानी थी और पाइप के अवरुद्ध होने के कारण अधिकतर प्रयोगशालाओं को प्रयोगों के लिए पानी नहीं मिलता था। मैंने सोचा था कि मैं सबसे पहले संस्थान की आधारभूत संरचना पर अपना ध्यान केंद्रित करूँगा और फिर धीरे-धीरे दूसरे काम करूँगा। तब मैं आई.यू.पी.ए.सी. के स्पेक्ट्रोस्कॉपी पर आयोग का अध्यक्ष था और बस, लगभग उसी समय उपाध्यक्ष (अगला अध्यक्ष) चुना गया था। मैं दिल्ली में इंडियन साइंस एकेडमी का भी उपाध्यक्ष था। मेरे पास अपने शोध से बाहर बहुत कुछ करने के लिए था, लेकिन किसी भी तरफ से मैं अपने शोध का बलिदान नहीं करने जा रहा था। मुझे नई कार्यशैली व समय को प्रबंधित करने का तरीका ढूँढ़ना था। जीवन में कुछ भी सार्थक हासिल करना है तो समय प्रबंधन स्पष्ट रूप से सबसे महत्त्वपूर्ण चीज है।

आई.आई.एस-सी. सत्तर वर्ष की उम्र का था, जब मैंने उसके निदेशक के रूप में पदभार सँभाला था और हमें इसकी प्लेटिनम जयंती मनानी थी। मैं तत्कालीन प्रधानमंत्री इंदिरा गांधी को प्लेटिनम जयंती समारोह में परिसर में आने के लिए सहमत कर सका था। दुर्भाग्यवश, इससे पहले कि वह आतीं, अक्तूबर 1984 में उनकी नृशंस हत्या हो गई थी। तब हमने भारत के उप-राष्ट्रपति आर. वेंकटरमण को मुख्य अतिथि के रूप में आमंत्रित किया था। जनवरी 1985 में हमने परिसर में प्लेटिनम जयंती समारोह मनाया था। मैं डॉ. बी.वी. सुब्बारायप्पा द्वारा लिखित संस्थान का इतिहास 'परसूट ऑफ एक्सीलेंस' (टाटा मैकग्रा-हिल द्वारा प्रकाशित) लाने में सफल रहा था। पुस्तक ने संस्थान के बारे में ऐतिहासिक तथ्यों को अभिलेखित किया था और वर्ष 1985 तक की स्थिति का प्रतिवेदन प्रदान किया था। इसकी प्रस्तावना जे.आर. डी. टाटा ने लिखी थी।

तत्कालीन राष्ट्रपति जैल सिंह से 'पद्म विभूषण' प्राप्त करते हुए (1985)

26 जनवरी, 1985 की सुबह मैं तार द्वारा यह सूचना प्राप्त करते हुए आश्चर्यचकित हुआ था कि मुझे भारत के राष्ट्रपति द्वारा राष्ट्रीय सम्मान 'पद्म विभूषण' से पुरस्कृत किया जाएगा। मैंने सोचा था कि यह टंकण की गलती थी और इसे अवश्य ही 'पद्म भूषण' होना चाहिए था। लेकिन ऐसा नहीं था; यह सचमुच में 'पद्म विभूषण' ही था। बाद में मुझे पता चला था कि स्व. इंदिरा गांधी विशेष रूप से चाहती थीं कि मैं 'पद्म विभूषण' प्राप्त करूँ।

जनवरी 1985 तक मेरा स्वास्थ्य बिगड़ता हुआ-सा लग रहा था और मुझे कभी-कभी, यहाँ तक कि टहलने में भी, कठिनाई होने लगी थी। मैंने बंबई में अपने एक हृदय रोग विशेषज्ञ मित्र डॉ. के.जी. नायर से सलाह ली थी। मेरी जानकारी में

डॉ. नायर उच्च कोटि के चिकित्सकों में से एक हैं। उन्होंने महसूस किया था कि मेरे स्वास्थ्य को तत्काल ध्यान देने की आवश्यकता थी। क्योंकि फरवरी 1985 में रॉयल सोसाइटी संगोष्ठी में भाषण देने के लिए मुझे लंदन जाना था, उन्होंने महसूस किया था कि मुझे हार्ले स्ट्रीट क्लिनिक में चिकित्सकों से सलाह लेनी चाहिए। मैंने उनकी सलाह का अनुसरण करने का फैसला किया था। उन्होंने अग्रिम रूप से चिकित्सकों से संपर्क कर लिया था। हार्ले स्ट्रीट क्लिनिक के चिकित्सकों ने मुझे सलाह दी थी कि मुझे तत्काल ओपन हार्ट सर्जरी करवानी चाहिए। मैं ऐसा करने के लिए तैयार हो गया था और सर्जरी के बाद कैंब्रिज में रॉबिन्सन कॉलेज में दो सप्ताह तक आराम किया था। मैं राष्ट्रपति भवन में पद्म पुरस्कार समारोह के लिए निश्चित तिथि से एक दिन पहले दिल्ली वापस लौटा था। मैंने बैंगलोर वापस जाने से पहले राष्ट्रपति से यह सम्मान प्राप्त किया था। बैंगलोर में कोई भी मेरी हार्ट सर्जरी के बारे में नहीं जानता था। वापस लौटने के बाद ही मैंने अपने माता-पिता को सूचित किया था कि मुझे एक छोटी सी सर्जरी से गुजरना पड़ा था। अगले सप्ताह से मैंने संस्थान में काम करना शुरू कर दिया था।

मैंने भारतीय विज्ञान संस्थान में आधारभूत ढाँचे में सुधार करने के लिए विशेष अनुदान के लिए योजना आयोग से संपर्क साधा था। कृतज्ञतापूर्वक उन्होंने 3 करोड़ रुपए दिए थे, ताकि हम नया विद्युत् उप-केंद्र स्थापित कर सकें और परिसर में नलसाजी को बदल सकें। इस बीच मैं एक छोटा योगदान कर सका था कि मैंने परिसर में पशुओं की चरवाही बंद करवा दी थी। पशु कर्मचारियों के थे, जिन्होंने उन्हें परिसर में स्वतंत्र रूप से चारों तरफ घूमने की अनुमति दे रखी थी। यह कठिन था, लेकिन मुझे फैसले पर टिके रहना पड़ा था। कर्मचारियों द्वारा छोटे-मोटे प्रदर्शन किए गए थे, लेकिन अंततः वे शांत हो गए थे। उन्होंने महसूस किया था कि आई.आई. एस-सी. का परिसर लोगों के घूमनेवाले बगीचों के लिए था, न कि गायों के चराने के लिए। धैर्य के साथ मैंने प्रभावी रूप से रास्ते को बाधित कर मुख्य भवन के गलियारों में लोगों को अपनी साइकिलें खड़ी करने से भी रोक सका था। मैंने कई हजार वृक्ष लगाकर बगीचों को भी सुधारना शुरू किया था। हमें मुख्य भवन के सामने बहुत बड़ी संख्या में पेड़ लगाने थे, ताकि संस्थान के पहले निदेशक मोरिस ट्रैवर्स द्वारा इंग्लैंड की राष्ट्रीय पताका के रूप में लगवाए गए वृक्षों को ढँका जा सके। उसी समय मैंने ट्रैवर्स के नाम पर एक वार्षिक व्याख्यान भी संस्थापित किया था। किंतु मुझे जो

अधिक महत्त्वपूर्ण योगदान करने थे, वे शैक्षणिक मामलों से संबंधित थे।

जैसा कि मैं आई.आई.एस–सी. के निदेशक पद पर कार्य कर रहा था, मैं अपने शोध को लेकर बहुत चिंतित था। मैं अच्छा शोध कैसे कर सकता था, यदि निदेशक का पद मेरा अधिकांश समय ले लेता था? यह प्रश्न मुझे लगातार टीस दे रहा था। उस समय मुझे आई.यू.पी.ए.सी. एवं आई.एन.एस.ए. के लिए भी काम करना था। इसीलिए मेरे काम के समय को अलग होना था। मैंने बहुत सुबह उठने, तेजी से टहलने और 8 बजे तक प्रयोगशाला पहुँचने का फैसला किया था। मैं 10.30 बजे तक प्रयोगशाला में काम करता था और तब निदेशक के कार्यालय में जाता था। मैं दोपहर के आस–पास अपने विभाग में आता और निदेशक के कार्यालय में वापस लौटने से पहले वहाँ लगभग 3 बजे तक काम करता था। मैं 5 बजे या उससे पहले फिर से प्रयोगशाला में लौट आता था। मैं सप्ताह में सात दिन काम करता था (और अभी भी करता हूँ)।

मैं कुछ क्षेत्रों में, जिसमें मेरी रुचि थी, शोध करने में सफल रहा था; लेकिन यह आसान नहीं था। यह तय करना मुश्किल था कि मेरे समय की किस माँग को उच्च प्राथमिकता मिलनी चाहिए थी। मैं कार्यों को अपने मस्तिष्क में एक विशेष क्रम में रखता था और हरेक माँग के लिए अपेक्षित समय को समुचित तरीके से आवंटित करता था। यह हमेशा संतोषजनक नहीं होता था।

इस समय पर मेरे व्यक्तिगत जीवन की अद्‌भुत घटना 14 नवंबर, 1985 को मेरे पहले नाती कार्तिक का जन्म थी।

जैसा कि मैंने पहले उल्लेख किया है, अधिकांश विभागों में सुविधाएँ खराब थीं। उदाहरण के लिए, किसी भी विभाग में फोटोकॉपी मशीन नहीं थी। सबसे पहला काम जो मैंने किया, वह यह सुनिश्चित करना था कि सभी विभागों के पास अपनी फोटोकॉपी मशीन एवं संबंधित सुविधाएँ हों। दूरभाष प्रणाली को सुधारना मेरे हाथ में दूसरा बड़ा कार्य था। मैंने हरेक विभाग को आधारभूत ढाँचे में सुधार एवं वित्त–पोषण के लिए आवेदन करने का आग्रह किया था, क्योंकि इस प्रकार का वित्त–पोषण विश्वविद्यालय अनुदान आयोग और विज्ञान एवं प्रौद्योगिकी विभाग से उपलब्ध था। मैंने सुनिश्चित किया था कि संस्थान का प्रत्येक विभाग इस प्रकार के समर्थन के लिए आवेदन करे। अगले कुछ वर्षों के भीतर अधिकांश विभागों ने आधारभूत ढाँचा सुधारने के लिए 'विज्ञान एवं प्रौद्योगिकी में आधारभूत सुविधाओं के समर्थन के लिए समिति'

(सी.ओ.एस.आई.एस.टी.) से धन प्राप्त किया था। मैंने हरेक विभाग में प्रतिभाशाली युवा संकाय सदस्यों को नियुक्त करने के बड़े अभियान का सूत्रपात किया था। कुछ विभागों ने मुझे यह कहते हुए चेतावनी दी थी कि परस्पर विरोधी अवलोकन के कारण मेरे लिए उनके विभागों के संकाय सदस्यों की नियुक्ति करना संभव नहीं होगा। मैंने ऐसा जीव विज्ञान विभाग में जीवन विज्ञान (लाइफ साइंस) को समर्पित अनुभागों व विभागों को खोलकर किया था। शीघ्र नए संकाय सदस्य पुराने विभाग भी चाहने लगे थे। मैं चार वर्षों में लगभग 100 नए संकाय सदस्यों की नियुक्तियाँ कर सका था। पीछे मुड़कर देखें तो संस्थान में नियुक्त हुए उन लोगों में से कई ने स्वयं को अपने विषयों में नेतृत्वकर्ताओं के रूप में प्रतिष्ठित किया है। मैंने यह भी सुनिश्चित किया था कि निपुण संकाय सदस्य समुचित मान्यता के लिए नामित हों।

सन् 1985 में श्री राजीव गांधी प्रधानमंत्री बने थे। उसके तुरंत बाद उन्होंने दिल्ली में राष्ट्रीय प्राथमिकताओं पर विचार-विमर्श के लिए आयोजित वैज्ञानिकों व प्रौद्योगिकीविदों के सम्मेलन का उद्घाटन किया था। सम्मेलन के बाद श्री राजीव गांधी ने प्रधानमंत्री के लिए एक छोटी विज्ञान सलाहकार परिषद् स्थापित करने का फैसला किया था। विचार ऐसे कम सदस्योंवाले परिषद् को रखने का था, जो अपने व्यक्तिगत अधिकार-क्षेत्रों में काम करेंगे, न कि सरकार में अपने पदों के कारण। जब मैं सम्मेलन में भाग ले रहा था, राजीव गांधी ने मुझे बुलावा भेजा और परिषद् के अध्यक्ष का पद ग्रहण करने के लिए कहा। जब तक कि मुझे पता चला, मेरे द्वारा परिषद् की अध्यक्षता की घोषणा की जा चुकी थी। अशोक गांगुली, रोद्दम नरसिम्हा, आर.ए. माशेलकर, पी. रामाराव, एम. गाडगिल, सैम पित्रोदा, पी.एन. टंडन एवं जे. नार्लीकर आदि उसके सदस्य थे। अध्यक्ष के रूप में मेरा कार्यकाल आनंददायक, लेकिन माँग करनेवाला था। प्रधानमंत्री श्री राजीव गांधी विभिन्न मामलों में प्रश्न पूछा करते और जल्द उत्तर चाहते थे। इसके अतिरिक्त, परिषद् के रूप में हम विज्ञान एवं प्रौद्योगिकी के विभिन्न पहलुओं पर महत्त्वपूर्ण अनुशंसाएँ करना चाहते थे। सभी में समय व प्रयास लगा था। मैं उस समय आई.यू.पी.ए.सी. व आई.एन.एस.ए. दोनों का अध्यक्ष था और चार महत्त्वपूर्ण पदों को सँभाल रखा था। मैं इंटरनेशनल कौंसिल ऑफ साइंटिफिक यूनियन्स (आई.सी.एस.यू.) के कमिटी ऑन डाटा से भी जुड़ा हुआ था। इन सभी कार्यों में से किसी या सभी का ईमानदारीपूर्वक कार्य करना और उसी समय शोध को भी पूरा करना मुख्य दुविधा थी, जिसका मैंने सामना किया था।

मैंने सही चीज को सही समय पर करना कठिन पाया। शोध की गुणवत्ता को सुनिश्चित करने के लिए पर्याप्त ध्यान दे पाना अधिक कठिन हो गया था। मैंने कुछ उत्तरदायित्वों को त्यागकर, जिनमें एक कमिटी ऑन डाटा में होना था, अपने बोझ को कम करने की कोशिश की थी।

मेरी नई पुस्तक 'न्यू डायरेक्शंस इन सॉलिड स्टेट केमिस्ट्री' कैंब्रिज विश्वविद्यालय प्रेस द्वारा सन् 1986 में प्रकाशित हुई थी। इसे बहुत अच्छी तरह से लिया गया था। यह जल्द ही चीनी व रूसी भाषाओं में अनूदित हो चुकी थी, तब से पुस्तक पुनर्मुद्रित हो रही है और दो अलग संस्करण भी आ चुके हैं।

'न्यू डायरेक्शंस इन सॉलिड स्टेट केमिस्ट्री' का आवरण

जब मैं प्रतिदिन समय के विरुद्ध काम कर रहा था, तब विज्ञान में प्रमुख उन्नति हुई थी। दिसंबर 1986 में बैंगलोर के अशोक होटल में संयोजक अस्थिरता (बैलेंस फ्लक्चुएशन) पर सम्मेलन आयोजित किया गया था और मुझे प्रमुख व्याख्यानों में से एक देना था। मेरे व्याख्यान से ठीक पहले प्रिंस्टन विश्वविद्यालय के प्रो. पी.डब्ल्यू. एंडरसन ने अपना व्याख्यान दिया था। जब मैंने अपना भाषण समाप्त किया, प्रो. एंडरसन तेजी से मेरे पास आए थे और मुझे तत्काल बातचीत करने के लिए कहा था। उन्होंने मुझसे पूछा था कि मैं ऑक्साइड में उच्च तापमान अतिचालकता (हाई टेंपरेचर सुपरकंडक्टिविटी) की खोज के बारे में जानता हूँ या नहीं। ऑक्साइड को 35 केल्विन पर अतिचालक पाया गया था, 23 केल्विन की सीमा को पार कर, जो उस समय तक अस्तित्व में था। मैं उसके बारे में नहीं जानता था। उन दिनों में कोई रुचि नहीं थी और कम समय में दूसरे जगहों की उन्नतियों के बारे में जानने का कोई आसान तरीका भी नहीं था। हम मुद्रित शोध-पत्रिकाओं व डाक व्यवस्था पर निर्भर थे। मैंने प्रो. एंडरसन से पूछा था कि वस्तुतः ऑक्साइड पदार्थ की प्रकृति क्या थी ? उन्होंने कहा था कि ऑक्साइड में लैंथनम, ताँबा व अन्य थे। मैंने पूछा था कि अगर यह किसी भी संयोग से La_2CuO_4 था ? उन्होंने

कहा था कि कुछ ऐसा ही था। वह तब मेरे साथ आई.आई.एस-सी. के कार्यालय में आए और La_2CuO_4 किए गए कार्यों को देखने में दो घंटे बिताए, जो मैंने 1970 के दशक से किए थे। मैंने दिखाया था कि यह प्रति-लौह चुंबकीय (एंटीफेरोमैग्नेटिक) था। दुर्भाग्यवश, सुविधाओं के अभाव के कारण मैंने तरल हीलियम तापमान पर La_2CuO_4 रचनाओं के गुणों का अध्ययन नहीं किया था। शीघ्र ही उच्च तापमान अतिचालकता का क्षेत्र भौतिक विज्ञानों में प्रचंडता बन गई थी।

वर्ष 1987 की शुरुआत तक हरेक व्यक्ति अतिचालकता के बारे में बात करने लगा था। यह स्पष्ट था कि मुझे इस क्षेत्र में कुछ करना था। मैंने $La_2\text{-}xSr_x(Ba)$ $xCuO_4$ जैसे पदार्थों पर कुछ काम करना शुरू किया था। शीघ्र ही अफवाह थी कि किसी ने ऐसा ऑक्साइड बना लिया है, जो तरल नाइट्रोजन तापमान पर अतिचालक था, लैंथनम यौगिकों से भिन्न, जो तरल हीलियम तापमान (35 केल्विन) पर अतिचालक हुआ था। नए तरल नाइट्रोजन अतिचालक में रेयर अर्थ, बेरियम, ताँबा व अन्य के होने अपेक्षा की जा रही थी। अनुमानित सूत्र दिया जा चुका था; लेकिन सटीक रचना या ढाँचे का वर्णन नहीं किया गया। प्रकट रूप से अमेरिका के चु एवं वू द्वारा 'फिजिकल रिव्यू लेटर्स' का एक प्रकाशन जमा किया गया था। विश्व में हरेक व्यक्ति इस क्षेत्र में घुसना और पहला अच्छी तरह से वर्णित तरल नाइट्रोजन अतिचालक बनाना चाहता था। मैंने इस पर अपनी प्रयोगशाला में पागलों की तरह काम करना शुरू कर दिया था। हमने दिन-रात काम किया और अंततः एक यौगिक बना लिया, जिसे हमने सोचा था कि वह सही था। इसने 90 केल्विन पर प्रतिरोधकता संक्रमण प्रदर्शित किया और उसकी संरचना $YBa_2Cu_3O_7$ थी।

हम अपनी प्रयोगशाला में चुंबकीय गुणों का मापन नहीं कर सके थे; लेकिन सौभाग्य से, भौतिकी विभाग के अरूप रायचौधरी ए.सी. संवेदनशीलता को माप और 90 केल्विन से नीचे इस कपरेट का प्रतिचुंबकत्व स्थापित कर सके थे। मैं अभी भी उस शुरुआती सुबह को याद करता हूँ, जब मैं परिणाम देखने के लिए वाहन चलाकर भौतिकी विभाग गया था। मैंने शीघ्रता से 'नेचर' को पत्राचार किया, जो स्वीकार कर लिया गया था। तब मैंने महसूस किया कि हम लोगों ने स्वतंत्र रूप से पहला तरल नाइट्रोजन अतिचालक बना लिया। अमेरिका में बेल लैबोरेटरीज एवं चीन में पीकिंग विश्वविद्यालय ने भी उसी समय इस यौगिक को तैयार किया था। वे पागलपन भरे दिन थे। यद्यपि 'स्वर्ण दौड़' का हिस्सा होना आनंददायक था, लेकिन यह मानसिक

अतिचालकता पर काम करनेवाले अपने कुछ सहकर्मियों के साथ राव

व शारीरिक रूप से थका देनेवाला भी था। निदेशक का पद बहुधा मेरे शोध के रास्ते में आया था। मेरे कई विचार समय से कार्यरूप नहीं किए जा सके थे। यह पाना सामान्य था कि किसी ने कहीं पर सटीक रूप से वही कर लिया, जो मैंने योजना बनाई थी। यही प्रकरण बिस्मथ कॉपर ऑक्साइड सुपर कंडक्टर्स के साथ था। यद्यपि हमने उच्च तापमान अतिचालकता के कई पहलुओं पर शोध को पूरा किया था और कुछ महत्त्वपूर्ण योगदान किए थे। प्रशासक होने की समस्या यह थी कि प्रतिस्पर्धी शोध करना अत्यंत कठिन और कई बार असंभव हो गया था।

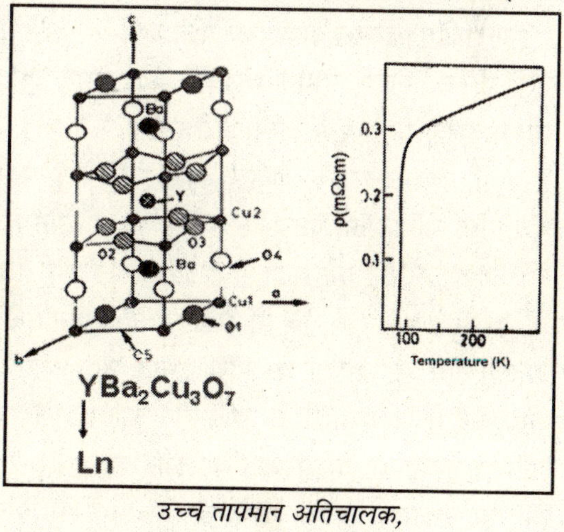

उच्च तापमान अतिचालक,
मार्च 1987, राव एवं अन्य सभी

मेरे पास अतिचालकता पर बिताए गए व्यस्त दिनों के दौरान के जिज्ञासु अनुभव हैं। मेरे मित्र रामाशेषन ने मुझसे इंडियन एकेडमी ऑफ साइंसेज की शोध-पत्रिकाओं में इस विषय पर एक या दो आलेख प्रकाशित करने के लिए कहा था, तब तक 'नेचर' एवं 'फिजिकल रिव्यूज' तथा ऐसे ही अन्य में मैंने शोध-पत्र प्रकाशित करा लिया था। मैंने एकेडमी की शोध-पत्रिकाओं में प्रकाशित होने के लिए दो छोटे आलेख भेजे थे। कुछ महीनों बाद कुछ 'मित्रों' ने टिप्पणी की थी कि इन शोध-पत्रों की प्राप्ति की तिथि नहीं थी और उन्होंने अशैक्षणिक व्यवहार की आशंका प्रकट की थी। जब मैंने एकेडमी कार्यालय में लोगों से पूछा था, उन्होंने प्रति की तिथियाँ मुद्रित न करने के लिए अपना खेद प्रकट किया और अनदेखी के लिए मुझे क्षमा-पत्र भेजा था। बाद में यह पता चला था कि कुछ अन्य लोगों के शोध-पत्र भी बिना प्राप्ति की तिथियों के प्रकाशित होते रहे थे। उसके बाद से समस्या खत्म हो गई थी।

वर्ष 1989 तक मैंने अपने निदेशक पद के पाँच वर्ष पूरे कर लिये थे। यह भारत के प्रथम प्रधानमंत्री पं. जवाहरलाल नेहरू की जन्म-शताब्दी का वर्ष भी था। मैं आई.आई.एस-सी. के निदेशक का पद छोड़ना चाहता था। यही एकमात्र तरीका था यह सुनिश्चित करने के लिए कि मैं गुणवत्ता में गिरावट के बिना शोध जारी रख सकता हूँ, भले ही मैं कुछ ही शोध-पत्र करूँ। मैंने निदेशक पद से मुक्त किए जाने का निवेदन किया था, लेकिन संकाय, परिषद् के अध्यक्ष (डॉ. राजा रामन्ना) तथा अन्यों की ओर से दबाव था कि मुझे कम-से-कम दूसरे कार्यकाल के लिए जारी रखना चाहिए। इसका अर्थ दूसरे पाँच वर्षों—1989 से 1994 तक के लिए आई.आई. एस-सी. का निदेशक होना था। मुझे कोई पसंद नहीं दी गई थी और आई.आई.एस-सी. निदेशक के रूप में काम जारी रखना पड़ा था।

पं. नेहरू का जन्म-शताब्दी वर्ष मनाने के क्रम में आर. वेंकटरमण की अध्यक्षता में राष्ट्रीय समिति का गठन किया गया था। विज्ञान सलाहकार परिषद् को इस समिति को विचार सुझाने को कहा गया था। हमने नए वैज्ञानिक संस्थानों की स्थापना के बारे में सुझाव दिए थे, जिनमें से एक को चयनित क्षेत्रों में विस्तारित गतिविधियों एवं अंतरराष्ट्रीय सहभागिता के साथ उन्नत शोध करनेवाला छोटा केंद्र होना था। ऐसे शोध केंद्र में पी-एच.डी. के छात्र होने चाहिए, लेकिन विशाल नहीं होना चाहिए। इसे वर्तमान उत्कृष्टता के संस्थान के नजदीक अवस्थित होना चाहिए और ऐसे संस्थान के पास उपलब्ध सुविधाओं के उपयोग में सक्षम होना चाहिए। कुछ सप्ताह के बाद

मुझे मणिशंकर अय्यर से फोन द्वारा यह सूचना मिली कि प्रस्ताव को अनुमोदित किया जा चुका है और मुझे संस्थान के सटीक वर्णन करने के लिए आगे बढ़ना चाहिए। प्रधानमंत्री के विज्ञान सलाहकार परिषद् के अपने कुछ साथियों की मदद से पं. नेहरू के नाम से स्थापित होनेवाले नए वैज्ञानिक शोध केंद्र के संदर्भ में विवरण प्रदान किए गए थे। शीघ्र ही केंद्र वास्तविकता बन गया और वह कहाँ अवस्थित हो, यह प्रश्न उठ खड़ा हुआ था। इलाहाबाद, पुणे आदि में इसे अवस्थित करने के प्रस्ताव आए थे; लेकिन अंततः मुझे मेरे कई सहकर्मियों द्वारा सहमत करा लिया गया था कि इसे बैंगलोर में होना चाहिए। राजीव गांधी विशेष रूप से चाहते थे कि नया केंद्र बैंगलोर में होना चाहिए—भारतीय विज्ञान संस्थान के नजदीक।

मुझे केंद्र की योजना बनाने और आवश्यक कदम उठाने के लिए कहा गया था। मैं आई.आई.एस-सी. का निदेशक था और नए केंद्र के लिए अतिरिक्त कार्य करना पड़ा था। इसे जवाहरलाल नेहरू सेंटर फॉर एडवांस्ड साइंटिफिक रिसर्च (जे.एन.सी.ए.एस.आर.) नाम दिया गया। इसे भारत सरकार के विज्ञान एवं प्रौद्योगिकी विभाग द्वारा वित्त-पोषित किया गया था। सौभाग्यवश, कर्नाटक सरकार ने उत्तरी बैंगलोर में लगभग 20 एकड़ जमीन बिना किसी मूल्य के दे दी थी। परिसर के निर्माण के लिए 4 करोड़ रुपए के अनुदान के साथ मैंने चार्ल्स कोरिया से परिसर की योजना बनाने के लिए अनुरोध किया था। परिसर में मुख्य भवन के अतिरिक्त हमने छात्रावासों के साथ-साथ कुछ आवास-गृह भी निर्मित किए थे। भारतीय विज्ञान संस्थान ने हमें अपने परिसर में केंद्र के अध्यक्ष के आवास के साथ-साथ कार्यालय व अतिथि आवास बनाने के लिए कुछ जगह रखने की अनुमति दे दी थी। परिसर के बाहर आवासीय कॉलोनी में संकाय सदस्यों के कुछ घर बनाने थे। भारतीय विज्ञान संस्थान में छोटे कार्यालय का उपयोग कर केंद्र की शैक्षिक गतिविधियों को तत्काल ही शुरू कर दिया गया था। इन गतिविधियों में अंतर-स्नातकों के लिए ग्रीष्मकालीन प्रशिक्षण और चुने गए संदर्भों पर छोटी संगोष्ठी शामिल थी। अंतर-स्नातकों के लिए ग्रीष्मकालीन छात्रवृत्ति कार्यक्रम (समर फेलोशिप प्रोग्राम) बड़ी सफलता बन गई थी और अभी भी जारी है। जे.एन.सी.ए.एस.आर. अंतर-स्नातकों के लिए इस प्रकार के कार्यक्रम की शुरुआत करनेवाला पहला संस्थान था और देश में दूसरी विज्ञान अकादमियों सहित कई अन्य संस्थानों ने इसी प्रकार के छात्रवृत्ति कार्यक्रम स्थापित किए हैं।

आई.एन.एस.ए. की अपनी अध्यक्षता (1985-89) के दौरान मैंने कुछ नई

गतिविधियाँ प्रारंभ करने की कोशिश की थी। विज्ञान एवं प्रौद्योगिकी के अनेक पहलुओं पर स्थिति प्रतिवेदन निकाले गए थे। नए भवन की योजना बनाई गई थी और भारत के तत्कालीन राष्ट्रपति जैल सिंह द्वारा आधारशिला रखी गई थी। मैंने एच.वाई. मोहनराम एवं एस.के. जोशी के साथ निकटता से काम किया, जो अकादमी के वैज्ञानिक सचिव थे।

आई.यू.पी.ए.सी. में संगठन को पुनर्गठित करने की बड़ी आवश्यकता थी, ताकि वह रसायन विज्ञान के आधुनिक रुझान के अनुसार काम कर सके। आई.यू.पी.ए.सी. की विविध समितियों में पुनर्गठन व संबंधित बदलावों का सूत्रपात किया था। मैंने आई.यू.पी.ए.सी. के प्रयोजन के साथ महत्त्वपूर्ण संदर्भों पर विशेष निबंधों की शृंखला शुरू की थी। मैंने उन्नत पदार्थों व अतिचालकता पर आई.यू.पी.ए.सी. के दो विशेष निबंध स्वयं संपादित किए थे। जब मैंने सन् 1987 में बोस्टन में अध्यक्षीय संबोधन किया, मैंने उच्च तापमान अतिचालक के कार्य को प्रदर्शित किया था। यह आई.यू.पी.ए.सी. के लिए नया था।

उच्च तापमान अतिचालकता ने भौतिक विज्ञानों में शोध को बहुत अधिक बढ़ावा दिया था। प्रधानमंत्री राजीव गांधी की कृपा से हम शैक्षिक संस्थानों एवं शोध प्रयोगशालाओं में अतिचालकता शोध के समर्थन के लिए विशेष निधि स्थापित कर सके थे। वैज्ञानिकों के विशाल समुदाय ने इस क्षेत्र में काम करना शुरू किया था। अपनी प्रयोगशाला में हम कई नए प्रकार के अतिचालक बना सके और इन पदार्थों के अध्ययनों में योगदान भी कर सके थे। उच्च तापमान अतिचालकता पर भारत में कई राष्ट्रीय व अंतरराष्ट्रीय सम्मेलन आयोजित किए गए थे। वर्ष 1990 की गरमियों में मैंने ग्रेनोबल में जोसेफ फूरियर विश्वविद्यालय में अतिथि प्राध्यापक के रूप में नौ सप्ताह बिताए थे और इंस्टीट्यूट लाउ-लेंजेविन (आई.एल.एल.) के सहकर्मियों के साथ कपरेट अतिचालकों के न्यूट्रॉन विवर्तन पर काम किया था। मैंने लुइस नील द्वारा स्थापित प्रयोगशाला एल.ई.पी.ई.एस. में विनय चक्रवर्ती के साथ भी निकटता से काम किया था।

प्रधानमंत्री की विज्ञान सलाहकार परिषद् ने विविध नए प्रयासों का सूत्रपात किया था, जिनमें से एक प्रौद्योगिकी सूचना, पूर्वानुमान एवं आकलन परिषद् (टी.आई.एफ.ए.सी.), प्रौद्योगिकी विकास निधि और उच्च स्तरीय अभिकलन (कंप्यूटिंग) के लिए धातु-सामग्री (हार्डवेयर) विकास केंद्र की स्थापना थी। राष्ट्रीय

महत्त्व के चयनित क्षेत्रों में प्रौद्योगिकी विशेष कार्यों (मिशन) की निगरानी भी परिषद् के महत्त्वपूर्ण कार्यों में से एक था। विशेष कार्यों (मिशन) में साक्षरता, मलेरिया-उन्मूलन, स्वच्छ जल, तेलहन आदि शामिल थे। परिषद् विविध प्रश्नों पर प्रधानमंत्री को निष्कर्ष पर पहुँचने या फैसले करने में भी मदद करता था, जैसे कि अंटार्कटिक अभियान एवं अंतरिक्ष यानों के लिए क्रायोजेनिक इंजन आदि। मैंने कुछ मुद्दों पर प्रो. एम.जी.के. मेनन के साथ भी निकटता से काम किया था। तब प्रो. मेनन योजना आयोग में सदस्य (विज्ञान) थे। परिषद् के विविध प्रतिवेदनों को 'पर्सपेक्टिव्स इन साइंस एंड टेक्नोलॉजी' कही जानेवाली एक पुस्तक के रूप में टाटा मैकग्रा-हिल द्वारा प्रकाशित किया गया था।

प्रधानमंत्री के विज्ञान सलाहकार परिषद् के सदस्यों के साथ तत्कालीन प्रधानमंत्री राजीव गांधी (1988)

मैं सन् 1988 में भारतीय विज्ञान कांग्रेस का अध्यक्ष था और वार्षिक अधिवेशन पुणे में आयोजित किया गया था, जिसका उद्घाटन प्रधानमंत्री राजीव गांधी द्वारा किया गया था। मैंने छोटे शोध-पत्रों की प्रस्तुति को लगभग समाप्त कर और अधिकांश सत्रों को विशेषज्ञों के व्याख्यानों को समर्पित कर कांग्रेस की कार्य-सूची को

विज्ञान कांग्रेस : राजीव गांधी के साथ (1988)

इस आशा में संशोधित करने की कोशिश की थी कि वे छात्रों व शिक्षकों के लिए अधिक लाभकर होंगे। राजीव गांधी ने एक बैठक में आने का कष्ट किया, जैसा कि उन्होंने सोचा था कि यह उद्‌देश्यपूर्ण था। मैं नहीं भूल सकता कि वह कैसे प्रो. रमण की जन्म-शताब्दी के उद्‌घाटन के लिए कुछ घंटों के लिए दिल्ली से कलकत्ता आए थे। मैं राष्ट्रीय समिति का अध्यक्ष था और मुझे विविध समूहों को संतुष्ट करने लिए संवेदनशीलता के साथ बैठक की योजना बनानी पड़ी थी।

राव को जी.एम. मोदी पुरस्कार प्रदान करते राजीव गांधी,
प्रो. एम.जी.के. मेनन भी देखे जा सकते हैं

प्रधानमंत्री के साथ काम करना आनंददायक था, जो उत्साही थे और परिषद् के लिए हमेशा उपलब्ध रहते थे। मैं बहुधा सुबह-सुबह उनके घर में उनसे मिला करता था या बाद में संसद् भवन के उनके कार्यालय में। जब विज्ञान की बात आती थी, उनके पास विश्व में पूरा समय होता था। वह विज्ञान एवं प्रौद्योगिकी में निवेश को सकल घरेलू उत्पाद (जी.डी.पी.) के 2 प्रतिशत तक ले जाने के इच्छुक थे। वह कड़े कदम उठाने तथा शीघ्र निर्णय लेने के लिए तैयार थे। वह कार्य को पूरा करने के लिए मंत्रियों तथा नौकरशाहों को चीजों को तेज करने या नियमों को सरल करने के लिए कहा करते थे। राजीव गांधी को गलती से कुछ लोगों द्वारा अक्खड़ समझा गया था। समस्या यह थी कि वे बस, द्वितीय श्रेणी के कार्य के साथ खड़े नहीं हो सकते थे। एक बार वे सरकार के सचिव पर क्षुब्ध हो गए थे, जो उनके लिखे हुए को पढ़ नहीं सका था। उसके द्वारा तैयार की पारदर्शी फिल्म भयानक थी। इसका अर्थ यह नहीं था कि राजीवजी ने उसे दंडित किया था। वह एक दयालु व्यक्ति थे और लोगों को उनकी गलती के लिए आसानी से क्षमा कर देते थे। यहाँ तक कि चुनाव हार जाने के बाद भी वे मुझसे यह विचार-विमर्श करने के लिए स्वयं से मिलने को कहते थे कि जब वे प्रधानमंत्री के रूप में वापस लौटेंगे, तब सरकार में किस प्रकार की संरचनाएँ स्थापित होनी चाहिए?

जब राजीव गांधी के समर्थन से चंद्रशेखर प्रधानमंत्री बने थे, तब मुझे योजना आयोग में सदस्य (विज्ञान) बनने के लिए कहा गया था। मैं विदेश में था, जब श्री राजीव गांधी द्वारा यह सुझाव दिया गया था। जब मैं वापस लौटा तो उन्होंने कहा था कि कम-से-कम कुछ समय के लिए मुझे यह कार्य लेना चाहिए और विज्ञान एवं प्रौद्योगिकी की योजना तैयार करनी चाहिए। कुछ महीनों के भीतर हमने एक प्रगतिशील विज्ञान एवं प्रौद्योगिकी योजना तैयार की थी; लेकिन दुर्भाग्यवश वह दिन का प्रकाश नहीं देख सकी थी। कुछ महीनों के बाद चंद्रशेखर ने त्याग-पत्र दे दिया और नई सरकार आ गई थी। आगामी चुनावों में राजीव गांधी की नृशंस हत्या हो गई। जब मुझे इसके बारे में पता चला तो मैं बुरी तरह रोया था।

चंद्रशेखर

प्रधानमंत्री के पद से चंद्रशेखर का त्याग-पत्र एक नाटकीय घटनाक्रम था। उस सुबह प्रधानमंत्री की अध्यक्षता में सी.एस.आई.आर. सोसाइटी की बैठक थी। बैठक संसद् के एक कक्ष में हुई थी और मैं सोसाइटी के सदस्य के रूप में उपस्थित था। कक्ष में पहुँचने के तुरंत बाद चंद्रशेखर ने कहा था कि उन्हें किसी आवश्यक चीज में भाग लेना था और मुझे बैठक की अध्यक्षता करने को कहा था। एक घंटे बाद वह वापस लौटे थे। उस समय तक कार्य-सूची के अधिकांश विषयों पर विचार-विमर्श किया जा चुका था। उन्होंने समापन टिप्पणी की और बैठक खत्म हो गई थी। जब हम लोग कक्ष से बाहर निकले तो देखा कि बहुत से सांसद व अन्य गलियारों में खड़े थे। मुझे तब पता चला था कि प्रधानमंत्री ने अभी-अभी भारत के राष्ट्रपति को अपना त्याग-पत्र सौंपा था।

पी.वी. नरसिम्हा राव के नेतृत्व में जो सरकार आई थी, उसके पास कोई विज्ञान सलाहकार तंत्र नहीं था, हालाँकि मुझे एक या दो बार प्रधानमंत्री द्वारा कहा गया था कि मुझे मंत्रिमंडल विज्ञान सलाहकार समिति (एस.ए.सी.सी.) की अध्यक्षता करना चाहिए। जब आई.के. गुज़राल प्रधानमंत्री बने थे, मुझे एस.ए.सी.सी. का अध्यक्ष बनने को कहा गया था। यहाँ तक इस सरकार के छोटे कार्यकाल में हम विज्ञान एवं प्रौद्योगिकी विभाग (डी. एस.टी.) के अंतर्गत विज्ञान व प्रौद्योगिकी में बुनियादी ढाँचे के लिए निधि (एफ.आई.एस. टी.) कार्यक्रम स्थापित कर सके थे।

आई.के. गुजराल

सन् 1988 में मेरी माँ, मेरी पहली शिक्षक का घर में एक दुर्घटना के बाद निधन हो गया था। जब हमने उनकी अलमारियों व टाँड को खोजा, हमें कुछ भी नहीं मिला था। उनके पास जो कुछ भी था, वे दूसरों को दे चुकी थीं। उनकी उदारता उल्लेखनीय थी। सन् 1989 में मेरे ससुर नारायण स्वामी नींद में ही स्वर्ग सिधार गए थे। वे एक सौम्य आत्मा थे और हमेशा हँसते रहते थे।

हालाँकि सन् 1985 में मास स्पेक्ट्र में फुलरीन्स की पहचान की जा चुकी थी,

उन्हें 1990 में ही जर्मनी में सफलतापूर्वक प्रयोगशाला में तैयार किया जा सका था। मैंने सोचा था कि हम फुलरीन्स पर कुछ काम कर सकते थे और उसी को प्रयोगशाला में बनाना शुरू किया था। क्योंकि हमारे पास मास स्पेक्ट्रोमीटर एवं संबंधित सुविधाएँ नहीं थीं, मुझे पता चला था कि मैं फुलरीन्स के रसायन विज्ञान पर अधिक शोध नहीं कर सकता। यह शीघ्र ही एक प्रतिस्पर्धी क्षेत्र बन गया था। मैं देश में फुलरीन्स पर रुचि लेनेवाले कुछ जैव रसायनज्ञों को ढूँढ़ने में असफल हो गया था। इसीलिए मैंने C_{60} व C_{70} का उपयोग कर तापमान व दबाव से प्रेरित फेस ट्रांजिशंस पर काम करने का निर्णय लिया था। हमने C_{60} व C_{70} में शामिल होनेवाली आणविक अंत:क्रियाओं के साथ-साथ फेज ट्रांजिशंस, वर्णक्रम विज्ञान (स्पेक्ट्रोस्कॉपी), चित्रभौतिक (फोटोफिजिकल) गुणों पर काम को पूरा किया था। कुछ अध्ययनों में अजय सूद ने मेरे साथ सहभागिता की थी।

पोंटिफिकल एकेडमी ऑफ साइंसेज में पोप जॉन पॉल द्वितीय के साथ (1990)

सन् 1991 में कार्बन नैनोट्यूब्स का आविष्कार हुआ और हमने कार्बन नैनोट्यूब्स बनाने शुरू किए। कार्बन नैनोट्यूब्स के शोध के कई पहलुओं पर योगदान किया था। मैंने कार्बन के नैनोट्यूब्स व फुलरीन्स पर ही नहीं, बल्कि अजैव स्तरित पदार्थों पर भी नहीं चिपकने का फैसला किया था। हमने धातु सल्फाइड व अन्य जैव स्तरित यौगिकों से नैनोट्यूब्स बनाना शुरू किया था। यह महान् सफलता थी

और प्रयोगशाला के प्रमुख योगदानों के परिणामस्वरूप थी।

सन् 1990 में मुझे यू.एस. नेशनल एकेडमी ऑफ साइंसेज (एन.ए.एस.) के साथ-साथ पोंटिफिकल एकेडमी ऑफ साइंसेज (पी.ए.एस.) का सदस्य चुना गया था। पी.ए.एस. की बैठकें रोचक थीं और सदस्यों को पोप जॉन पॉल से मिलने का अवसर प्रदान करती थीं। यह उल्लेखनीय है कि पी.ए.एस. की अनुशंसा पर पोप जॉन पॉल द्वितीय ने गैलीलियो को दोष-मुक्त किया और उन्हें समाज से बहिष्कृत करने के लिए चर्च की ओर से क्षमा माँगी थी।

श्री सी.वी. रतन, अकादमी के संस्थापक अध्यक्ष

इंडियन एकेडमी ऑफ साइंसेज के अध्यक्षगण।

सन् 1989 से 91 के बीच मैं इंडियन एकेडमी ऑफ साइंसेज का अध्यक्ष था। प्रो. एम.जी.के. मेनन, प्रो. सतीश धवन, प्रो. एस. वरदराजन, एस. रामाशेषन, ओबैद सिद्दीकी एवं टी. सदाशिवन मुझसे पहले अकादमी के अध्यक्ष रह चुके थे। रोद्दम

नरसिम्हा ने मेरी जगह ली थी। इस अकादमी की सेवा करने में बहुत अच्छा लगा, जिसे मैं इतना प्यार करता था। मैं कभी भी प्रो. रमण को कैसे भूल सकता हूँ?

कई वर्षों से मैं आई.सी.एस.यू. के ब्यूरो व कार्यकारी समिति में था, जबकि इसने मुझे बहुत अनुभव दिया था। मैं संगठन द्वारा की जानेवाली गतिविधियों के तरीकों से संतुष्ट नहीं था।

पी.ए.एस. अन्य अकादमियों से कई तरीकों से अलग है। एक व्यक्ति विभिन्न पृष्ठभूमि के लोगों से मिलता है। चार्ली टाउन्स, सर जॉन एकल्स, कार्डिनल मरीनी एवं अकादमी के संयोजक बिशप शोरोंडो आदि हैं। मैं अकादमी में मिलने में आनंदित हुआ था। मैं संक्षेप में बताने की कोशिश करता हूँ कि मैंने अमेरिका के महान् शल्य चिकित्सक जोसफ मरे को सुनने में कितना आनंद लिया था, जिन्होंने अंग प्रत्यारोपण शल्य-क्रिया पर अपने काम के लिए शरीर क्रिया विज्ञान एवं मेडिसिन में नोबेल पुरस्कार प्राप्त किए थे। वह बहुधा जो कहानियाँ कहते थे, वे हृदय को स्पर्श करनेवाली होती थीं। वह दुर्घटनाओं या जन्म-प्रभावों के कारण सिर व चेहरे में विकृतियों को ठीक करने के लिए शल्य-चिकित्सा में अग्रणी प्रगति का वर्णन किया करते थे। डॉ. मरे के रोगियों में से एक चार्ल्स वुड्स नामक 22 वर्षीय विमान चालक था। सुदूर पूर्व में युद्धकाल के दौरान उसके विमान में आग लग गई और निकल भागने की कोशिश में वह काफी जल गया था। उसकी नाक, पलकें व कान बुरी तरह से जल गए थे और जब तक वुड्स अमेरिका पहुँचा, वह केवल जीवित था। अगले दो वर्षों में डॉ. मरे एवं उनकी टीम ने अपने बहादुर रोगी के नए चेहरे के निर्माण के लिए 24 ऑपरेशन किए। वुड्स जीवित बच गया, बहुत अधिक सफल हुआ और फिर उड़ने लगा था।

रिचर्ड हेरिक, जिसके गुर्दे फेल हो रहे थे, को बचाया गया, जब उसका भाई रोनाल्ड अपने स्वस्थ गुर्दों में से एक देने पर सहमत हो गया था। इस प्रकार विश्व में सबसे पहला सफल गुर्दा प्रत्यारोपण संभव हुआ, जो डॉ. मरे द्वारा किया गया। अपने समूचे पेशेवर जीवन में डॉ. मरे ने क्रेनियोफेसिअल व अन्य विकृतियों से ग्रस्त मरीजों के साथ निपटनेवाले चिकित्सकों की मदद करने के लिए दूसरे देशों की यात्राएँ की थीं, जैसे कि भारत में जिन रोगियों के हाथों को कुष्ठ रोग से विकृत किया जा चुका था, वे शिल्पकार के रूप में काम करने के लिए और आत्मनिर्भर बनने के लिए अपने हाथों का उपयोग करने में सक्षम हुए थे। डॉ. मरे ने रे मैकमिलन

के बारे में बात की थी, जिसे जन्म से विकृति के कारण उसकी माँ द्वारा त्याग दिया गया था और मानसिक रोग संस्थान में छोड़ दिया गया था। जब वह 21 वर्ष का था, उसकी दादी ने उसे उस कैद से बचाया था। डॉ. मरे उसके चेहरे की विकृति को ठीक करने में सफल हुए थे और उन्होंने लड़के को लिखने के लिए प्रोत्साहित किया था, जो उसके हृदय में। यह पढ़ने के लिए कि इस 'मानसिक विकलांग' बच्चे का क्या कहना था और आनंद के बारे जो उसने जीवन में प्राप्त किया था, यह गवाही देने के लिए कि न केवल शरीरों बल्कि आत्माओं को बहाल करने में भी डॉ. मरे की देखभाल व कुशलता ने क्या परिवर्तनकारी प्रभाव डाला था।

सन् 1983 में प्रो. अब्दुस सलाम की पहल पर ट्रिएस्ट में उसके कार्यालय के साथ एक प्रमुख वर्ल्ड अकादमी थर्ड वर्ल्ड एकेडमी ऑफ साइंसेज (टी.डब्ल्यू.ए.एस.) को शुरू किया गया था। मैं उसके संस्थापक सदस्यों में एक था। इस अकादमी का उद्देश्य विकासशील विश्व में विज्ञान-कर्म करने के लिए और विकासशील विश्व में विज्ञान को उचित महत्त्व दिलाने के लिए वैज्ञानिकों की मदद करना था। यह इस आस्था पर आधारित था कि प्रत्येक देश, चाहे वह कितना ही गरीब या छोटा हो, को वैज्ञानिक आधार की आवश्यकता होती है। मैंने सन् 1986 के बाद से टी.डब्ल्यू.ए.एस. की गतिविधियों में अधिक रुचि ली थी और उसकी संविधि को तैयार किया था। मैंने शुरुआती वर्षों में डॉ. सलाम के साथ निकटता से कार्य किया था। जब कुछ वर्षों बाद प्रो. सलाम बीमार हो गए थे, मुझे अकादमी का उपाध्यक्ष (1997 से 2000) नामित किया गया था। मैंने उनसे वादा किया था कि मैं अकादमी के हितों की रक्षा करूँगा।

प्रो. एम.एम. जोशी के साथ
टी.डब्ल्यू.ए.एस. के जनरल कॉन्फ्रेंस, नई दिल्ली में

वर्ष 1992-93 में मैं बेंजामिन फ्रैंकलिन द्वारा स्थापित अमेरिका के सबसे पुराने अकादमी अमेरिकन फिलोसॉफिकल सोसाइटी (ए.पी.एस.) का सदस्य चुना

गया था। मुझे अमेरिका में कई मित्रों से अपनी लगातार तीसरी सफलता पर बधाई देते हुए पत्र मिले थे। यह इसलिए था कि मैं पहले से ही अमेरिकन एकेडमी ऑफ आर्ट्स एंड साइंसेज (1986) व नेशनल एकेडमी ऑफ साइंसेज (1990) का सदस्य था। ए.पी.एस. एक अद्भुत अकादमी है और रोचक वार्षिक बैठकों का आयोजन करता है।

चीन में टी.डब्ल्यू.ए.एस. की बैठक (राष्ट्रपति हू के साथ)

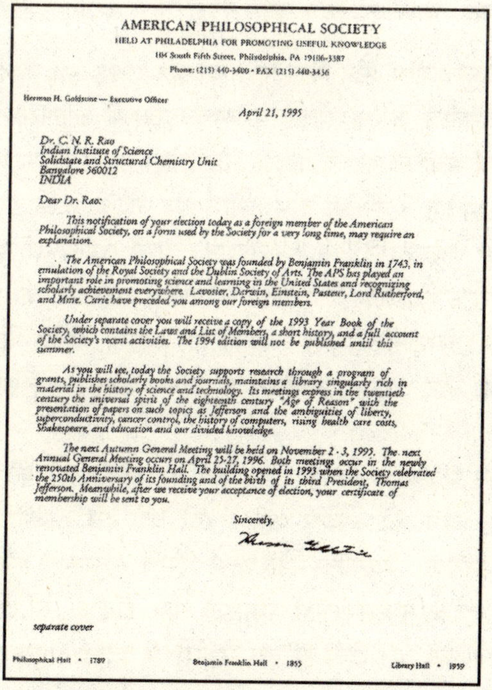

AMERICAN PHILOSOPHICAL SOCIETY
HELD AT PHILADELPHIA FOR PROMOTING USEFUL KNOWLEDGE
104 South Fifth Street, Philadelphia, PA 19106-3387
Phone: (215) 440-3400 • FAX (215) 440-3436

Herman H. Goldstine — Executive Officer

April 21, 1995

Dr. C. N. R. Rao
Indian Institute of Science
Solidstate and Structural Chemistry Unit
Bangalore 560012
INDIA

Dear Dr. Rao:

This notification of your election today as a foreign member of the American Philosophical Society, on a form used by the Society for a very long time, may require an explanation.

The American Philosophical Society was founded by Benjamin Franklin in 1743, in emulation of the Royal Society and the Dublin Society of Arts. The APS has played an important role in promoting science and learning in the United States and recognizing scholarly achievement everywhere. Lavosier, Darwin, Einstein, Pasteur, Lord Rutherford, and Mme. Curie have preceded you among our foreign members.

Under separate cover you will receive a copy of the 1993 Year Book of the Society, which contains the Laws and List of Members, a short history, and a full account of the Society's recent activities. The 1994 edition will not be published until this summer.

As you will see, today the Society supports research through a program of grants, publishes scholarly books and journals, maintains a library singularly rich in material in the history of science and technology. Its meetings express in the twentieth century the universal spirit of the eighteenth century "Age of Reason" with the presentation of papers on such topics as Jefferson and the ambiguities of liberty, superconductivity, cancer control, the history of computers, rising health care costs, Shakespeare, and education and our divided knowledge.

The next Autumn General Meeting will be held on November 2 - 3, 1995. The next Annual General Meeting occurs on April 25-27, 1996. Both meetings occur in the newly renovated Benjamin Franklin Hall. The building opened in 1993 when the Society celebrated the 250th Anniversary of its founding and of the birth of its third President, Thomas Jefferson. Meanwhile, after we receive your acceptance of election, your certificate of membership will be sent to you.

Sincerely,

separate cover

Philosophical Hall • 1789 | Benjamin Franklin Hall • 1855 | Library Hall • 1959

अमेरिकन फिलोसॉफिकल सोसाइटी का पत्र

डॉ. फेडेरिको मेयर, महानिदेशक से
'यूनेस्को अल्बर्ट आइंस्टीन गोल्ड मेडल' प्राप्त करते हुए (1996)

एक अन्य प्रमुख शोध क्षेत्र, जिस पर हमने वर्ष 1993–94 के दौरान काम करना शुरू किया था, मैंगनीज के ऑक्साइड पेरोव्सकाइट्स में कोलोसोल मैग्नेटोरेजिस्टेंस (सी.एम.आर.) से संबंधित था। वे केवल कोलोसोल मैग्नेटोरेजिस्टेंस ही प्रदर्शित नहीं करते थे, बल्कि आवेश व कक्षीय क्रम (चार्ज एंड ऑर्बिटल ऑर्डर) के साथ–साथ इलेक्ट्रॉनिक चरण पृथक्करण (फेज सेपरेशन) जैसी महत्त्वपूर्ण परिघटना को भी। चरण पृथक्करण एक ही क्रिस्टल में विभिन्न गुणों व परिघटना का प्रदर्शन करनेवाले विभिन्न प्रकार के इलेक्ट्रॉनों को रखने में फलित होता है। मैं इस क्षेत्र के शोध में पूरे मन से शामिल था और अरूप रायचौधरी के साथ मिलकर कई शोध–पत्र प्रकाशित किए थे।

मेरी विभिन्न प्रतिबद्धताओं तथा नए क्षेत्रों में शोध करने की इच्छा के कारण 1989 से 94 के बीच की अवधि कठिन रही थी। इस अवधि के दौरान मैं दो महत्त्वपूर्ण व्यावसायिक संगठनों—मैटेरियल्स रिसर्च सोसाइटी ऑफ इंडिया (एम.आर.एस.आई.) एवं केमिकल रिसर्च सोसाइटी ऑफ इंडिया (सी.आर.एस.आई.)—की स्थापना में शामिल था। दोनों ही तब से देश में पदार्थ अनुसंधान व रासायनिक अनुसंधान को आवश्यक प्रोत्साहन प्रदान करते हुए सक्रिय संगठन बनकर उभरे हैं।

वर्ष 1992–94 की गरमियों में वेन रॉबर्ट्स के साथ-साथ विज्ञान पर सहभागिता करते हुए मैंने कार्डिफ विश्वविद्यालय में चार से छह सप्ताहों के लिए काम किया। मेरे पास वहाँ काम करने के लिए यूनिलीवर से शोध-अनुदान थे। वर्ष 1994 के अंत तक मैं बुरी तरह थक चुका था। यह स्पष्ट हो गया था कि यदि कोई प्रमुख शोध परिणाम हासिल करना और प्रतिस्पर्धी क्षेत्रों में काम करना चाहता है, उसे प्रशासन नहीं करना चाहिए। सौभाग्यवश, सन् 1994 में 60 वर्ष की उम्र में मैं भारतीय विज्ञान संस्थान का निंदेशक पद छोड़ सका था। मुझ पर डॉ. रामन्ना एवं अन्य के द्वारा 65 वर्ष की उम्र तक, यानी एक और कार्यकाल तक पद पर बने रहने का दबाव बनाया गया था। लेकिन मैं पूरी तरह निश्चित था कि ऐसा कोई भी रास्ता नहीं है, जिससे मैं इस उत्तरदायित्व को और अधिक दूर तक ले जाने वाला था। यहाँ तक कि मैं 31 जुलाई, 1994 को भारतीय विज्ञान संस्थान से सेवानिवृत्त हो चुका था, मुझे जे. एन.सी.ए.एस.आर. का निर्माण करना था। मैंने आंशिक रूप से जे.एन.सी.ए.एस. आर. में काम करना शुरू किया था, जिसके पास वर्ष 1994 तक परिसर हो गया था। मुझे वर्ष 1994–99 के बीच की पाँच वर्षों की अवधि के लिए जे.एन.सी.ए.एस.आर. का अध्यक्ष बनने को कहा गया था।

आई.आई.एस-सी. के निदेशक के रूप में मेरे अंतिम वर्ष में संस्थान के कर्मचारियों ने मुझे सूचित किया था कि वे लोग बैंगलोर निगम को संस्थान के सामने के गोल चक्कर को मेरे नाम पर करने की इच्छा प्रकट कर रहे हैं। वे लोग संस्थान की विपरीत दिशा में स्थित उद्योग के कर्मचारियों से गोल चक्कर का नाम रखने को लेकर प्रतिस्पर्धा कर रहे थे। मैंने डॉ. राजा रामन्ना से अपनी बेचैनी प्रकट की थी। मैं इस विषय को उस दिन तक के लिए भूल चुका था, जब

डॉ. राजा रामन्ना (आई.आई.एस-सी. परिषद् के अध्यक्ष) के साथ

कर्मचारी मेरे कार्यालय में आए और मुझसे मेरे नाम पर गोल चक्कर के नामकरण को गवाही देने के लिए संस्थान के सामने जाने का निवेदन किया था। नगर के महापौर मेरी प्रतीक्षा कर रहे थे। मैंने इसे सबसे अधिक शर्मनाक पाया। फिर भी मुझे नामकरण समारोह के लिए महापौर के साथ खड़ा होना पड़ा था। यह एक ऐसी स्थिति का उदाहरण है कि कोई अपने नियंत्रण के बाहर का सामना करता है। अब गोल चक्कर का कोई अस्तित्व नहीं है और उस स्थान पर सुरंग मार्ग का निर्माण किया जा चुका है।

जब मैं 60 वर्ष की उम्र में पहुँचा, आई.आई.एस-सी. ने मुझे आजीवन मानद प्राध्यापक बना दिया था और मुझे अपनी फेलोशिप प्रदान की थी। आई.आई.एस-सी. के मेरे सहकर्मियों ने एक बड़े कार्यक्रम का आयोजन किया था और 'जर्नल ऑफ फिजिकल केमिस्ट्री' सहित विविध अंतरराष्ट्रीय शोध-पत्रिकाओं ने विशेष अंक निकाले थे। 'वर्ल्ड साइंटिफिक' ने मेरे चयनित शोध-पत्रों से 'सॉलिड स्टेट केमिस्ट्री' शीर्षक से एक खंड निकाला था। घर में युगों पुरानी प्रथा का अनुसरण करते हुए मेरा और मेरी पत्नी का दुबारा विवाह कराया गया था।

जब मैं सन् 1994 में आई.आई.एस-सी. से सेवानिवृत्त हुआ था, मैंने पाया था कि मेरा स्वास्थ्य उतना अच्छा नहीं है, जितना कि हुआ करता था। मैं मुंबई में अपने मित्र डॉ. के.जी. नायर के पास पुन: गया था। विभिन्न परीक्षणों के बाद उन्होंने कहा था कि मुझे फिर से हृदय शल्य चिकित्सा करानी चाहिए। फरवरी 1995 में ब्रीच कैंडी हॉस्पिटल में डॉ. पांडा से ऑपरेशन करवाकर मैं शल्य-क्रिया से गुजरा था। मैं इससे सफलतापूर्वक बाहर आ गया और तीन सप्ताह के भीतर काम करना शुरू कर दिया था। सन् 1995 का वर्ष हमारे परिवार के लिए एक महत्त्वपूर्ण वर्ष था। इस वर्ष 6 दिसंबर को मेरी नातिन सुगुना पैदा हुई थी।

इस अवधि के दौरान मैंने कुछ बुरे अनुभवों का भी सामना किया था। एक या दो वैज्ञानिकों ने मुझ पर आई.आई.एस-सी. में हमेशा के लिए रहने का इच्छुक होने का आरोप लगाया था। उन्हें जे.एन.सी.ए.एस.आर. को आई.आई.एस-सी. में जगह दिए जाने पर आपत्ति थी। नेहरू के नाम पर नए केंद्र की स्थापना किए जाने के विचार में यह आवश्यकता भी शामिल थी कि उन्हें वर्तमान संस्थान द्वारा कुछ सुविधाएँ व जगह प्रदान की जाएगी, जिसके लिए आई.आई.एस-सी. परिषद् एवं न्यासियों द्वारा सहमति ली जा चुकी थी (जे.एन.सी.ए.एस.आर. द्वारा स्थापित कुछ सुविधाएँ अब आई.आई. एस-सी. द्वारा भी उपयोग की जा रही हैं। जे.एन.सी.ए.एस.आर. द्वारा उपयोग किए

जानेवाले कुछ पुराने भवनों के नवीकरण के बाद तब से आई.आई.एस-सी. को वापस किया जा चुका है)। यह आरोप कि मैं आई.आई.एस-सी. के निदेशक के रूप में या परिषद् के अध्यक्ष के रूप में रहने की योजना बना रहा था, पूरी तरह निराधार थी; क्योंकि मैं निदेशक के पद से मुक्त होने के लिए चिंतित था। पहली बात यह कि मैं आई.आई.एस-सी. का निदेशक होने का इच्छुक नहीं था, जैसा कि मेरी इसे या किसी अन्य संस्थान को चलाने में कोई रुचि नहीं थी।

जवाहरलाल नेहरू उच्च वैज्ञानिक अनुसंधान केंद्र (जे.एन.ए.सी.एस.आर.), बैंगलोर

अपने नए परिसर में जे.एन.सी.ए.एस.आर. के कार्य शुरू कर देने के बाद भी कुछ लोग, जो वहाँ आए थे, उन्होंने यह कहते हुए नकारात्मक टिप्पणी की थी कि जे.एन.सी.ए.एस.आर. अपने प्रतिवेदनों में उनके शोध-पत्रों को सूचीबद्ध कर कुछ कार्यों का श्रेय ले रहा था, जो उसके मानद प्राध्यापकों ने किया था। जे.एन.सी.ए.एस.आर. के पास अनेक मानद प्राध्यापक थे और उनमें से कुछ को केंद्र द्वारा अपनी स्थापना के शुरुआती दिनों में शोध के लिए आर्थिक अनुदान दिए गए थे। उनकी ओर से जे.एन.सी.ए.एस.आर. द्वारा समर्थित कार्यों से निकलनेवाले शोध-पत्रों की सूची दी जानी अपेक्षित थी। यह संभव है कि उनमें से कुछ ने सूची में दूसरे शोध-पत्रों को भी शामिल कर दिया था। यह दुर्भाग्यपूर्ण था कि बिना तथ्यों की जानकारी और बिना समर्पण की भावना की प्रशंसा किए, जिसके साथ केंद्र का निर्माण हो रहा था, कुछ वैज्ञानिकों ने ऐसे विषयों के बारे लिखा था। सहकर्मियों पर निष्ठाहीनता या प्रतिबद्धता की कमी का आरोप लगाना न केवल उन्हें हतोत्साहित करता है, बल्कि बहुधा उन्हें काम करने से भी रोकता है। मैंने लोगों द्वारा ऐसी नकारात्मक टिप्पणियों को पनपने से मना कर दिया, हालाँकि उन्होंने मुझे गहरा दुःख पहुँचाया था।

जे.एन.सी.ए.एस.आर. को राष्ट्र को समर्पित करते तत्कालीन उप-राष्ट्रपति डॉ. के.आर. नारायणन

सन् 1994 तक बैंगलोर के उत्तर में (जाकुर के निकट) जे.एन.सी.ए.एस. आर. के पास उत्कृष्ट परिसर था। भारत के तत्कालीन उप-राष्ट्रपति के.आर. नारायणन ने परिसर का उद्घाटन किया था। सन् 1994 तक जे.एन.सी.ए.एस. आर. में कुछ प्रयोगात्मक कार्य शुरू हो चुके थे और पहला संकाय सदस्य (डॉ. के.एस. नारायण) शामिल हो चुका था। हमने शीघ्र ही इलेक्ट्रॉन मिक्रोस्कोप, एक्स-रे डिफ्रेक्टोमीटर, फोटोएमिशन स्पेक्ट्रोमीटर तथा अन्य सहित कुछ सुविधाएँ स्थापित कर ली थीं। वर्ष 1994-99 की अवधि के दौरान पदार्थों, अभियांत्रिकी यांत्रिकी, आणविक जीवन विज्ञान, आनुवंशिकी एवं विकासवादी जीव-विज्ञान के रसायन-विज्ञान व भौतिकी को समर्पित विभिन्न इकाइयों के निर्माण के प्रयास किए जा रहे थे। मैंने जे.एन.सी.ए.एस.आर. में पी-एच.डी. के कुछ नए छात्र लिये थे। सन् 1999 तक संकाय सदस्य नियुक्त किए जाने तक और केंद्र से शोध-प्रकाशनों के बहाव के साथ विविध इकाई आकार ले चुके थे। जे.एन.सी.ए.एस.आर. ने वर्ष 1999 तक स्वयं को प्रामाणिक शोध-केंद्र के रूप में स्थापित कर लिया था। छात्रों को पी-एच.डी. की उपाधि दिए जाने के क्रम में केंद्र ने शुरुआती वर्षों में

मणिपाल एकेडमी के साथ अनुबंधित किया था। वर्ष 1999 के बाद केंद्र मानित विश्वविद्यालय बन गया और अपनी उपाधियाँ दे सकता था। मैंने पी-एच.डी. छात्रों और एकीकृत पी-एच.डी. छात्रों (एम.एस. व पी-एच.डी. करनेवाले) के साथ केंद्र से शोध-पत्र प्रकाशित करने शुरू कर दिए थे। मैंने ऑर्गेनिक सुपरमॉलिक्यूलर स्ट्रक्चर एवं नैनोमैटेरियल पर कुछ शोध का सूत्रपात किया था।

केंद्र ने शैक्षणिक प्रौद्योगिकी इकाई (एजुकेशनल टेक्नोलॉजी यूनिट) शुरू की थी, जो पुस्तिकाओं, सी.डी. तथा अन्य रूप में स्कूल के बच्चों के लिए विज्ञान शिक्षण सामग्री प्रकाशित करती रही थी। सन् 1995 में ट्रांजिशन मेटल ऑक्साइड्स पर मेरी एक पुस्तक (विली-वी.सी.एच.) प्रकाशित हुई थी। पुस्तक फ्रांस के बर्नार्ड रावो के सह-लिखित थी। कुछ समय बाद इसका दूसरा संस्करण प्रकाशित हुआ था। मेरे एवं रावो द्वारा कोलोसल मैग्नेटोरेसिस्टेंस पर संपादित पुस्तक भी इसी समय के आस-पास आई थी।

प्रो. मॉट का 90वें जन्मदिन मनाने के लिए मेटल-इंसुलेटर ट्रांजिशंस को समर्पित लेख-संग्रह मेरे एवं एडवर्ड्स द्वारा संपादित और टेलर एंड फ्रांसिस (1995) प्रकाशित की गई थी। अगले वर्ष हमने रॉयल सोसाइटी में मेटल-इंसुलेटर ट्रांजिशंस में एक विचार-विमर्श बैठक आयोजित की थी। प्रो. मॉट बैठक में आना और कुछ टिप्पणियाँ करना चाहते थे। दुर्भाग्यवश, बैठक के आयोजित होने से पहले ही उनका देहावसान हो गया और हमने उनकी याद में काररवाई को समर्पित किया था।

कैलिफोर्निया विश्वविद्यालय, सांता बारबरा

(यू.सी.एस.बी.)

कैलिफोर्निया विश्वविद्यालय, सांता बारबरा
(यू.सी.एस.बी.) का दूसरा चित्र

वर्ष 1994 की गरमियों से मैंने छह से आठ सप्ताह तक कैलिफोर्निया विश्वविद्यालय, सांता बारबरा में बिताना शुरू कर दिया, जिसने मुझे पदार्थ विभाग में विशिष्ट अतिथि प्राध्यापक नियुक्त किया था। संकाय में नेशनल एकेडमी के सदस्यों के साथ विभाग बेजोड़ था। सांता बारबरा में ठहरने के दौरान मैंने 'मेटल-ऑर्गेनिक फ्रेमवर्क स्ट्रक्चर्स' पर एक प्रमुख कार्यक्रम की शुरुआत की थी। मैंने टोनी चीथम के साथ सहभागिता की थी, जो सांता बारबरा में मैटेरियल्स रिसर्च लैबोरेटरी के निदेशक थे। कैलिफोर्निया विश्वविद्यालय, सांता बारबरा ने मेरे साथ अच्छा व्यवहार किया और सांता बारबरा में रहना सपनों के संसार में रहने जैसा था।

वर्ष 1997 में मेरे पिता 94 वर्ष की उम्र में स्वर्गवासी हो गए थे। वे मेरे बहुत बड़े समर्थक थे, विशेष रूप से तब, जब मैं युवा था। उन्हें मुझमें महान् आस्था थी। वे आजीवन उच्च अनुशासित व्यक्ति बने रहे—हरेक समाचार-पत्र पढ़ते हुए, जो उनकी पकड़ में आ जाए। उन्होंने क्रिकेट में रुचि को बनाए रखा और अपने स्वास्थ्य पर बहुत ध्यान दिया था।

सन् 1998 में मुझे भौतिक रसायन विज्ञान का लिनेट प्रोफेसर बनने के लिए कैंब्रिज विश्वविद्यालय में आमंत्रित किया गया था। कैंब्रिज के हृदय में अवस्थित सिडनी ससेक्स कॉलेज के आवास में रहते हुए उन छह सप्ताह के लिए मैंने वास्तव

में कैंब्रिज में ठहरने का आनंद उठाया था। अपने प्रवास के दौरान मैंने बिल जोंस के साथ मिलकर 'सुप्रामॉलिक्यूलर ऑर्गेनाइजेशन एंड मैटेरियल्स डिजाइन' शीर्षकवाली पुस्तक को संपादित करने की योजना बनाई थी। बाद में पुस्तक को कैंब्रिज विश्वविद्यालय प्रेस द्वारा प्रकाशित किया गया था।

सन् 1999 में मैं जे.एन.सी.ए.एस.आर. के अध्यक्ष पद से सेवानिवृत्त हो गया था। जे.एन.सी.ए.एस.आर. ने मुझे जब तक मैं चाहूँ, छात्रों को लेने की अनुमति दे दी थी और मुझे अपनी फेलोशिप प्रदान की थी। मुझे रिलायंस इंडस्ट्रीज की अक्षय निधि से लिनस पॉलिंग रिसर्च प्रोफेसर बनाया गया था। तब तक मेरे साथ काम करनेवाले लगभग 80 लोग पी-एच.डी. की उपाधि प्राप्त कर चुके थे। मैं अगले कुछ वर्ष प्रयोगशाला में पी-एच.डी. छात्रों तथा पी-एच.डी. के बाद के अध्येताओं के साथ काम करना चाहता था।

समापन में

वर्ष 1984-99 के पंद्रह वर्ष की अवधि मेरे जीवन की बहुत व्यस्ततम अवधि थी। हालाँकि मैं शोध में जितना अधिक कर सकता था, मैंने किया और गतिविधि के अन्य क्षेत्रों, जिसमें मेरी भागीदारी आवश्यक थी, योगदान भी किया। मैंने कुछ महत्त्वपूर्ण पाठ सीखे थे। सबसे महत्त्वपूर्ण यह था कि किसी को पूर्णकालिक प्रशासनिक नौकरी नहीं करनी चाहिए, यदि वह विलक्षण शोध करना चाहता है। दोनों परस्पर विशिष्ट हैं। दूसरे पाठ का संबंध समय के साथ है। समय अमूल्य है और व्यक्ति को सीखना पड़ता है कि उसका सर्वोत्तम उपयोग कैसे करें।

"संसार में सबसे अधिक लंबा एवं सबसे अधिक तेज क्या है; सबसे अधिक तेज एवं सबसे अधिक धीमा; सबसे अधिक विभाज्य एवं सबसे अधिक विस्तारित; सबसे कम मूल्यवान् एवं सबसे अधिक खेदजनक—जिसके बिना कुछ भी नहीं किया जा सकता है और जो सभी को निगल जाता है, जो छोटा है और जो कुछ भी महान् है, उसे जीवन व आत्मा देता है। यह वह है, जिसके रचयिता ने इतना अधिक मूल्य सोचा है, जैसा कि इसके न्यूनतम भाग को भी हम नश्वरों पर कभी भी न्योछावर नहीं करना है। यह समय है।"

—माइकल फैराडे

□

6

खुशी के लिए काम : 60 के बाद जीवन

सन् 1994 में भारतीय विज्ञान संस्थान के निदेशक पद से सेवानिवृत्ति के बाद मैंने नए जवाहरलाल नेहरू सेंटर फॉर एडवांस्ड साइंटिफिक रिसर्च के निर्माण में महत्त्वपूर्ण प्रयास किया था। यह कई तरीकों से आनंददायक था और केंद्र ने वर्ष 1999 तक पदार्थों, जीव-विज्ञान व अभियांत्रिकी यांत्रिकी से संबद्ध इकाइयों में कार्य का शुभारंभ किया था। सन् 1999 में जे.एन.सी.ए.एस.आर. के अध्यक्ष पद का त्याग करने के बाद मेरे प्रशासन के दिन समाप्ति पर आ गए थे। जो मैं करना चाहता था, उसके लिए मुक्त होना एक अद्भुत अनुभूति थी। तत्कालीन वाजपेयी सरकार के पास कोई विज्ञान सलाहकार तंत्र नहीं था। जब सरकार की नई प्रौद्योगिकी नीति का प्रारूप बनाया जा रहा था, तत्कालीन विज्ञान मंत्री डॉ. मुरली मनोहर जोशी ने मुझे किसी भी रूप में शामिल नहीं किया था। यह मेरी स्वतंत्रता में जुड़ गया था। मैंने महसूस किया था कि मैं आरामदेह वातावरण में शोध कर सकूँगा। उस समय के आस-पास समूचे विश्व में नैनो विज्ञान को महत्त्वपूर्ण क्षेत्र के रूप में मान्यता मिल रही थी। मैं नैनो मैटेरियल्स पर 1980 के दशक से ही काम कर रहा था—विषय को महत्त्वपूर्ण माने जाने से बहुत पहले। मैं छोटे धातु समूह (नैनो पार्टिकल्स), उनके इलेक्ट्रॉनिक गुणों व समूहों पर काम किया करता था। मैंने आविष्कार किया था कि धातु के नैनो पार्टिकल्स अधातु (नॉन मैटेलिक) हो जाते हैं, जब वे व्यास में लगभग एक नैनोमीटर (100-200 अणुओं को सम्मिलित करते हुए) के साथ बहुत छोटे हो जाते हैं।

सन् 1994 में मेरे 60वें वर्ष के बाद मेरे शोध-प्रदर्शन ने महत्त्वपूर्ण सुधार प्रदर्शित किया था। उद्धरणों में निश्चित बढ़त हुई थी, संभवत: इसलिए कि मेरी चिंताएँ बहुत कम थीं। बिना किसी प्रशासनिक उत्तरदायित्व के मैंने वर्ष 1999 के बाद अधिक अच्छा करने की आशा की थी। मैंने कार्बन नैनोट्यूब्स के विविध पहलुओं पर और इन ऑर्गेनिक नैनोवायर्स के संश्लेषण व चरित्र-चित्रण पर शोध जारी रखा था। कार्बन

नैनोहॉर्न्स का भी कुछ काम आगे बढ़ाया गया था। हम स्तरित पदार्थों के नैनोट्यूब्स बना सके थे; जैसे कि MoS_2, WS_2, $MoSe_2$, GaS व अन्य। मेरे पास अन्य प्रकार के पदार्थों के संश्लेषण करनेवाले कुछ छात्र थे। मेटल-ऑर्गेनिक फ्रेमवर्क्स (एम.ओ.एफ.) में हम कई रोचक परिणाम प्राप्त कर सके थे, न केवल नए पदार्थों के संश्लेषण में, बल्कि इन पदार्थों के गठन के तंत्र को समझने में भी। एम.ओ.एफ. के एक नए संरचनात्मक वर्गीकरण का प्रस्ताव किया था। रॉयल सोसाइटी ने मुझे वर्ष 2000 में 'ह्यूजेस मेडल' से सम्मानित किया था। भौतिक विज्ञानों में विलक्षण आविष्कार की मान्यता में ह्यूजेस मेडल प्रदान किया जाता है। यह सम्मान अनपेक्षित था और इसने मेरा मनोबल बढ़ाने का काम किया था।

21वीं शताब्दी ने ग्राफीन का आविष्कार देखा था। इसने हाल के समय में सबसे अधिक सनसनी पैदा की थी। कोई विश्वास नहीं कर सकता था कि द्विआयामी एक-अणु मोटा कार्बन शीट में ऐसे असामान्य गुणों का आविष्कार किया जा चुका था। इलेक्ट्रॉन के प्रक्षेप प्रवाहकत्व (बैलिस्टिक कंडक्शन) के साथ ग्राफीन छिद्र-रहित है। हमने ग्राफीन के विभिन्न पहलुओं पर भौतिकविदों के स्कॉच टेप विधि के स्थान पर रासायनिक साधनों से इसका संश्लेषण कर काम करना शुरू किया था। दो महत्त्वपूर्ण आलेखों को व्यापक रूप से उद्धृत किया गया है, जो मैंने 'एंजवेंडट केमी' एवं 'जर्नल ऑफ मैटेरियल्स केमिस्ट्री' में प्रकाशित किए थे।

इस समय के दौरान यद्यपि मुझे अप्रिय अनुभव हुआ था। एक छात्र मेरे साथ संयुक्त रूप से काम कर रहा था और दूसरे प्राध्यापक आई.आई.एस-सी. से विकिरण का पता लगाने के लिए ग्राफीन के उपयोग पर कुछ अच्छा काम किया था। शोध-पत्र को प्रकाशन के लिए एक प्रमुख शोध-पत्रिका 'एडवांस्ड मैटेरियल्स' ने स्वीकार कर लिया था। इसके तुरंत बाद हमने पाया था कि भूमिका में कुछ वाक्यों को छात्र ने साहित्य के शोध-पत्र से पुनः प्रस्तुत कर दिया था। दुर्भाग्यवश, मैंने केवल परिणाम खंड की जाँच की थी, क्योंकि शोध-पत्र को सह-मार्गदर्शक द्वारा पहले से ही देखा जा चुका था। मैंने तत्काल संपादक को शोध-पत्र को वापस लेने के लिए पत्र लिखा था। संपादक ने प्रत्युत्तर में लिखा था कि हमें शोध-पत्र को वापस नहीं लेना चाहिए, क्योंकि यह बहुत अच्छा है और वह पत्रिका में उचित क्षमा-याचना डाल देगी। बाद में जो क्षमा-याचना टिप्पणी आई थी, वह उचित शब्दों में नहीं थी और कुछ लोगों ने हम पर साहित्यिक चोरी का आरोप लगाया। जहाँ तक मेरा संबंध था, इस विषय

में संपादक अंतिम न्यायकर्ता थे और उन्होंने शोध-पत्र के प्रकाशन को उसके उच्च गुणवत्ता के कारण पूरा समर्थन दिया था। विषय को उचित रूप से संबोधित किए जाने के बाद मामला शांत हो गया। नियमित घटना के विषय पर भारत में अनपेक्षित प्रतिक्रियाओं से विदेश के मेरे कई मित्र हैरान थे।

वर्ष 2004 में प्रधानमंत्री डॉ. मनमोहन सिंह के नेतृत्व में भारत में नई सरकार का गठन हुआ था। डॉ. सिंह ने मुझे प्रधानमंत्री के नए विज्ञान सलाहकार परिषद् का अध्यक्ष बनने के लिए कहा था। वैज्ञानिक अभिकरणों के प्रमुखों के आमंत्रित गण के रूप में इसके पास छोटी सदस्यता थी। सदस्यों में कुछ रॉडम नरसिम्हा, पी. रामाराव, जी. मेहता, एम.एम. शर्मा, किरण कार्णिक, आर.ए. माशेलकर, बलदेव राज, के. विजय राघवन, ए. झुनझुनवाला, टी.वी. रामकृष्णन, पी. बलराम, ए.के. सूद, एस.ई. हसनैन, वी.के. सिंह, बी. सिन्हा एवं बी.के. थेल्मा थे। मैंने यह उत्तरदायित्व लिया था और परिषद् के अध्यक्ष के रूप में दस वर्षों की अवधि, 2014 तक काम किया था। विज्ञान एवं प्रौद्योगिकी विभाग के सचिव परिषद् के सदस्य सचिव थे और सभी वैज्ञानिक अभिकरणों व विभागों के प्रमुख प्रेक्षक थे। वी.एस. राममूर्ति ने शुरुआती चार वर्षों में परिषद् के सचिव के पद पर काम किया था और टी. रामशेषन ने परिषद् की शेष अवधि के लिए।

एस.ए.सी.-पी.एम. प्रतिवेदन के निर्गम पर
प्रधानमंत्री डॉ. मनमोहन सिंह एवं कपिल सिब्बल के साथ

विज्ञान सलाहकार परिषद् के सदस्यों के साथ प्रधानमंत्री डॉ. मनमोहन सिंह

यह याद कर कि फुलरीन्स एवं कार्बन के नैनोट्यूब्स के आविष्कार ने इन शून्य व द्विआयामी पदार्थों के अजैव अनुरूपों के शोध को किस तरह उकसाया था, मैंने वर्ष 2004-05 में द्विआयामी स्तरित पदार्थों (ग्राफीन के अजैव अनुरूपों) पर काम करने का फैसला किया था। हमने इन पदार्थों की एकल व कम स्तरित प्रजातियों, विशेष रूप से मोलिब्डेनम डाइसल्फाइड (MoS_2) व अन्य डाइकल्कोजिनाइड्स पर काम किया था और विषय पर सबसे पहले शोध-पत्रों में से कुछ प्रकाशित किए थे। हमने बोरोन नाइट्राइड पर काम कर इसका अनुसरण किया था। द्विआयामी अजैव पदार्थों पर प्रारंभिक शुरुआत मेरे लिए सौभाग्यशाली प्रमाणित हुई थी। यह क्षेत्र पिछले पाँच से छह वर्षों में बहुत अधिक लोकप्रिय हो गया है और MoS_2 सबसे अधिक असामान्य गुणोंवाले नए पदार्थों में से एक है। कुछ तरीकों से ये पदार्थ ग्राफीन की तुलना में अधिक रोचक हैं, क्योंकि उनमें बॉण्ड गैप्स हैं।

वर्ष 2004 में मुझे भारत सरकार द्वारा विज्ञान में सर्वोच्च मान्यता प्राप्त पहला इंडिया साइंस प्राइज मिला था। भारतीय विज्ञान कांग्रेस में प्रधानमंत्री डॉ. मनमोहन सिंह द्वारा यह पुरस्कार प्रदान किया गया था। उस वर्ष मैंने एम.आई.टी. के रॉबर्ट

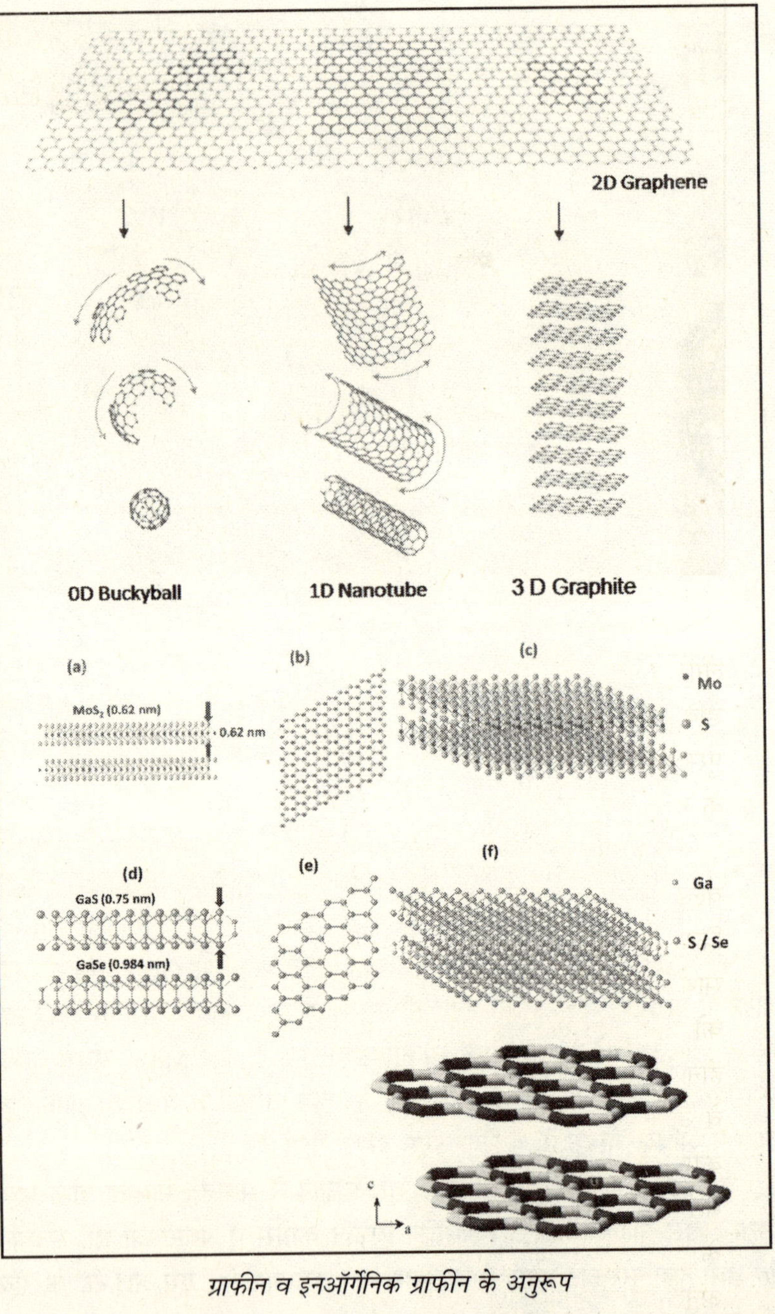

ग्राफीन व इनऑर्गेनिक ग्राफीन के अनुरूप

इंडिया साइंस प्राइज ग्रहण करते राव (2004)

लैंगर व हार्वर्ड के जॉर्ज व्हाइटसाइड के साथ इजरायल से 10 लाख डॉलर का डैन डेविड प्राइज ('इजरायल नोबेल' के रूप में जाना जानेवाला) प्राप्त किया था। पुरस्कार ग्रहण करने के लिए मेरी पत्नी इंदु और मैं इजरायल गए थे और इजरायल के चारों ओर यात्रा करने का अवसर प्राप्त किया था।

वर्ष 2000 में मैं थर्ड वर्ल्ड एकेडमी ऑफ साइंसेज (टी.डब्ल्यू.ए.एस.), अब वर्ल्ड एकेडमी ऑफ साइंसेज, का अध्यक्ष बना और इस पद पर छह वर्षों तक काम किया था। इस अवधि के दौरान मैंने मोहम्मद हसन (सूडान से) एवं जैकब पैलिस के साथ निकटता से काम किया और विविध देशों, विशेष रूप से अफ्रीका के वैज्ञानिकों, को जान सका था। अफ्रीका व अन्य विकासशील देशों के वैज्ञानिक मित्रों के साथ होना विलक्षण अनुभव था। उन सभी में हर प्रकार की आशा व आकांक्षा है; लेकिन वे अपने विकास में बड़ी बाधाओं का सामना करते हैं। टी.डब्ल्यू.ए.एस. के लिए काम करना आनंददायक था और मैं अध्यक्ष के रूप में नए अध्येताओं के चुनाव तथा बैठकों के आयोजन के अतिरिक्त कई चीजें कर सका था। सबसे कम विकसित देशों के वैज्ञानिकों के लिए अतिरिक्त पुरजों एवं छोटे अनुदान कार्यक्रमों से अलग शोध अनुदान प्रणाली स्थापित की गई थी। विश्व के विभिन्न हिस्सों में टी.डब्ल्यू.ए.एस.

डैन डेविड प्राइज समारोह, तेल अवीव (2005) में प्रो. व्हाइटसाइड्स व प्रो. लैंगर के साथ

तत्कालीन मुख्यमंत्री एस.एम. कृष्णा से 'कर्नाटक रत्न' प्राप्त करते हुए राव (2001)

के क्षेत्रीय अध्याय स्थापित किए गए थे। पिछले कुछ वर्षों में टी.डब्ल्यू.ए.एस. विकासशील देशों में विज्ञान का स्वर बनकर उभरा है। मैंने टी.डब्ल्यू.ए.एस. के

फ्रांस से शेवेलियर डी ला लेजियन डी 'हॉनियर पुरस्कार' प्राप्त करने के समारोह में राव (2005)

जैकब पैलिस एवं मोहम्मद एच.ए. हसन (टी. डब्ल्यू.ए.एस.) के साथ

लिए विभिन्न प्राधिकारों में 18 वर्षों से अधिक समय तक काम और अध्येताओं के चयन व पुरस्कार देनेवाली समितियों की अध्यक्षता की है। मैं टी.डब्ल्यू.ए.एस. का लगातार हिस्सा बना रहा हूँ और पुरस्कार समिति की अध्यक्षता करता हूँ। हाल में प्रकाशित टी.डब्ल्यू.ए.एस. के इतिहास में मैं यह देखकर गद्गद था कि मोहम्मद हसन, जो इसकी शुरुआत से ही टी.डब्ल्यू.ए.एस. के कार्यकारी निदेशक हैं, ने मुझे टी.डब्ल्यू.ए.एस. को दक्षिण में विज्ञान का स्वर बनाने का श्रेय दिया है।

जे.एन.सी.ए.एस.आर. में आयोजित अनेक गतिविधियों में से एक महत्त्वपूर्ण का संबंध विज्ञान शिक्षण व सुदूर कार्यक्रमों से था। विज्ञान शिक्षण को समर्थन देने के लिए मेरी पत्नी एवं मैंने वर्ष 2005 में 'सी.एन.आर. राव फाउंडेशन' स्थापित किया था। इस उद्देश्य के लिए हमने मेरे द्वारा विभिन्न पुरस्कारों से अर्जित लगभग 50

साइंस आउटरीच कार्यक्रम

प्रतिशत धन का उपयोग किया था। फाउंडेशन भारत के विभिन्न हिस्सों में विज्ञान शिक्षण गतिविधियों को समर्थन व सहयोग देता है। विशेष रूप से यह हिमालय क्षेत्र में विज्ञान शिक्षण कार्यक्रम का समर्थन करता है। हर वर्ष हम उत्तराखंड जाते हैं, जहाँ हम स्कूल के छात्रों व शिक्षकों के लिए कार्यशाला संचालित करते हैं। हम गंगोलीहाट (पिथौरागढ़ के निकट) में कार्यशाला आयोजित करने के लिए सुविधाओं के निर्माण में सफल हुए हैं। हमने केरल में भी पिछले 13 वर्षों से शिक्षण कार्यक्रम संचालित किए हैं। जहाँ तक संभव है, कार्यक्रम आंतरिक भारत व सुदूर क्षेत्रों में आयोजित किए गए हैं। हमने असम, बंगाल, केरल, कर्नाटक तथा कुछ अन्य राज्यों को पूरा किया है। टी.डब्ल्यू.ए.एस. के माध्यम से फाउंडेशन सबसे कम विकसित देश के एक सर्वोत्तम शोध वैज्ञानिक को भी पुरस्कार प्रदान करता है।

मदन मोहन मालवीय एंफीथिएटर के उद्घाटन अवसर पर रिचर्ड जारे व बेंगट नॉर्डन

जे.एन.सी.ए.एस.आर. परिसर में एक हॉल ऑफ साइंस का निर्माण किया गया था, जहाँ हम स्कूली छात्रों के लिए नियमित रूप से कार्यक्रम करते हैं। मेरी पत्नी व मैंने फाउंडेशन के माध्यम से भवन-निर्माण की लागत का बड़ा हिस्सा दान दिया और कुछ योगदान रिलायंस इंडस्ट्रीज के श्री मुकेश अंबानी से प्राप्त किया था। हॉल ऑफ साइंस एक सक्रिय स्थल है, जहाँ बच्चे व्याख्यान सुनने तथा प्रयोगों को करने के लिए

सी.एन.आर. राव हॉल ऑफ साइंस, जे.एन.सी.एस.आर.

प्रधानमंत्री मनमोहन सिंह द्वारा सी.एन.आर. राव हॉल ऑफ साइंस का उद्घाटन एवं आई.सी.एम.एस. का राष्ट्र को समर्पण (3 दिसंबर, 2008)

सभी जगह से आते हैं। यह पदार्थ रसायन विज्ञान पर प्रदर्शनी, सी.एन.आर. राव अभिलेखागार एवं बच्चों के उपयोग के लिए कंप्यूटर के माध्यम से दिखने के कमरे को निवास प्रदान करता है। यह शिक्षकों के लिए कार्यशालाओं का संचालन करता है और विज्ञान शिक्षकों को राष्ट्रीय पुरस्कार प्रदान करता है और पुस्तक, सी.डी. व डी.वी.डी. जैसी शिक्षण सामग्रियों का उत्पादन करता है। मेरी पत्नी एवं मैंने प्रत्यक्ष भागीदारी के द्वारा इन गतिविधियों में योगदान किया है। कई पुस्तकें, सी.डी. व अन्य सामग्रियाँ उत्पादित की हैं। जो महत्त्वपूर्ण पुस्तकें उत्पादित की गई हैं, वे हैं इंदु व मेरे द्वारा लिखी गई 'लर्निंग साइंस' (चार खंडों में, कक्षा 8 से 10 के बच्चों के लिए), मेरे द्वारा लिखी गईं 'अंडरस्टैंडिंग केमिस्ट्री', 'नैनोवर्ल्ड' व 'नैनो कार्बन्स'। उन्हें विविध भारतीय भाषाओं में अनूदित किया जा चुका है और कुछ नेशनल बुक ट्रस्ट द्वारा प्रकाशित किए गए हैं। विज्ञान सुदूर पहुँच कार्यक्रम का उद्देश्य न केवल बच्चों को उचित विज्ञान शिक्षण प्रदान करने में मदद करना है, बल्कि उनकी कल्पना व वैज्ञानिक स्वभाव को बढ़ावा देना भी है। हॉल ऑफ साइंस का उद्घाटन प्रधानमंत्री डॉ. मनमोहन सिंह ने वर्ष 2008 में किया था। उस समय उन्होंने विज्ञान व प्रौद्योगिकी विभाग द्वारा वित्त-पोषित इंटरनेशनल सेंटर फॉर मैटेरियल्स साइंस को आवास प्रदान करनेवाले नए भवन का उद्घाटन भी किया था।

इंटरनेशनल सेंटर फॉर मैटेरियल्स साइंस (आई.सी.एम.एस.)

इंटरनेशनल सेंटर फॉर मैटेरियल्स साइंस (आई.सी.एम.एस.) उन्नत पदार्थों का अनुसंधान करता है और विभिन्न संस्थानों के युवा वैज्ञानिकों व शिक्षकों, उनके सहित जो अफ्रीका के विकासशील देशों व अन्य देशों के हैं, लघु यात्रा के अवसर भी प्रदान करते हैं। भारत में केंद्र अनेक बैठकें व संगोष्ठी का आयोजन करता है। इसने इलेक्ट्रॉन माइक्रोस्कोपी, मॉलिक्यूलर बीम एपीटैक्सी, नैनो साइंस व नैनो फैब्रिकेशन, क्रिस्टलोग्राफी, हाई प्रेशर सिंथेसिस, फोटोएमिशन स्पेक्ट्रोस्कॉपी व स्कैनिंग प्रोब माइक्रोस्कोपीज एवं अन्य उत्कृष्ट सुविधाएँ स्थापित की हैं। केंद्र का प्रयोगशाला

शेख सक्र लैबोरेटरी

भवन सचमुच आकर्षक है और कई आगंतुकों द्वारा इसकी प्रशंसा की गई है। पिछले छह-सात वर्षों में रसायन विज्ञान को समर्पित नई इकाई, जिसे न्यू केमिस्ट्री यूनिट (एन.सी.यू.) कहा जाता है, को स्थापित किया गया है। इस इकाई के संकाय सदस्य पदार्थों व जीव विज्ञान के नजदीकी क्षेत्रों में काम करते हैं। आज जे.एन.सी.ए.एस.आर. में आनेवाले पदार्थों के शोध के व्यापक क्षेत्रों में ऊर्जा पदार्थ, चुंबकीय व इलेक्ट्रॉनिक पदार्थ, नैनो पदार्थ, बहुलक (पॉलीमर्स), सुप्रामॉलिक्यूलर मैटेरियल्स, सॉर्पशन मैटेरियल्स के साथ सिद्धांत व अभिकलन शामिल हैं।

वर्ष 2008 में रास अल-खैमाह, यू.ए.ई. द्वारा मुझे अमीरात में पदार्थों के उन्नत अनुसंधान केंद्र को स्थापित करने के लिए सलाहकार समिति का सदस्य होने के लिए कहा गया था। समिति के अध्यक्ष टोनी चीथम थे और दूसरे सदस्यों के रूप में मिली ड्रेसेलहॉस, रिचर्ड फ्रेंड व माइक क्लेइन शामिल थे। हम कुछ बार मिले थे और 4 करोड़ डॉलर के बजट से प्रयोगशाला तथा संबंधित आवश्यकताओं की योजना बनाई थी। कार्यशील पदार्थ शोध केंद्र को देखने की रुचि से शेख सऊद स्वयं अपने विमान में सवार होकर बैंगलोर आए थे। वे जे.एन.सी.ए.एस.आर. से बहुत प्रभावित हुए थे। अंततः जब धन के अभाव में आर.ए.के. में

शेख सऊद द्वारा शेख सक्र लैबोरेटरी का उद्घाटन

पदार्थ अनुसंधान केंद्र को स्थापित नहीं करने का फैसला किया गया, शेख सऊद ने कहीं और पदार्थ अनुसंधान को वित्त-पोषित करने का फैसला किया और इस उद्देश्य के लिए जे.एन.सी.ए.एस.आर. को चुना था। जे.एन.सी.ए.एस.आर. छह वर्षों से अधिक अवधि में लगभग 40 लाख डॉलर की धनराशि प्राप्त कर रहा है, प्रयोगशाला भवन के हिस्से के कुछ धनराशि सहित। इस प्रकार आई.सी.एम.एस. के हिस्से के रूप में शेख सक्र लैबोरेटरी (एस.एस.एल.) की स्थापना हुई थी। नए रसायन विज्ञान भवन के हिस्से का नाम शेख सक्र (शेख सऊद के दिवंगत पिता) पर रखा गया था। एस.एस.एल. का वार्षिक चालन बजट 6 लाख डॉलर है। यह संकाय सदस्यों को शोध-समर्थन प्रदान करने के लिए उपयोग किया जाता है और इसका अधिकांश हिस्सा शोध उपकरण के लिए उपयोग किया जाता है। एस.एस.एल. शोधकर्मियों को भी समर्थन करता है और संकाय सदस्यों व शोध-छात्रों को फेलोशिप देता है। यह पदार्थों व रसायन विज्ञान पर प्रसंग कार्यशालाओं का आयोजन करता है। एस.एस.एल. हम सभी के लिए लाभदायक रहा है। एस.एस.एल. के साथ केंद्र में न्यू केमिस्ट्री यूनिट (एन.सी.यू.) भी बढ़ रहा है। एन.सी.यू. का नया भवन, जिसमें एस.एस.एल. भी है, वर्ष 2013 में शेख सऊद द्वारा उद्घाटित हुआ था। शेख सऊद का दान बिना किसी शर्त के है और इसमें कोई बंधन नहीं है। मैंने किसी भी भारतीय उद्योगपति में शेख सऊद द्वारा दिखाई गई उदारता व रुचि नहीं देखी है।

रूस के उप-प्रधानमंत्री द्वारा 'ऑर्डर ऑफ फ्रेंडशिप' प्राप्त करते हुए (2009)

वर्ष 2009 में भारतीय विज्ञान संस्थान ने अपनी जन्म-शताब्दी मनाई थी। समारोहों के हिस्से के रूप में मुझे पहला शताब्दी व्याख्यान देने को कहा

गया और संस्थान ने वर्ल्ड साइंटिफिक पब्लिशर्स के माध्यम से मेरे चयनित शोध-पत्रों को धारण करनेवाला अंक प्रकाशित किया था। शताब्दी समारोह मेरे 75वें जन्म-दिवस के साथ मेल खाया। तब मुझे लगा कि मैं बूढ़ा हो रहा हूँ। मैंने सोचा था कि मैं आत्मकथा लिखूँगा। मैंने 'क्लाइंबिंग द लिमिटलेस लैडर' पुस्तक लिखी और यह वर्ल्ड साइंटिफिक द्वारा प्रकाशित की गई थी।

वर्ष 2009 में रॉयल सोसाइटी ने मुझे प्रतिष्ठित रॉयल मेडल (क्वीन्स मेडल) से पुरस्कृत किया था। यह मेरे काम के लिए रॉयल सोसाइटी से दूसरी प्रमुख मान्यता थी। रॉयल सोसाइटी हमेशा से मेरे अकादमिक प्रयासों से उत्साहवर्धक रहा है। 2010 में रॉयल सोसाइटी ने अपनी 350वीं वर्षगाँठ मनाई और मुझे सभी अध्येताओं की ओर से प्रतिवचन देने को कहा गया था। रॉयल फेस्टिवल हॉल, लंदन में भव्य समारोह हुआ और महारानी ने बैठक का उद्घाटन किया था। वे इस अवसर के लिए पूरे राजपरिवार के साथ आई थीं। मैंने ऐसे अवसर पर संबोधन देने के लिए स्वयं को सम्मानित महसूस किया, जिसमें सभी अकादमियों के प्रमुखों तथा लगभग 2,000 अध्येताओं व वैज्ञानिकों ने भाग लिया था।

रॉयल सोसाइटी द्वारा रॉयल मेडल प्राप्त करते हुए राव (2009)

वर्ष 2004-10 के बीच मेरी कई पुस्तकें प्रकाशित हुई थीं। नैनोमैटेरियल्स, नैनो केमिस्ट्री व ग्राफीन से संबंधित सभी तीन पुस्तकें विले-वी.सी.एच. द्वारा प्रकाशित हुई

रॉयल सोसाइटी, लंदन की 350वीं वर्षगाँठ पर
अध्येताओं की ओर से प्रतिवचन देते राव

थीं। नैनोट्यूब्स व नैनोवायर्स पर एक पुस्तक रॉयल सोसाइटी ऑफ केमिस्ट्री, लंदन द्वारा प्रकाशित हुई थी।

जर्मन केमिकल सोसाइटी ने वर्ष 2010 में मुझे 'ऑगस्ट विल्हेल्म वॉन हॉफमैन मेडल' से पुरस्कृत किया था। यह मेडल जर्मन केमिकल सोसाइटी द्वारा विश्व के नेतृत्वकारी रसायनज्ञ को दिया जानेवाला एक अंतरराष्ट्रीय पुरस्कार है। वर्ष 2011 में मैंने पदार्थ अनुसंधान के लिए 'इली ट्रीस्ट साइंस प्राइज' प्राप्त किया था। पिछले वर्षों में मैंने पदार्थों के रसायन विज्ञान से संबंधित अंतरराष्ट्रीय सम्मेलनों में कई व्याख्यान दिए थे। मैंने विश्व भर के विविध विश्वविद्यालयों में नामित व्याख्यान भी दिए थे। मुझे विशेष रूप से वर्ष 2010 में रसायन विज्ञान विभाग में ए.डी. लिटिल व्याख्यान के लिए मैसाचुसेट्स इंस्टीट्यूट ऑफ टेक्नोलॉजी की अपनी यात्रा का उल्लेख अवश्य करना चाहिए। एम.आई.टी. के चारों तरफ जाते हुए मैंने महसूस किया था कि मैं संभवत: विश्व के सर्वोत्तम संस्थानों में से एक के गलियारों में घूम रहा हूँ। एम.आई.टी. विज्ञान एवं प्रौद्योगिकी में अति उत्तम का प्रतिनिधित्व करता है और इसमें आवश्यक पार-अनुशासनिक भावना है, जो नवाचार के अतिरिक्त आधुनिक शिक्षा एवं अनुसंधान को बढ़ावा देता है। एम.आई.टी. संकाय द्वारा पूरे किए गए अनुसंधान

ऑगस्ट विल्हेम वॉन हॉफमैन मेडल। राव के दाएँ तरफ खड़े प्रो. मार्टिन जानसेन

अर्नेस्टो इली ट्रीस्ट साइंस प्राइज

व विकास के आधार पर बहुत बड़ी संख्या में शुरू हुई (स्टार्ट-अप) कंपनियाँ व उद्योग खड़े हुए हैं।

पिछले कुछ वर्षों में मैंने अनेक विश्वविद्यालयों से मानद पी-एच.डी. की उपाधि प्राप्त की है और उन दीक्षांत समारोहों में से कुछ यादगार रहे हैं। ऑक्सफोर्ड में समारोह को लैटिन में संचालित किया गया था और मानद पी-एच.डी. प्राप्त करनेवाले अमेरिका के पूर्व राष्ट्रपति जिमी कार्टर थे। उप्पसला में कुलाधिष्ठाता (रेक्टर) पुरस्कार प्राप्तकर्ता को सोने की अँगूठी देते हैं और उनके सिर पर पत्तियों का मुकुट रखते हैं। जब वह ऐसा करते तो तोप का गोला दागा जाता था। उप्पसला के उसी दीक्षांत समारोह में नेल्सन मंडेला ने भी मानद पी-एच.डी. की उपाधि प्राप्त की थी, जैसे कि मैंने सेंट एंड्रूज में हिलेरी क्लिंटन, कैंटरबरी के आर्कबिशप एवं जेन गुडाल के साथ मानद पी-एच.डी. की उपाधि प्राप्त की थी। ये कुछ अवसर थे, जब मैं कुछ क्षण के लिए एक प्रसिद्ध व्यक्ति बन गया था।

वर्ष 2010 से मैं शोध के कुछ नए क्षेत्रों को खोजता आ रहा हूँ। इनमें से एक कृत्रिम फोटोसंश्लेषण से जल के विदारण से संबंधित है। हमने दोनों में सफलता पाई थी, जल के ऑक्सीडेशन के द्वारा ऑक्सीजन और सेमीकंडक्टर हेटरोस्ट्रक्चर्स और रंग संवेदीकरण का उपयोग करके पानी की घटत से हाइड्रोजन। हमने CO व H_2 की उपज के लिए CO_2 एवं H_2O के सौर ऊष्मा रासायनिक अपघटन, संश्लेषण गैस का उत्पादन करने के लिए एक व्यवहार्य तरीके पर भी अध्ययनों को पूरा किया था। हमने पानी के विद्युत् अपघटन (इलेक्ट्रोलिसिस) के लिए प्लेटिनम को बदलने के लिए एक कम लागतवाला गैर-धातु उत्प्रेरक खोजा है। नए पदार्थों की बनावट तैयार करने तथा संश्लेषण करने में सह-संयोजक के रूप एक-दूसरे के आर-पार जुड़े नैनोमैटेरियल्स बनाने के लिए ग्राफीन व कार्बन नैनोट्यूब्स को आपस में जोड़कर या MoFs व बोरोन नाइट्राइड जैसे अन्य पदार्थों से एक नया योगदान प्राप्त किया गया था। ऐसा लगता है कि इनऑर्गेनिक स्तरित पदार्थों के ग्राफीन अनुरूपों पर हमारे काम ने महत्त्वपूर्ण ध्यान प्राप्त किया था। मुझे प्रमुख शोध-पत्रिकाओं द्वारा इस प्रसंग पर आलेख लिखने के लिए आमंत्रित किया गया और हम इस व्यापक क्षेत्र में काम करना जारी रखे हुए हैं।

शांतिनिकेतन में देशिकोत्तम पुरस्कार प्राप्त करते हुए

मानद पी-एच.डी. उपाधि, उप्पसला

शेल्डोनियन थिएटर, ऑक्सफोर्ड में रजिस्टर पर हस्ताक्षर करते हुए

मानद पी-एच.डी. उपाधि, कश्मीर विश्वविद्यालय

मानद पी-एच.डी. उपाधि, सेंट एंड्रूज (2013), हिलेरी क्लिंटन निकट ही देखी जा सकती हैं

द. कोरिया में मॉलिक्यूलर फ्रंटियर्स सिंपोजियम (2013) में उपयोग किया गया राव का कार्टून

इस संदर्भ में हमारे द्वारा किए गए महत्त्वपूर्ण योगदानों में से एक है विसंवाहित बोरोन नाइट्राइड एवं संवाहित ग्राफीन शामिल संरचनाओं की विशाल शृंखलाओं के ऊपर बोरोकार्बोनाइट्राइड, $B_xC_yN_z$, को तैयार करना। ये पदार्थ अलग तरीकों से बनाए जाते रहे हैं और उनकी इलेक्ट्रॉनिक संरचना, गैस अधिशोषण, ऊर्जा उपकरणों में अनुप्रयोग एवं उत्प्रेरक गुणों के अनुसंधान किए जाते रहे हैं। यह शोध का समृद्ध क्षेत्र रहा है और इसने बैटरियों, ईंधन कोशिकाओं व सुपरकैपेसिटर जैसी ऊर्जा प्रौद्योगिकियों में कई उपयोगी अनुप्रयोगों की उपज दी है। यदि मेरी अभी भी MoFs में रुचि थी, मैंने इस क्षेत्र में आगे काम न करने का फैसला किया था, क्योंकि इसमें बहुत अधिक भीड़ हो गई थी। एकमात्र चीज, जो मैं MoFs के साथ कर रहा हूँ, वह है सम्मिश्रितों को बनाना, जिनमें वे ग्राफीन व अन्य द्विआयामी नैनोशीट्स के साथ सह-संयोजक के रूप में बँधे हुए हैं। वर्ष 2008 से मैंने गरमियों में कैलिफोर्निया विश्वविद्यालय, सांता बारबरा जाना बंद कर दिया था, क्योंकि इंदु को दूर की यात्रा में कठिनाई होती थी। टोनी चीथम, जिनके साथ मैंने सहभागिता की थी, इसी समय के आस-पास यू.सी.एस.बी. छोड़कर कैंब्रिज विश्वविद्यालय चले गए थे। यद्यपि यू.सी.एस.बी. ने पदार्थों के अतिथि प्राध्यापक के रूप में दिखाना जारी रखा है। सामान्य रूप

अपने अनुसंधान कार्य की हीरकजयंती मनाते शोधार्थी

से अब मैं लंबी अवधि के लिए विदेश जाने में कठिनाई महसूस करता हूँ।

धातु ऑक्साइड्स व चाकोजेनाइड्स में अलगाववादी आयन प्रतिस्थापन को शामिल करनेवाले पूरी तरह से नए वर्ग के पदार्थों की खोज की गई है। इसका एक उदाहरण ZnO द्वारा प्रदान किया गया है, जिसमें ऑक्सीजन को N व F से प्रतिस्थपित किया गया है। $ZnO_{1-2x}N_xF_x$ में इलेक्ट्रॉन की संख्या ZnO के समान है; लेकिन पूरी तरह भिन्न गुणों को धारण करता है। इस प्रकार $x = 0.15$ या इसी तरह ZnO नारंगी रंग का है, जबकि ZnO रंग में श्वेत है। इस प्रकार का प्रतिस्थापन बंधन-अंतर को नीचे लाता है। लेकिन Zn_2NF या CD_2PCl जैसे पूरी तरह से प्रतिस्थापित अलगाववादी आयन आधारित पदार्थ रोचक गुणों को धारण करने के अर्धचालक हैं, जैसे कि जल से फोटोकेमिकल हाइड्रोजन का क्रमागत विकास।

जुलाई 2013 में मेरे प्रिय पौत्र डॉ. कार्तिक, एम.डी. की एक अच्छी राजस्थानी लड़की अवंतिका से शादी हुई थी। अवंतिका भी चिकित्सक है, जो रोग विज्ञान में विशेषज्ञता रखती है।

नवंबर 2013 में जे.एन.सी.ए.एस.आर. ने अपनी रजत जयंती मनाई थी। केंद्र के विकास एवं कार्य-प्रदर्शन का गवाह बनना हृदय को स्पर्श करनेवाला अनुभव था। मुझे एक गर्वित पिता (दादा) की तरह महसूस हुआ था। केंद्र द्वारा आयोजित विशेष समारोह में भारत के उप-राष्ट्रपति श्री हामिद अंसारी मुख्य अतिथि थे। इस अवसर पर उनके जैसे प्रबुद्ध विद्वान् व मित्र को प्राप्त करना आनंददायक था।

प्रधानमंत्री की विज्ञान सलाहकार परिषद्, जिसका मैं वर्ष 2004 से 2014 तक अध्यक्ष था, ने देश में विज्ञान एवं प्रौद्योगिकी के अनेक पहलुओं में योगदान किया है। इस अवधि के दौरान मैंने प्रधानमंत्री डॉ. मनमोहन सिंह के साथ निकटता से काम किया था, जो हमेशा सौहार्दपूर्ण व प्रोत्साही रहे थे। उन्होंने नए विचारों व पहल का स्वागत किया और परिषद् की किसी भी अनुशंसा को अस्वीकार नहीं किया था। परिषद् की अनुशंसा के आधार पर पाँच इंडियन इंस्टीट्यूट ऑफ साइंस एजुकेशन एंड रिसर्च (आई.आई.एस.ई.आर.) स्थापित किए गए थे। मुझे शिक्षा मंत्री की ओर से प्रधानमंत्री व अन्य को आई.आई.एस.ई.आर. की परिकल्पना प्रस्तुत करने की प्रसन्नता थी। ये संस्थान वैज्ञानिक प्रतिभा के नए झरनों का वादा करते हैं। वरिष्ठ वैज्ञानिकों के लिए जे.सी. बोस फेलोशिप, आकांक्षी वैज्ञानिकों के लिए रामानुजन फेलोशिप और कई अन्य महत्त्वपूर्ण अवसरों की रचना की गई है। परिषद् की

अनुशंसा पर भारत सरकार के दो नए विज्ञान विभागों—पृथ्वी एवं महासागर विज्ञान विभाग और स्वास्थ्य अनुसंधान विभाग स्थापित किए गए थे।

यह समय था, जब देश के पास स्वास्थ्य अनुसंधान विभाग था, जो चिकित्सा अनुसंधान व इंडियन कौंसिल ऑफ मेडिकल रिसर्च की देखभाल करता है। भारत सरकार में ऐसे विभाग के होने के लिए कई वर्षों से प्रयास हो रहे थे; लेकिन इस परिषद् की अवधि में ही ऐसा संभव हो सका। जैव प्रौद्योगिकी, कृषि और इसी तरह की कई चीजें थीं, जो परिषद् कर सका था। परिषद् ने 'साइंस इन इंडिया' शीर्षक से एक अंक प्रकाशित किया, जो विज्ञान सलाहकार परिषद् की उपलब्धियों को प्रस्तुत करता है और भारत द्वारा सामना की जा रही समस्याओं व चुनौतियों पर विचार-विमर्श करता है। यह वैज्ञानिक अनुसंधान व नवाचार में भारत को वैश्विक नेतृत्वकर्ता बनाने के लिए कार्य-योजना प्रस्तुत करता है।

पिछले दस वर्षों में एक महत्त्वपूर्ण घटना नैनो विज्ञान एवं प्रौद्योगिकी में अनुसंधान को बढ़ावा देने के लिए राष्ट्रीय नैनो मिशन की स्थापना रही है, जिसका मैं अध्यक्ष रहा हूँ। समूचे देश में सुविधाओं व विषयगत इकाइयों की रचना और दो संस्थानों की स्थापना करना खुशी की बात रही है। इसने भारत को इस विषय में नेतृत्वकर्ता के रूप में उभरने तथा प्रकाशनों के संदर्भ में विश्व में तीसरा स्थान हासिल करने में सक्षम बनाया है। कई प्रौद्योगिकियों के भी नवाचार हुए हैं। यह विचार करते हुए कि आयोग की स्थापना से पहले शायद ही देश में कोई नैनो अनुसंधान था, इसका कार्य-प्रदर्शन उल्लेखनीय है। मिशन द्वारा आयोजित राष्ट्रीय व अंतरराष्ट्रीय सम्मेलनों ने कार्यक्रम की सफलता में योगदान दिया है। नैनो मिशन की ही तरह विज्ञान एवं प्रौद्योगिकी के कुछ अन्य महत्त्वपूर्ण क्षेत्रों के समर्थन के लिए विचार करना सार्थक होगा।

वर्ष 2008 से मैं कर्नाटक सरकार के विज्ञान एवं प्रौद्योगिकी पर दृष्टि समूह की अध्यक्षता करता रहा हूँ। सभी मुख्यमंत्री समर्थक रहे हैं और मैंने राज्य में योगदान करने का आनंद लिया है। विशेष रूप से हमने सभी स्तरों पर शिक्षक प्रशिक्षण (पुनश्चर्या) कार्यक्रमों को संचालित किया है, राज्य के संस्थानों में अच्छे शिक्षकों व शोधकर्ताओं को पुरस्कृत किया है और कॉलेजों को आधारभूत संरचना प्रदान करने के अतिरिक्त व्यक्ति विशेषों को शोध-अनुदान पुरस्कृत किए हैं। मैं राज्य द्वारा कैबिनेट का दर्जा स्वीकार करता रहा हूँ।

नवंबर 2013 में मेरी पत्नी व मैं स्कूल के बच्चों एवं स्नातकोत्तर छात्रों को

प्रो. राव को 'भारत रत्न' प्रदान करते हुए भारत के राष्ट्रपति श्री प्रणव मुखर्जी

व्याख्यान देने के लिए अपनी वार्षिक यात्रा पर त्रिवेंद्रम गए थे। लौटते हुए जब मैं हवाई अड्डे पर था, मैंने प्रधानमंत्री डॉ. मनमोहन सिंह से फोन द्वारा यह सूचना प्राप्त की कि मुझे देश के सर्वोच्च नागरिक सम्मान 'भारत रत्न' के लिए नामित किया गया है। मेरे लिए यह विश्वास करना कठिन था कि मैं ऐसे सर्वोच्च सम्मान को प्राप्त करने वाला हूँ। अनुसंधान परिषदों सहित भारत सरकार के विज्ञान एवं प्रौद्योगिकी विभागों

ने 14 जनवरी, 2014 को विज्ञान मंत्री की अध्यक्षता में एक अभिनंदन बैठक के बाद स्वागत-समारोह का आयोजन किया था। उस शाम प्रधानमंत्री ने अपने घर पर चाय के लिए वैज्ञानिकों के चयनित समूह का आतिथ्य किया था। राष्ट्रपति भवन में 'भारत रत्न' दिए जाने का कार्यक्रम भव्य था। यह 4 फरवरी, 2014 को आयोजित किया गया और समारोह के बाद राष्ट्रपति श्री प्रणव मुखर्जी ने मेरे एवं मेरी पत्नी के साथ चाय पीने का पर्याप्त अनुग्रह किया था। इस अवसर पर प्रधानमंत्री भी उपस्थित थे। समारोह में समूचे परिवार ने भाग लिया और बाद में हमने दोपहर का स्वादिष्ट भोजन भी किया था।

राष्ट्रपति भवन में प्रो. राव व परिवार

प्रधानमंत्री निवास में अभिनंदन कार्यक्रम में प्रो. राव

कर्नाटक सरकार द्वारा सम्मानित होते प्रो. राव

रोहतांग दर्रा (13,050 फीट पर आयोजित), हिमाचल प्रदेश में अभिनंदन

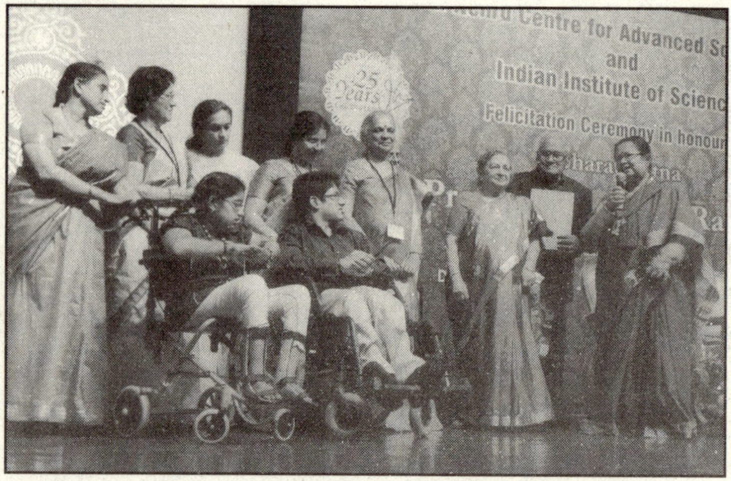

जे.एन.सी.ए.एस.आर. एवं आई.आई.एस-सी. द्वारा अभिनंदन में समाज के असमर्थ बच्चों के साथ प्रो. राव एवं श्रीमती राव

वर्ष 2014 के शुरुआती समय में मैं चाइनीज एकेडमी ऑफ साइंसेज का विदेशी सदस्य चुना गया था, जिसका मैं 2013 में आइंस्टीन प्रोफेसर था। चाइनीज एकेडमी ने भी मुझे अपने अंतरराष्ट्रीय पदक से पुरस्कृत किया था।

इंटरनेशनल अवार्ड फॉर साइंस, चाइनीज एकेडमी ऑफ साइंसेज, अध्यक्ष चुन ली बाइ के साथ

वर्ष 2014 में जब मैं 80 वर्ष का हुआ था, वर्ल्ड साइंटिफिक पब्लिशर्स ने पदार्थों के रसायन विज्ञान पर मेरे शोध-पत्रों के संकलन वाला एक अंक प्रकाशित किया था। अगेवांदते केमी परिवार ने उस अवसर पर शोध-पत्रिका का विशेष अंक प्रकाशित किया था। बैंगलोर में एक अंतरराष्ट्रीय संगोष्ठी भी आयोजित की गई थी। रॉयल सोसाइटी व रॉयल सोसाइटी ऑफ केमिस्ट्री ने मेरे 80 वर्ष को मनाने के लिए जून 2014 में लंदन में विशेष संगोष्ठी का आयोजन किया था। इस अवसर को महत्त्वपूर्ण बनाने के लिए मैंने अपनी पत्नी एवं परिवार के अन्य सदस्यों के साथ हिमालय में बद्रीनाथ की यात्रा की थी।

दि ऑर्डर ऑफ द राइजिंग सन, गोल्ड एंड सिल्वर स्टार, जापान

वर्ष 2015 में जापान के सम्राट् ने मुझे जापान के सर्वोच्च नागरिक सम्मान 'द ऑर्डर ऑफ राइजिंग सन, गोल्ड एंड सिल्वर स्टार' से पुरस्कृत किया था। क्योंकि हम टोक्यो नहीं जा सके थे, दिल्ली में जापानी राजदूत के निवास पर एक कार्यक्रम आयोजित किया गया था। दूसरे प्रकार से भी 2015 का वर्ष महत्त्वपूर्ण था। एक पुस्तक 'लाइव्स एंड टाइम्स ऑफ ग्रेट पायनियर्स ऑफ केमिस्ट्री' प्रकाशित हुई, जो

मैंने अपनी पत्नी के साथ लिखी थी। इस पुस्तक को लिखना प्यार का परिश्रम था। इसने मुझे रसायन विज्ञान के संस्थापकों को अपनी कृतज्ञता को अभिलेखित करने का रास्ता दिया था, विचार करते हुए कि 60 वर्षों से अधिक से रासायनिक अनुसंधान करते हुए मेरा अद्‌भुत जीवन कैसा रहा है। इस पुस्तक के लेखन ने मुझ पर व्यापक असर डाला था। इसने मुझे विनम्र कर दिया और मुझे एक रसायनज्ञ होने पर गौरव महसूस कराया था। रसायन विज्ञान के अधिकांश महान् अग्रदूत साधारण पृष्ठभूमियों से आए थे और उनमें से कुछ बहुत गरीब थे। वे अपनी दृढ़ इच्छा-शक्ति एवं कठिन परिश्रम के कारण महान् रसायनज्ञ बने थे। वर्ष 2015 में मेरी पुस्तक 'एसेंशियल्स ऑफ इनऑर्गेनिक मैटेरियल्स सिंथेसिस' भी प्रकाशित (विले, न्यूयॉर्क) हुई थी। उस वर्ष अक्तूबर में मेरी पत्नी और मैं कार्तिक व अवंतिका की सुंदर छोटी बच्ची के परदादा-दादी बन गए थे।

'लाइव्स एंड टाइम्स ऑफ ग्रेट पायनियर्स इन केमिस्ट्री' का आवरण

मैं अभिमान व निश्चय के साथ कह सकता हूँ कि मैंने विज्ञान-कर्म करने में भरपूर आनंद उठाया है, विशेष रूप से युवा वैज्ञानिकों के साथ। उनके साथ संलग्न रहना न केवल मुझे युवा रखता है, बल्कि युवा प्रतिभा के उदय की सुविधा प्रदान करने में अपनी भूमिका निभाने में सक्षम बनाता है। रोचक तथ्य यह है कि मेरा शोध कार्य-प्रदर्शन, जिसमें 60 वर्ष की उम्र के बाद रेखांकित सुधार दिखाया है, वह 70 की उम्र के बाद और अधिक फूला-फला है। उद्धरणों की संख्या व H-इंडेक्स दोनों ने बड़ी छलाँग दिखाई है, जब मैं 70 वर्ष का हो गया हूँ। पिछले कुछ वर्षों में मैं लगभग हर वर्ष 6,000 बार उद्‌धृत किया गया हूँ और आज उद्धरण की कुल संख्या 88,000 से अधिक है। जबकि मेरा H-इंडेक्स 131 पहुँच गया है। I10-इंडेक्स (जो कम-से-कम 10 बार उद्‌धृत किए गए शोध-पत्रों की संख्या देता है) लगभग 1,260 है। मेरे शोध-पत्रों की कुल संख्या (60 वर्षों से अधिक से कुछ सौ सहकर्मियों के साथ शोध करने के बाद) 1,600 पहुँच गई है। मेरे द्वारा लिखी गई एवं संपादित पुस्तकों

की संख्या 50 है। मैंने कभी ऐसे कीर्तिमान को छूने के बारे में नहीं सोचा था। मैं इन संख्याओं की वृद्धि का पता नहीं लगाता हूँ; लेकिन अद्यतन संख्याएँ सुखद आश्चर्य हैं। मान्यता व उद्धरणों के संदर्भ में परिणाम को दूसरे के हाथों में छोड़कर कोई केवल काम ही करता रह सकता है।

जो संतुष्टिदायक है, वह यह कि शोध में किसी का कार्य-प्रदर्शन विशेष रूप से किसी की उम्र से संबंधित नहीं है। मुझे संत कबीरदास की प्रसिद्ध रचना याद आती है। मैं निष्कर्ष पर पहुँचा हूँ कि प्रत्येक चीज व्यक्ति के मस्तिष्क में होती है। आप उतने ही बूढ़े होते हैं, जितना कि आप सोचते हैं कि आप हैं। हालाँकि वास्तविक समस्या यह है कि दूसरे लोग किसी की उम्र पर फैसला करते हैं। भारत में किसी व्यक्ति विशेष को 60 या 65 वर्ष की उम्र में सेवानिवृत्त कर दिया जाता है। स्पष्ट रूप से 60 या 65 वर्ष में कोई कई अधिक वर्षों के उत्पादक कार्य लिये बहुत ऊर्जावान् व सक्षम होता है। मैं महसूस करता हूँ कि अच्छे वैज्ञानिकों के लिए, जितने लंबे समय तक वे काम कर सकते (और चाहते हैं), काम को लगातार बनाए रखना संभव होना चाहिए—पारिश्रमिक के साथ या बिना पारिश्रमिक के। मेरे 60 वर्ष के होने के बाद किसी ने मुझसे कहा था, "मुझे लगता है कि सेवानिवृत्त हो गए हो।" मुझे उस समय श्री अटल बिहारी वाजपेयी को उद्धृत करना पड़ा था, "मैं अभी थका भी नहीं हूँ। मैं कैसे सेवानिवृत्त हो सकता हूँ।" कुछ सप्ताह पहले मैं आश्चर्यचकित हुआ था कि अमेरिका के एक प्रमुख विश्वविद्यालय ने मुझे पाँच वर्षों के लिए अनुबंधित आध्यापक होने के लिए कहा था। मैं निश्चित हूँ कि वे मेरी उम्र के बारे में सचेत थे।

प्रधानमंत्री नरेंद्र मोदी

मैं विशेष प्रकार की समस्या का सामना कर रहा हूँ। जैसा कि मैं अधिक बूढ़ा हो रहा हूँ, मुझे आश्चर्य होता है कि मुझे पी-एच. डी. कार्य के लिए अपने साथ नए छात्रों को लेना चाहिए या नहीं। किसी भी छात्र, जिसे अब मैं लेता हूँ, को कार्य समाप्त करने के लिए पाँच या छह वर्ष की आवश्यकता

होगी, और तब तक मैं अपनी उम्र के आठवें दशक के अंतिम वर्ष में होऊँगा। एक युवा व्यक्ति को दूसरे मार्गदर्शक के रूप में लेना आसान नहीं है। आंशिक रूप से युवा व्यक्ति की व्यक्तिगत महत्त्वाकांक्षा संभवत: उसे ऐसी भूमिका निभाने की अनुमति न दे। दुर्भाग्यवश, पी-एच.डी. के बाद के अध्येताओं की गुणवत्ता बहुत अच्छी नहीं है, क्योंकि अच्छे लोग अपनी पी-एच.डी. की उपाधि के बाद विदेश चले जाते हैं। मेरी उम्र में शोध समूह बनाकर कोई क्या करेगा?

मई 2014 में श्री नरेंद्र मोदी के नेतृत्व में नई सरकार सत्ता में आई। पद सँभालने के शीघ्र बाद श्री मोदी ने मुझे बुलावा भेजा था और मुझसे 30 मिनटों तक बातचीत की थी। उन्होंने कई प्रमुख राष्ट्रीय मिशनों व प्राथमिकताओं की घोषणा की है। कोई देश को समर्पित विज्ञान एवं प्रौद्योगिकी में नए कार्यक्रमों व पहलों की प्रतीक्षा करता है। मैं अब विज्ञान एवं प्रौद्योगिकी नीति एवं आयोजन में किसी प्रमुख व्यस्तता से मुक्त हूँ।

नवंबर 2014 में रॉयल सोसाइटी के तत्त्वावधान में पहले कॉमनवेल्थ साइंस कॉन्फ्रेंस का आयोजन बैंगलोर में हुआ था। मैं टोनी चीथम के साथ आयोजन समिति का अध्यक्ष था। शैक्षणिक व सांस्कृतिक रूप से सम्मेलन बहुत सफल हुआ। उद्घाटन सत्र में सोसाइटी के अध्यक्ष सर पॉल नर्स के व्याख्यान के बाद मैंने पूर्ण व्याख्यानों में से एक दिया था। बैठक की सफलता के आधार पर रॉयल सोसाइटी के कार्यक्रम के रूप में वर्ष में दो बार कॉमनवेल्थ साइंस कॉन्फ्रेंस करने का फैसला किया गया था।

भविष्य में जो कुछ भी हो, मैं अपने शोध-कार्य को करना जारी रखना चाहता हूँ। यद्यपि वास्तविक चिंता है कि छात्रों की कमी तथा अन्य घटकों के चलते कहीं मेरे शोध-प्रतिफल पर विपरीत प्रभाव तो नहीं पड़ेगा? व्यस्त रहने के लिए मैं विज्ञान सुदूर पहुँच गतिविधियों को बढ़ा सकता था; लेकिन वह रासायनिक अनुसंधान में मेरी रुचि की क्षतिपूर्ति नहीं कर सकता। मैं आशा व प्रार्थना करता हूँ कि मेरे लिए वैज्ञानिक रूप से सक्रिय बने रहना संभव होगा, जैसा कि मैं अब तक रहा हूँ।

विज्ञान सुदूर पहुँच गतिविधियों में मेरी पत्नी इंदु साथी व सक्रिय साझीदार रही हैं। मैं आनंदित हूँ कि उनके अथक प्रयासों को कर्नाटक महिला विश्वविद्यालय द्वारा मान्यता दी गई है, जिसने उन्हें मानद डी.लिट. की उपाधि से सम्मानित किया। नेशनल एकेडमी ऑफ साइंस, इलाहाबाद ने विज्ञान एवं समाज की उनकी सेवा की मान्यता में उसे अध्येता चुना है।

आयु मुझे विंस्टन चर्चिल के जीवन की एक मनोरंजक घटना की याद दिलाती

है। जब चर्चिल 80 वर्ष के हुए थे, युवा कलाकार द्वारा उनके चेहरे की चित्रकारी की गई थी। जब युवा कलाकार ने चित्रकारी पूरी कर ली थी। उसने चर्चिल को धन्यवाद दिया और कहा था, "सर विंस्टन, आपके चेहरे की चित्रकारी का अवसर देने के लिए आपको धन्यवाद। मुझे आशा है कि मुझे फिर आपके चेहरे की चित्रकारी करने को मिलेगी, जब आप 90 वर्ष के हो जाएँगे।"

चर्चिल ने युवा कलाकार को देखा और कहा, "मुझे नहीं लगता कि ऐसा क्यों नहीं! तुम बहुत स्वस्थ दिखते हो।"

Credit: Connors Brighton (Form the Telegraph)

C_{60} के प्रतिरूप के साथ हैरी क्रोटो

यहाँ तक कि मैं संभव सीमाओं के बारे में चिंता करता हूँ, जिनका अपनी उम्र के कारण सामना करूँगा। मुझे अवश्य ही अभिलेखित करना चाहिए कि मुझे पूरे विश्व से संगोष्ठी व सम्मेलनों में व्याख्यान देने के आमंत्रण मिल रहे हैं। एक चित्रण के रूप में मुझे सूचीबद्ध करने दें कि जून से दिसंबर 2015 के बीच क्या करना था। जून 2015 में मुझे रॉयल सोसाइटी की बैठक

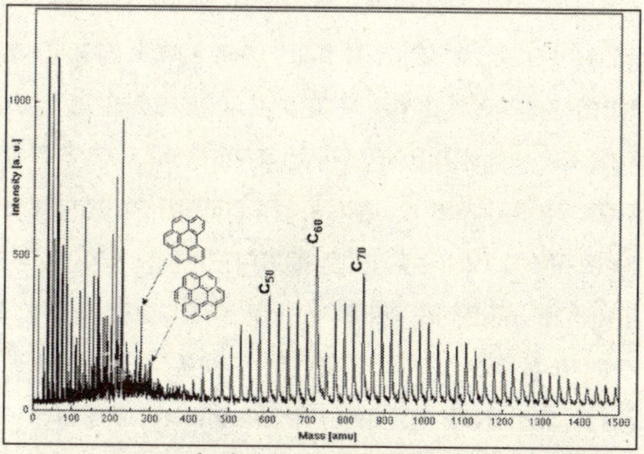

कार्बन के वाष्प का मास स्पेक्ट्रम।

में उत्प्रेरण पर भाषण देने के लिए लंदन जाना था। जुलाई में मैंने कैंब्रिज में एक संगोष्ठी में भाषण दिया था और उसके बाद लंदन में। लंदन की संगोष्ठी फुलरीन्स के आविष्कार की 30वीं वर्षगाँठ मनाने के लिए क्रोटो व अन्य द्वारा आयोजित की गई थी। मोटर न्यूरॉन रोग के कारण शारीरिक रूप से अक्षम हैरी क्रोटो को देखना दुःखद था। हैरी उम्र में मुझसे छोटा था और लंबे समय से मेरा मित्र था। उसके बाद वह चल बसा। सितंबर में मैंने अमेरिका में विग्नर स्मारक व्याख्यान दिया और टेंपल विश्वविद्यालय में विशिष्ट अतिथि व्याख्याता था। नवंबर 2015 में मैंने सॉर्बोन में भाषण दिया और दो सप्ताह बाद मुझे टी.डब्ल्यू.ए.एस. की बैठक में विएना में होना था।

दिसंबर में मैं ऑस्ट्रेलियन एकेडमी ऑफ साइंसेज में कॉरेस्पॉण्डिंग मेंबर के रूप में नामांकित होने के लिए और ऑस्ट्रेलियन नेशनल विश्वविद्यालय से मानद पी-एच.डी. प्राप्त करने के लिए कैनबरा गया था। मैं विश्वविद्यालय में भाषण देने में आनंदित हुआ था। जनवरी 2016 में मुझे एक संगोष्ठी में भाषण देने तथा मानद पी-एच.डी. की उपाधि प्राप्त करने के लिए ताइवान जाना था। ये विदेश यात्राएँ कठिन हो गई थीं, क्योंकि वे किसी की देश के भीतर की प्रतिबद्धताओं को कम नहीं करती हैं।

समापन में

मैं अपनी उम्र के 60 वर्ष के बाद के जीवन को इस प्रकार चित्रित कर सकता हूँ। यह अद्‌भुत व सबसे अधिक आनंददायक रहा है। शोध-पत्रों का प्रवाह निश्चित रूप से इस सुखी अवस्था की ओर लाने में एक घटक रहा है; लेकिन उन सभी में, जो मैं करने में सक्षम रहा हूँ, प्रमुख योगदानकर्ता मेरी पत्नी इंदु हैं। वह अपने मनोभाव में सकारात्मक हैं और जीवन का भरपूर आनंद उठाती हैं, जैसा कि किसी को करना भी चाहिए। पढ़ाई व संगीत में हमारी एक समान रुचि है। हम प्रत्येक दिन की शुरुआत संगीत सुनने और सुबह संस्कृत मंत्रों के उच्चारण से, कॉफी की प्याली के साथ-साथ करते हैं। संगीत मेरे आनंद व शांति का बड़ा स्रोत रहा है। मैं दोपहर के खाने के समय संगीत सुनता हूँ, जब मैं अपने कार्यालय का द्वार 40 मिनट के लिए बंद करता हूँ। संगीत व विज्ञान में कतिपय समानताएँ हैं; दोनों उत्कृष्टता की दृष्टि से असीम हैं। संगीत के अतिरिक्त, शौक के रूप में मैं खाना बनाना पसंद करता हूँ। मैं सर्वमान्य रसोइया हूँ और अनेक प्रकार के व्यंजन बना सकता हूँ। खाना बनाने की विशेषता है कि कोई उसके परिणाम को तत्काल जान सकता है, उसके चेहरे को देखकर जो

कहते हैं। मैं जितना अधिक पढ़ सकता हूँ—कथा साहित्य, ऐतिहासिक उपन्यास व जीवनियाँ आदि—पढ़ता हूँ। खाना बनाने, संगीत, हिमालय की यात्रा, बाघों की खोज एवं अद्‌भुत परिवार के साथ मेरा विज्ञान मेरे साठवें वर्ष के बाद फूला-फला है। कोई जीवन से और क्या चाहता है ?

प्रो. राव रसोई में, जैसा कि टोनी चीथम देख रहे हैं

"जैसा कि कोई मुक्त वैज्ञानिक अनुसंधान करता रहा है, विज्ञान जीवन का हिस्सा बन जाता है; यह जीवन का रास्ता बन जाता है।"

—एनॉन

"भारत की समस्या का एक समाधान है, और वह है—विज्ञान, और अधिक विज्ञान और फिर भी और अधिक विज्ञान।"

—सी.वी. रमण

□

7
मेरे नायक

महान् पुरुषों व महिलाओं के जीवन के बारे में सीखने से किसी का जीवन समृद्ध होता है। वे किसी के विश्व में काम करने एवं परिचालन करने के रास्ते को प्रभावित करते हैं। इस संबंध में मैं भारत के महानतम व्यक्तित्वों में से कुछ से प्रभावित रहा हूँ, अपनी माँ की कृपा से, जो उनके बारे में निरंतर बातें करती रहती थीं, जब मैं छोटा था। वे महात्मा बुद्ध की बातें करती थीं, जिन्होंने 2,500 वर्ष पूर्व मनुष्य की पीड़ा के कारण को खोजा था। वे आदि शंकराचार्य के बारे में बातें करती थीं, भारत में सबसे अधिक उद्धृत किए जानेवाले लेखक, जिन्होंने 1,300 वर्ष पूर्व अत्यधिक यथार्थ अद्वैत दर्शन को प्रतिपादित किया था। आदि शंकराचार्य अपने छोटे जीवन में दो बार केरल से पूरे रास्ते भर पैदल हिमालय में बद्रीनाथ व अन्य स्थानों पर गए थे। क़ई दूसरे दार्शनिक भी हैं, जो भारत में जनमे हैं। उदाहरण के लिए, माधवाचार्य ने आध्यात्मिक संसार के अतिरिक्त वास्तविक संसार, जहाँ वे रहते थे, को महत्त्व दिया था। स्वामी विवेकानंद ने 20वीं शताब्दी में भारत की हमारी समझदारी को नया आयाम दिया। महात्मा गांधी के प्रति मेरे मन में बहुत आदर व श्रद्धा-भाव है, जिन्हें मैंने एक बार देखा था, जब मैं बहुत छोटा था। यह मुझे कभी-कभी आश्चर्यचकित करता है कि उन्होंने बिना फोन की सुविधा और हवाई जहाज की सहायता के समूचे उपमहाद्वीप को प्रेरित किया था। गांधीजी ने दिखाया कि यदि किसी को बड़ा लक्ष्य प्राप्त करना है तो दृढ़ता, समर्पण व कुशाग्रता कैसे अनिवार्य है। विज्ञान में सफलता के लिए भी इन्हीं गुणों की आवश्यकता होती है।

पिछले कुछ वर्षों में मैंने पाया है कि अधिकांश बच्चे विज्ञान के बारे में उत्साहित हो जाते हैं, जब वे अच्छे प्रयोग को देखते हैं या प्रतिभाशाली व्याख्यान को सुनते हैं। यह मेरे अपने प्रकरण में सच था, जब मैंने 11 वर्ष की उम्र में प्रो. सी.वी. रमण को सुना था। विज्ञान में ज्ञान व परंपरा की तारतम्यता है। हम कभी भी नहीं भूल सकते

हैं कि हम अनेक महान् वैज्ञानिकों के कंधों के ऊपर खड़े हैं, जिन्होंने अतीत में कई महत्त्वपूर्ण आविष्कार किए थे। इस संदर्भ में मुझे भारत के हमारे महान् वैज्ञानिकों में से कुछ के लिए अपनी प्रशंसा को अभिलेखित करना चाहिए।

जे.सी. बोस ने 19वीं शताब्दी के अंतिम वर्षों में प्रेसीडेंसी कॉलेज, कलकत्ता में तार संचार का आविष्कार किया था। क्या यह आश्चर्यजनक नहीं है कि इस बंगाली भौतिकवेत्ता ने कलकत्ता में एक कॉलेज में ऐसा प्रमुख आविष्कार इलेक्ट्रॉन के आविष्कार से पहले किया था? उन्होंने इसका खुले में प्रयोग कर जनता को प्रदर्शित किया था। उन्होंने सन् 1895 में इस विषय पर शोध-पत्र लिखा, जबकि इलेक्ट्रॉन का आविष्कार 1897 में जाकर हुआ था। दुर्भाग्यवश, उन्हें 'नोबेल पुरस्कार' से पुरस्कृत नहीं किया गया और सारा श्रेय मार्कोनी को दे दिया गया था। जे.सी. बोस ने प्रेसीडेंसी कॉलेज में दो युवा छात्रों एस.एन. बोस व एम.एन. साहा को भौतिकी पढ़ाया था, जिनमें से दोनों प्रसिद्ध भौतिकवेत्ता बन गए थे। भारत में काम करते हुए एस.एन. बोस ने आइंस्टीन के साथ मिलकर बोस-आइंस्टीन सांख्यिकी का मार्ग प्रशस्त करनेवाला आविष्कार किया था।

जे.सी. बोस

सर सी.वी. रमण ने कैसे इतनी अधिक उपलब्धि हासिल की थी, यह विचार करते हुए कि उन्होंने कार्यालय समय के बाद ही अपने वैज्ञानिक अनुसंधान पर काम किया था? उनके प्रारंभिक वैज्ञानिक योगदानों में से अधिकांश तब हुए, जब वे अंग्रेजी सरकार के लेखा विभाग में एक अधिकारी के रूप में अपने दिन का काम पूरा करने के बाद एक कॉलेज की प्रयोगशाला में गए थे। नागपुर साइंस कॉलेज में जब वे संगीत उपकरणों पर काम कर रहे थे, उन्होंने ध्वनि-विज्ञान में प्रमुख आविष्कार किया था। इसने उनके लिए रॉयल सोसाइटी की फेलोशिप प्राप्त की थी। उन्होंने अपनी संध्याओं को कलकत्ता में इंडियन एसोसिएशन फॉर द कल्टीवेशन ऑफ साइंस में बिताया और जो काम उन्होंने वहाँ किया, उसने उनके लिए नोबेल

पुरस्कार अर्जित किया था।

दक्षिण भारत के एक छोटे से स्थान पर रहते हुए रामानुजन कैसे इतनी बड़ी संख्या में गणितीय प्रमेयों व अनुमानों के साथ उभरे, जिसने उन्हें सार्वकालिक महानतम गणितज्ञों में से एक बनाया था? उनके पास कोई शोध-अनुदान या पी-एच.डी. छात्र नहीं थे। वस्तुत: वे कॉलेज नहीं गए थे और फिर भी एफ.आर.एस. बन गए। उनके बारे में रॉबर्ट कैनिगेल ने जो लिखा, वह स्थितियों का सटीकता से वर्णन करता है।

श्रीनिवास रामानुजन

सन् 1913 में बिना किसी शिक्षा के एक 25 वर्ष के भारतीय लिपिक ने तब अपने समय के प्रमुख अंग्रेजी गणितज्ञ के रूप में व्यापक रूप से स्वीकार किए गए जी.एच. हार्डी को एक पत्र लिखा था। श्रीनिवास रामानुजन ने संख्या के बारे में अपने अनेक विचारों के संदर्भ में जी.एच. हार्डी की राय की समीक्षा माँगी थी। डॉ. हार्डी को एहसास था कि पत्र किसी प्रतिभाशाली व्यक्ति का कार्य है। इस प्रकार, इतिहास के सबसे अधिक उत्पादक व असामान्य वैज्ञानिक सहभागिताओं में से एक शुरू हुआ था, जो कि एक अंग्रेजी महारथी व साधनहीन भारतीय प्रतिभाशाली की थी, उनके जैसी फिर कभी भी नहीं देखी गई है। हार्डी ने रामानुजन के लिए मद्रास में उनकी पत्नी व माँ को पीछे छोड़कर कैंब्रिज की समुद्री यात्रा की व्यवस्था की थी। अपने परिवार से रामानुजन के अलगाव और उनके काम की तीव्रता ने अंतत: अपनी वसूली की और भारत छोड़ने के सात वर्षों के बाद उनका देहांत हो गया। हार्डी के लिए रामानुजन के साथ सहभागिता मेरे जीवन की सचमुच की एक प्रेम प्रसंग-युक्त आकस्मिक घटना थी।

अपने कैरियर में मैंने कुछ विलक्षण वैज्ञानिकों की उनके योगदानों तथा विज्ञान के प्रति उनके समर्पण के लिए प्रशंसा की है। प्रो. नेविल मॉट एवं एच.सी. ब्राउन मेरे प्रेरणा-स्रोत रहे हैं। शुरुआती वर्षों से मैंने कई रसायनज्ञों को प्यार किया था— लैवोजिएर (1743-94) से शुरू होकर, जो रसायन विज्ञान के जनक माने जाते हैं, यहाँ मैं रसायन विज्ञान में अपने तीन नायकों के संक्षिप्त रेखांकन प्रस्तुत करता हूँ।

माइकल फैराडे (1791-1867)

(From Wikimedia Commons)

जब मैं बाल्यावस्था में था, माइकल फैराडे मेरे नायकों में से एक रहे हैं। वे सार्वकालिक महानतम वैज्ञानिकों में से एक माने जाते हैं। उनका जन्म 22 सितंबर, 1791 को इंग्लैंड में एक गरीब परिवार में हुआ था। तीन वर्ष स्कूल जाने के बाद 14 वर्ष की उम्र में उन्हें अपने परिवार की सहायता के लिए नौकरी करनी पड़ी थी। उन्होंने एक जिल्दसाज के प्रशिक्षु के रूप में काम किया था, जहाँ उन्होंने विज्ञान की पुस्तकें पढ़नी शुरू की थीं और विषय में रुचि विकसित की थी। उन्होंने जिन पुस्तकों को पढ़ा था, उनमें से एक थी मारसेट की 'कन्वर्सेशंस इन केमिस्ट्री'। संयोगवश उन्हें सन् 1812 में सर हंफ्री डेवी द्वारा रसायन विज्ञान पर तीन व्याख्यानों को सुनने का अवसर मिला था। सौभाग्यवश, वे रॉयल इंस्टीट्यूशन में डेवी की प्रयोगशाला में सहायक की नौकरी पाने में सफल हुए थे। उन्हें शीशे के बरतनों की सफाई और डेवी को प्रयोग में सहायता करनी थी। वे डेवी के साथ उनके सहायक के रूप में यूरोप की यात्रा पर गए थे। धीरे-धीरे उन्होंने स्वयं अपने से प्रयोग संचालित करने की कुशलताएँ विकसित कर ली थीं। उनका पहला शोध-पत्र सन् 1816 में प्रकाशित हुआ था, जब वे 25 वर्ष के थे। वे प्रयोगात्मक कार्यों से रोमांचित थे और उन्होंने रसायन विज्ञान, भौतिकी व अभियांत्रिकी में रुचि के प्रसंगों को शामिल करनेवाली विभिन्न प्रकार की समस्याओं की छानबीन शुरू की थी।

एक रसायनज्ञ के रूप में माइकल फैराडे ने कई आविष्कार किए थे—सबसे प्रसिद्ध था विद्युत् अपघट्य के नियम (1833-36)। उन्होंने बेंजीन (1823) का आविष्कार किया था और दृष्टि संबंधी काँच, उत्प्रेरण व गैसों के द्रवीकरण पर भी काम किए थे। भौतिकी में फैराडे के योगदान बहुत अधिक हैं। उन्होंने विद्युत् चुंबकीय प्रेरण से विद्युत् का आविष्कार किया था (1831)। उन्होंने विद्युत् चुंबकीय चक्रण जैसी परिघटना का अध्ययन किया और स्थैतिक विद्युत् के महत्त्व को प्रदर्शित किया था। उन्होंने साधारण प्रयोग से दिखाया कि ऑक्सीजन व्यावहारिक था। फैराडे चक्रण

पर उनका प्रयोग सचमुच में सरल है। सबसे महत्त्वपूर्ण यह है कि वे बल की रेखाओं पर अपने प्रयोगों के माध्यम से बलों के एकीकरण के बारे में बात करनेवाले पहले व्यक्ति थे।

आइंस्टीन माइकल फैराडे का इतना सम्मान करते थे कि उन्होंने अपने कार्यालय में उनका चित्र लगा रखा था और महसूस करते थे कि वे बलों के एकीकरण के विचार के जनक थे। फैराडे के विचार को भौतिक व गणितीय आधार मैक्सवेल द्वारा प्रदान किया गया था। केवल तीन वर्ष की स्कूली शिक्षा प्राप्त करनेवाला एक व्यक्ति सन् 1825 में रॉयल सोसाइटी का फेलो बन गया था। जब वे 34 वर्ष की उम्र के थे, उन्होंने ऑक्सफोर्ड विश्वविद्यालय से मानद पी-एच.डी. की उपाधि प्राप्त की और रॉयल सोसाइटी से दो बार 'रॉयल मेडल' एवं 'कोपले मेडल' प्राप्त करनेवाले पहले वैज्ञानिक बने।

फैराडे महान् विचारों के सरल व्यक्ति थे। उनकी सरलता उनके जीवन में विस्तारित हुई थी। उन्होंने महारानी से प्राप्त नाइटहुड की पदवी और रॉयल सोसाइटी के अध्यक्ष के पद को अस्वीकार कर दिया था। वे कठिन प्रश्नों के सरल तरीके से उत्तर देने के लिए प्रसिद्ध थे। एक बार राजकोष के कुलपति ने पूछा था कि उनके विद्युत् के आविष्कार का व्यावहारिक उपयोग क्या था? तो उन्होंने कहा था, "लेकिन श्रीमान, हर संभाव्यता है कि शीघ्र ही आप इस पर कर लगाने में सक्षम होंगे।" जब प्रधानमंत्री ने समान प्रश्न पूछा था, उन्होंने पूछा था, "नवजात शिशु में क्या अच्छा है?" फैराडे नियमित रूप से बच्चों व जनता को व्याख्यान देते थे। मोमबत्ती के रासायनिक इतिहास पर उनका व्याख्यान सुप्रसिद्ध है। वह महान् संचालक थे और वक्ताओं से ऐसे व्याख्यान न देने की उनकी सलाह थी, जो एक घंटे से अधिक समय में खत्म होता हो।

फैराडे की कार्य-पद्धति अविश्वसनीय थी। वे प्रति दिन कठिन परिश्रम करते थे। उदाहरण के लिए, सन् 1833 के दौरान उन्होंने 24 दिसंबर को प्रयोग पूरे किए थे। उनकी अभिलेख पुस्तिका में अगली प्रविष्टि 26 दिसंबर को थी, शायद इसलिए कि 25 दिसंबर को क्रिसमस था। उन्होंने नए विचार व जाँच परिणाम के साथ स्वयं अपने हाथों से 400 से अधिक शोध-पत्र प्रकाशित किए थे। लॉर्ड रुदरफोर्ड ने कहा था कि फैराडे 20वीं शताब्दी में रहे होते तो संभवतः उन्होंने छह 'नोबेल पुरस्कार' प्राप्त किए होते।

25 अगस्त, 1867 को 76 वर्ष की उम्र में माइकल फैराडे का देहावसान हो गया।

'विज्ञान जगत् ने रविवार को अपने सबसे परिश्रमी व उत्साही सदस्यों में से एक को खो दिया था। माइकल फैराडे का जीवन युवावस्था से ही वैज्ञानिक खोज के प्रयासों में लगा हुआ था। हालाँकि उनका जीवन 76 वर्ष लंबा था, उन्होंने अंतिम समय तक अपने प्रिय विषयों की प्रदर्शनी और युवाओं के नएपन व सजीवता को संरक्षित रखा था, सादगी के उपाय को साथ रखते हुए जो युवा कभी भी प्राप्त नहीं कर पाते, विज्ञान पुरुष के रूप में प्रयोग करने का असामान्य सौभाग्य उन्हें उपहार में मिला हुआ था, ताकि चित्रण विषय उनकी पुकार पर जादुई आसानी से उत्तर देते हुए लगते थे। वे ऐसे लोगों में से एक थे, जो उत्पत्ति व शुरुआती शिक्षा की हर तरह की प्रतिकूल परिस्थिति के बाद भी विशिष्ट बन गया था और यदि उसके जन्म एवं उसकी बाद की सांसारिक विशिष्टता के बीच का विरोध इतना चकाचौंध करनेवाला नहीं होता, जैसा कि जीवन के अन्य पहलुओं को कभी-कभी देखा गया है, यह भी सच है कि उनका पेशेवर जीवन स्थान व शक्ति के बाद अशिष्ट महत्त्वाकांक्षा व असहज संघर्ष से मुक्त था, जो सामान्यत: उच्चतम सम्मानों की महिमा से अलग नहीं होता। कोई भी व्यक्ति कभी भी इससे अधिक पूरी तरह से निस्स्वार्थी या इससे अधिक पूरी तरह से प्रिय नहीं था। विनम्र, सच्चा, खरा, उनमें एक दार्शनिक तथा एक ईसाई की सच्ची भावना थी। इसके लिए उनके बारे में अंग्रेजी काव्य के एक जनक के शब्दों में यह कहा जा सकता है, "खुशी से वह सीख लेगा और खुशी से पढ़ाएगा।"

"विज्ञान का हित कम दुश्मनों के साथ पूरा होगा, इसके आविष्कार अधिक तैयार सहमति की कमान सँभालेंगे, क्या इसके मठवासी माइकल फैराडे की विनम्रता से रँगे हुए थे।"

—द टाइम्स

"वह धरती पर एक दार्शनिक कम था और स्वर्ग में संत अधिक।"

—जे.एच. ग्लैडस्टोन

जी.एन. लेविस (1875-1946)

जी.एन. लेविस सार्वकालिक महानतम रसायनज्ञों में से एक थे। उन्होंने रसायन विज्ञान का ऐसे विषय के रूप में वर्णन किया था, जो 'प्रत्येक चीज को घेरता है, जो

रोचक है। वे महान् प्रणेताओं में से एक हैं, जो रसायन विज्ञान में शोध व शिक्षा को सबसे आगे लाए थे। उनका जन्म सन् 1875 में अमेरिका में हुआ था और उन्होंने अपनी बी.एस-सी. व पी-एच.डी. की उपाधियाँ हार्वर्ड विश्वविद्यालय से प्राप्त की थीं। दुर्भाग्यवश, जिस प्राध्यापक के साथ हार्वर्ड में उन्होंने काम किया था, वे उदार नहीं थे और उनके कुछ विचारों को उचित तरीके समर्थन नहीं मिला। उदाहरण के लिए, इलेक्ट्रॉन के आविष्कार के तुरंत बाद लेविस ने इलेक्ट्रॉनों व अणुओं पर एक शोध-पत्र लिखा था; लेकिन उसे उचित मान्यता नहीं मिली थी। यदि मिली होती तो रासायनिक बंधन (केमिकल बॉण्ड) का विचार वर्ष 1916 से पहले ही उभर सकता था।

(From www.pbs.org)

एम.आई.टी. में कुछ वर्ष के बाद सन् 1912 में लेविस नए रसायन विज्ञान विभाग की स्थापना के लिए कैलिफोर्निया विश्वविद्यालय, बर्कले चले गए थे। जो विभाग उन्होंने बनाया, वह आज भी विश्व का महानतम रसायन विज्ञान विभाग है। वहाँ उन्होंने एक ऐसा वातावरण बनाया था, जहाँ आधुनिक रसायन विज्ञान शिक्षण को बढ़ावा देते हुए शोध को सबसे ऊपर महत्ता दी गई थी। लेविस का सबसे महत्त्वपूर्ण योगदान ताप गतिकी में था। उन्होंने विषय को रसायन विज्ञान का हिस्सा बनाया था। उन्होंने रासायनिक पदार्थों की मुक्त ऊर्जाओं और तीसरे नियम के सत्यापन पर काम किया था। उन्होंने नेरनस्ट द्वारा प्रस्तावित ताप गतिकी के तीसरे नियम को ठीक

किया था। सन् 1916 में उन्होंने संयोजक इलेक्ट्रॉनों की भूमिका को पहचानते हुए रासायनिक बंधन पर क्लासिक शोध-पत्र लिखा था (जिसकी जन्म-शताब्दी 2016 में मनाई गई थी)। उनके रासायनिक बंधन में ऑक्टेट थ्योरी शामिल थी। उन्होंने पहली पुस्तक रासायनिक ताप गतिकी व संयोजन क्षमता (परमाणुओं व अणुओं की संरचना) पर लिखी थी। अणु इलेक्ट्रॉनों का दान करते हैं या स्वीकार करते हैं, पर आधारित नए प्रकार के अम्लों व क्षारों—लेविस एसिड्स व लेविस बेसेज—का वर्णन उनका दूसरा प्रमुख योगदान था। उन्होंने भारी जल के विभिन्न पहलुओं पर उल्लेखनीय काम किया था। उन्होंने फोटोकेमिस्ट्री व इलेक्ट्रॉन स्पेक्ट्रोस्कॉपी के कुछ पहलुओं पर कार्य की पहल की थी।

लेविस ने अपने शोध-क्षेत्रों को बहुत आसानी से बदला और भौतिक रसायन विज्ञान एवं रासायनिक भौतिकी में उनके पथ-प्रदर्शक थे। 'फोटोन' नाम उनके द्वारा सुझाए गए थे। 'जर्नल ऑफ केमिकल फिजिक्स' के संस्थापकों में से एक थे। लीनस पॉलिंग ने अपनी पुस्तक 'द नेचर ऑफ द केमिकल बॉण्ड' लेविस को समर्पित की थी।

29 अगस्त, 1939 को पॉलिंग ने लेविस को लिखा था—"मैं यह जानकर बहुत खुश हूँ कि आप मेरी पुस्तक से प्रसन्न हैं, और महसूस करता हूँ कि यह आपको अपने समर्पण के योग्य होने के लिए पर्याप्त रूप से अच्छा है। आप निश्चित रूप से जानते हैं कि मैंने आपको लगातार मस्तिष्क में रखा, जब यह लिखा जा रहा था और मैं यह आशा करता रहा हूँ कि मेरा व्यवहार आपके लिए स्वीकार्य प्रमाणित होगा।"

इससे पहले 25 अगस्त, 1939 को लेविस ने लीनस पॉलिंग को लिखा था—"मैं अभी छोटे अवकाश से लौटा हूँ, जिसके लिए मैंने जो पुस्तकें ली थीं, उनमें आधा दर्जन जासूसी कहानियाँ और तुम्हारे केमिकल बॉण्ड थे। मैंने तुम्हारी पुस्तक को ढेरी का सबसे रोमांचक पाया था।

कोई नहीं जानता है कि किन कारणों से जी.एन. लेविस को नोबेल पुरस्कार से पुरस्कृत नहीं किया गया, जबकि उन्हें लगभग 30 बार नामांकित किया गया था। ताप गतिकी में उनके योगदानों को अनदेखा किया गया था। रासायनिक बंधन के विचार को पर्याप्त महत्त्वपूर्ण नहीं माना गया था। लेविस के अम्लों व क्षारों ने नोबेल समिति को प्रभावित नहीं किया था। उनके छात्रों—सीबोर्ग, उरे व कैल्विन—सभी ने नोबेल पुरस्कार प्राप्त किए थे।

निस्संदेह लेविस एक असाधारण व्यक्ति थे। वे प्रतिदिन कठिन परिश्रम करते

और रात में भोजन के बाद स्मृति से आँकड़े को रूपांकित कर छात्रों को शोध-पत्रों को बोलकर लिखवाते थे। वे कभी-कभार ही यात्रा करते थे। उनके शरमीलेपन एवं सीमित सार्वजनिक उपस्थिति की क्षतिपूर्ति के लिए उनके पास लिखित अंग्रेजी की विलक्षण शैली थी, जिसका आज भी आनंद लिया जा सकता है। उनकी लेखन-शैली को प्रदर्शित करने भर के लिए मैं ताप गतिकी पर उनकी शास्त्रीय पुस्तक के आमुख से नीचे कुछ पंक्तियाँ प्रस्तुत कर रहा हूँ—

> प्राचीन गिरजाघर हैं, जो अपने प्रतिस्थापना उद्देश्यों के अतिरिक्त प्रभावपूर्णता व भय को प्रेरित करते है। यहाँ तक कि जिज्ञासु आगंतुक गंभीर चीजों के बारे में अपनी शांत आवाज में बोलते हैं और जैसे ही हर फुसफुसाहट मेहराबदार गुंबद के माध्यम से गूँजती है, लौटनेवाली प्रतिध्वनि रहस्य का संवाद पैदा करने लगती है। वास्तुकारों व शिल्पकारों की पीढ़ियों के परिश्रम को भुला दिया गया है। उनके परिश्रम के लिए खड़ी की गई मचान को लंबे समय से हटाया जा चुका है। उनकी गलतियों को मिटाया जा चुका है या शताब्दियों की धूल से वे छुप गई हैं। पूरे किए जा चुके समूचे की केवल पूर्णता को देखकर हम जैसे किसी अति मानव अभिकरण से प्रभावित होते हैं। लेकिन कभी-कभी हम ऐसे महल में प्रवेश करते हैं, जो अभी भी आंशिक रूप से निर्माणाधीन हैं; तो हथौड़ों की आवाज, तंबाकू की दुर्गंध, कामकारों से कामगारों तक विस्तार से वर्णन किया जानेवाला हँसी-मजाक हमें यह महसूस करने में सक्षम बनाता है कि ये महान् संरचनाएँ और कुछ नहीं, बल्कि साधारण मानव-प्रयास को दिशा-निर्देश व उद्देश्य दिए जाने का नतीजा हैं।
>
> कुछ वास्तुकारों व अनेक श्रमिकों के प्रयासों से निर्मित विज्ञान के अपने गिरजाघर हैं।

जी.एन. लेविस जन्मजात प्रयोगवादी थे। सन् 1946 में एक प्रयोग करने के बाद उनकी मृत्यु हो गई थी। उन्होंने अपने पी-एच.डी. छात्र माइकल काशा से तरल एच.सी.एन. में एक यौगिक का वर्णक्रम अभिलेखित करने को कहा था। चूँकि काशा उत्साहित नहीं था, लेविस ने उसके लिए तरल एच.सी.एन. तैयार करने का प्रस्ताव किया। जब दोपहर के भोजन के बाद काशा प्रयोगशाला में लौटा था, उसे रिक्त शृंखला में एच.सी.एन. का एक काँच पात्र और मेज पर एक टूटा हुआ काँच पात्र

मिला था। प्रयोगशाला में एच.सी.एन. की गंध आ रही थी। लेविस एक कुरसी पर बैठे मृत मिले थे। वह आत्महत्या थी या दुर्घटना, किसी को नहीं पता। जैसा कि पिट्जर ने कहा था, "लेविस इतने प्रतिभाशाली व्यक्ति थे कि वे आत्महत्या को भी दिखने में दुर्घटना जैसा बना सके थे।"

"गिल्बर्ट न्यूटन लेविस ने महान् संस्थान के भौतिक रसायनज्ञ को प्रतीक बना दिया था, जो जटिल भौतिक व भौतिक-रासायनिक परिघटना की व्याख्या करने के लिए सुंदरता के साथ सरल प्रतिरूपों व अवधारणाओं को ध्यान में लाने में सक्षम थे। उनके स्वयं के पेशेवर जीवन ने विज्ञान के हरेक पहलू को स्पर्श किया था और हरेक में उन्होंने अपनी छाप छोड़ी थी। वह परम कल्पना के वैज्ञानिक के प्रतीक थे और उनके साथ काम करने का आनंद इधर-उधर की चिंताओं से अबाधित मस्तिष्क के जीवन का अनुभव लेना था।"··· (काशा से)

"एक व्यक्ति के रूप में लेविस महान् आत्मा थे, जिनकी प्रेरणा उनके द्वारा कभी नहीं भुलाई जाएगी, जो उन्हें जानते व प्यार करते थे। वह ऐसे महान् वैज्ञानिकों में से एक थे, जो महान् शिक्षक व नेतृत्वकर्ता थे, ताकि उनके प्रभाव को कई लोगों द्वारा गुणा किया जा सके, जिन्हें उन्होंने प्रेरित किया है।" (गेटल और अन्य सभी से)

लीनस पॉलिंग (1901-1994)

(From http://pi.orgonstate,edu)

जैसा कि बहुधा कहा जाता रहा है, एक लीनस पॉलिंग था और कोई दूसरा नहीं होगा। पॉलिंग का जन्म 28 फरवरी, 1901 को अमेरिका में हुआ था। उनके पिता आप्रवासी थे और एक स्थान से दूसरे स्थान पर चले जाते थे। उनके पिता दवा की एक दुकान के मालिक थे और किशोर पॉलिंग के प्रति बहुत अच्छे थे। किंतु वह अपनी युवावस्था में ही, जब पॉलिंग केवल नौ वर्ष के थे, उनका देहांत हो गया। पॉलिंग को छोटी नौकरियाँ कर पैसा कमाना शुरू करना पड़ा था। उन्हें अपनी माँ की सहायता के लिए सड़कें बनाकर दिहाड़ी कमानी पड़ी थी। इन कठिनाइयों के बाद भी वे रासायनिक

अभियांत्रिकी के अध्ययन के लिए गए और ऑरेगन स्टेट विश्वविद्यालय से बी.एस-सी. की उपाधि प्राप्त की थी। वे अपनी भावी पत्नी से विश्वविद्यालय में मिले थे, जो वे उनके सभी प्रयासों में उनके लिए बड़ी सहारा थीं।

अपनी अंतर-स्नातक पढ़ाई के दौरान पॉलिंग ने रासायनिक बंधन पर जी.एन. लेविस व लैंगमुइर का प्रसिद्ध शोध-पत्र पढ़ा था। पी-एच.डी. उपाधि के लिए वे कैलटेक में प्रविष्ट हुए थे, जहाँ विभागाध्यक्ष (ए.ए. नोएस) ने उनमें रुचि ली और एक्स-रे के साथ क्रिस्टल की संरचनाओं के निर्धारण पर शोध-ग्रहण करने की सलाह दी थी। इसने संरचनात्मक रसायन विज्ञान में पॉलिंग की रुचि के लिए रास्ता बनाया था। यहाँ तक कि पी-एच.डी. छात्र के रूप में भी उन्होंने कई संरचनाओं के समाधान किए थे। पी-एच.डी. की उपाधि प्राप्त करने के बाद प्रो. नोएस के उत्साहवर्धन पर वह अर्नाल्ड समरफिल्ड के साथ पी-एच.डी. के बाद का शोध-कार्य करने के लिए इंग्लैंड चले गए थे। उन्होंने गतिकी यांत्रिकी सीखा और कई इलेक्ट्रॉन अणुओं व आयनों के भौतिक गुणों के सैद्धांतिक अनुमानों पर मौलिक शोध-पत्र लिखा था। इस शोध-पत्र को पुराने दिग्गजों द्वारा पसंद नहीं किया गया था, जो उनके द्वारा धमकाए गए महसूस कर रहे थे।

लीनस पॉलिंग रसायन विभाग में संकाय के सदस्य के रूप में कैलटेक वापस आ गए थे और उन्होंने संरचनात्मक रसायन विज्ञान में अपने अभूतपूर्व कार्य को जारी रखा था। उन्होंने एक्स-रे विवर्तन व इलेक्ट्रॉन विवर्तन का उपयोग कर संरचनाओं के विभिन्न प्रकारों का समाधान किया और संरचनात्मक रसायन विज्ञान में अनेक परिकल्पनाओं के साथ बाहर आए थे। इसी समय पर उन्होंने पॉलिंग नियमों को उत्पन्न किया और इलेक्ट्रो-निगेटिविटी को परिभाषित किया था। उन्होंने जी.एन. लेविस की शुरुआती जानकारी पर रासायनिक बंधन की संरचना का सविस्तार वर्णन किया और संयोजक बंधन सिद्धांत का प्रतिपादन किया था। उन्होंने सन् 1939 में प्रसिद्ध पुस्तक 'द नेचर ऑफ केमिकल बॉण्ड' लिखी थी। उन्होंने गतिकी यांत्रिकी पर भी पहली पुस्तक लिखी। जब अणुओं व खनिजों पर उनका काम शुरू होना था, उन्होंने जीव-विज्ञान पर अचानक धावा बोला और सिकल सेल एनीमिया (रक्त की लाल कोशिकाओं की कमी)—एक आणविक रोग—के कारण की व्याख्या की थी। सन् 1951 में उन्होंने अल्फा हेलिक्स की संरचना का समाधान किया था। यह बहुत बड़ा योगदान था और उन्होंने आणविक जीव-विज्ञान की शुरुआत को रेखांकित

किया था। जब पॉलिंग से पूछा गया कि वह इतने महान् विचार के साथ कैसे आए थे? उन्होंने कहा था, "महान् विचार रखने के लिए किसी को कई अच्छे विचार रखने की आवश्यकता होती है।" वे अनेक विचारों के व्यक्ति थे।

पॉलिंग ने रासायनिक बंधन की प्रकृति पर अपने कार्य के लिए वर्ष 1954 में 'नोबेल पुरस्कार' प्राप्त किया था। इस समय के आसपास वे वायुमंडल में परमाणु परीक्षण से संबंधित सामाजिक समस्याओं में शामिल हो गए थे। उन्होंने वायुमंडलीय परमाणु परीक्षण के विरुद्ध अभियान में प्रमुख भूमिका निभाई थी और अमेरिकी सरकार के क्षोभ को आमंत्रित किया था। जैसा कि सरकार ने उन्हें सुरक्षा जोखिम माना था, उनका पासपोर्ट वापस ले लिया गया था। परमाणु परीक्षण पर उनके रुख ने उनके लिए 'नोबेल शांति पुरस्कार' अर्जित किया; लेकिन इसे संस्थानों व अमेरिकी सरकार द्वारा समर्थित नहीं किया गया था। पॉलिंग को नोबेल शांति पुरस्कार दिए जाने को कई लोगों द्वारा अमेरिकी सरकार का अपमान माना गया। पॉलिंग को बहुत ही कठिन स्थितियों से गुजरना पड़ा था, जब उन्हें कैलटेक व अमेरिकन केमिकल सोसाइटी को छोड़ना पड़ा था और एक स्थान से दूसरे स्थान पर जाना पड़ा था। 1970 के दशक के मध्य तक चीजें बदल गईं और उन्हें सोसाइटी व साथी पेशेवरों द्वारा स्वीकार कर लिया गया था।

सन् 1952 में लंदन में डी.एन.ए. पर महत्त्वपूर्ण बैठक थी। पॉलिंग उस बैठक में भाग नहीं ले सके थे, क्योंकि उन्हें पासपोर्ट देने से मना कर दिया गया था। बैठक में रोजालिंड फ्रैंकलिन द्वारा लिये गए डी.एन.ए. के एक्स-रे चित्र दिखाए गए थे। यदि पॉलिंग उस बैठक में गए होते और उन चित्रों को देखा होता तो संभव है कि उन्होंने डी.एन.ए. की संरचना का भी समाधान कर दिया होता (और तीसरा 'नोबेल पुरस्कार' प्राप्त कर लिया होता)।

रसायन विज्ञान में पॉलिंग का योगदान केवल अनुसंधान ही नहीं, बल्कि रसायन विज्ञान शिक्षण का भी माध्यम था। वह रोमांचक संचारक थे। उन्होंने शुरुआत करनेवालों के लिए सामान्य रसायन विज्ञान पर पहली पाठ्य पुस्तक लिखी थी। उनके जीवन को निम्नलिखित तरीके से चित्रित किया जा सकता है—वे महान् विचारों व उपजाऊ कल्पनाओं के असाधारण वैज्ञानिक और उच्च मूल्यों के मानवतावादी थे। वे उन मुद्दों पर निडर योद्धा थे, जिनमें उनका विश्वास था।

युवा लोगों को पॉलिंग की सलाह थी, "जब एक वृद्ध व विशिष्ट व्यक्ति आपसे

बोलता है, उन्हें ध्यानपूर्वक व आदरपूर्वक सुनें, लेकिन उनपर विश्वास न करें। अपनी बुद्धि के अतिरिक्त किसी भी चीज में अपना भरोसा न रखें। आपके अग्रज, चाहे उनके बाल सफेद हो चुके हैं या वे अपने बाल खो चुके हैं, भले ही वे नोबेल पुरस्कार विजेता हैं या नहीं, गलत हो सकते हैं। इसीलिए आपको अवश्य ही हमेशा संदेहवादी होना चाहिए—हमेशा अपने आप सोचें।'

पॉलिंग के जीवन के अंतिम कुछ वर्ष खुशी के नहीं थे, विशेष रूप से जब उनकी पत्नी का देहांत हो गया था। वे शांति की पक्षपाती थीं और पॉलिंग को उनके प्रयासों में बड़ा सहारा दिया था। पॉलिंग उनका अपने सहायक स्मृति बैंक के रूप में उल्लेख करते थे।

"मैं लगभग 50 वर्षों से दो उपलब्ध स्मृति बैंक रखने के लिए विशेष रूप से सौभाग्यशाली रहा हूँ। जब कभी भी मैं कुछ याद नहीं कर पाता हूँ, अपनी पत्नी से पूछता हूँ और इस प्रकार, मैं इस सहायक स्मृति बैंक से निकालने में सक्षम होता हूँ। इतना ही नहीं, दूसरा तरीका है, जिनमें मुझे विचार मिलते हैं। मैं बहुत ध्यान से सुनता हूँ कि मेरी पत्नी क्या कहती हैं और इस तरीके से मुझे बहुधा बहुत अच्छा विचार मिलता है। मैं युवा लोगों से अनुशंसा करता हूँ कि आप एक सहायक स्मृति बैंक अधिग्रहण करें कि आप उससे परिचित हो सकें, अपने जीवन भर निकालते रहें।"

सन् 1994 में 93 वर्ष की उम्र में पॉलिंग का देहावसान हो गया।

"संसार ने अपने महानतम वैज्ञानिकों व मानवतावादियों में से एक और नागरिक अधिकारों व स्वास्थ्य के मुद्दों के बहुत सम्मानित व प्रिय रक्षक को खो दिया। अपने गतिशील व्यक्तित्व और व्यापक रूप से विविध क्षेत्रों में अपनी उपलब्धियों के कारण लीनस पॉलिंग को उचित रूप से परिभाषित करना कठिन है। एक उल्लेखनीय व्यक्ति, जिन्होंने वैज्ञानिक रुचियों की अद्भुत श्रृंखला को आगे बढ़ाते हुए कतिपय मानव-समस्याओं को जोर देकर संबोधित किया था। पॉलिंग जितने प्रसिद्ध विश्व के वैज्ञानिक समुदाय के लिए थे, लगभग उतने ही अमेरिकी जनता के लिए भी।" (मैरिनाकी से, लीनस पॉलिंग—इन मेमोरियम)

समापन में

रसायन विज्ञान भारी संख्या में विलक्षण योगदानों के साथ बड़ा विषय है। रसायन विज्ञान ने 18वीं शताब्दी में ही लैवोजियर के बाद एक विषय के रूप में

शुरुआत की थी। रसायन विज्ञान लगभग 1960 के दशक तक संरचना व बंधन के प्रभुत्व में था; लेकिन हाल के वर्षों में विषय की व्यापकता आणविक सीमा से बाहर चली गई है। कई नए क्षेत्र—जैसे कि स्वयं संगठन, कृत्रिम जीव विज्ञान, जटिल प्रणालियाँ, वायुमंडल, उन्नत पदार्थ और अन्य उभरकर सामने आए हैं। अभिकलन ने रसायन विज्ञान के लिए बड़े पैमाने पर योगदान दिया; जबकि प्रयोगात्मक कार्य आज के यंत्रों के चलते बहुत परिष्कृत हो गया है। यद्यपि यह रसायन विज्ञान की व्यापकता के बारे में लिखने का स्थान नहीं है, मैं इसका उल्लेख यह दिखाने के लिए कर रहा हूँ कि पिछले वर्षों में एक विषय किस प्रकार बदलता रहा है। शुरुआती दिनों में जब मैंने रसायन-शास्त्र में काम करना शुरू किया था, यह मुख्य रूप से परीक्षण नलियों व काँच-पात्रों का उपयोग कर और बहुत कम या किसी भी यंत्र के बिना साधारण प्रयोगों पर आधारित था। आज दिन-पर-दिन प्रयोगों की गुणवत्ता की माँग बढ़ती जा रही है। यह भौतिकी एवं अन्य विषयों के बारे में इसी प्रकार सच है। विज्ञान में भविष्य की दिशा और समाज पर तथा स्वयं विज्ञान पर उनके प्रभाव के बारे में अनुमान लगाना कठिन है। कई नायकों द्वारा निश्चित रूप से महान् योगदान किए जाएँगे। भविष्य के वे नायक अभी बच्चे हैं, विश्व में किसी स्थान पर खेल रहे संभवत: एशिया में (भारत में)।

"विज्ञान के मंदिर में कई हवेलियाँ हैं और जो उनमें रहते हैं, जिन उद्देश्यों ने उन्हें उन जगहों पर छोड़ दिया है, वे वास्तव में भिन्न हैं। कई लोग बौद्धिक शक्ति के प्रति आनंदित भावना से विज्ञान लेते हैं; विज्ञान उनका अपना विशेष खेल है, जिसमें वे स्पष्ट अनुभव व महत्त्वाकांक्षा की संतुष्टि खोजते हैं; मंदिरों में कई अन्य लोग पाए जाते हैं, जिन्होंने अपने मस्तिष्क के उत्पादों को शुद्ध रूप से उपयोगितावादी उद्देश्यों के लिए इस वेदी पर डाल दिया है। यदि प्रभु का एक दूत आएगा और इन दो श्रेणियों से संबंधित सभी लोगों को हाँककर मंदिर से बाहर ले जाएगा, जमावड़ा गंभीरतापूर्वक क्षीण हो जाएगा; लेकिन फिर भी, वर्तमान व अतीत दोनों के कुछ लोग अंदर छूट जाएँगे।"

—अल्बर्ट आइंस्टीन

□

उपसंहार

व्यक्तिगत प्रतिबिंब

मैं अपनी उम्र के में 83वें वर्ष में हूँ। मैंने नहीं सोचा था कि मैं इस उम्र में विज्ञान के बारे में एक पुस्तक लिखूँगा, लेकिन मैंने वैज्ञानिक जीवन का आनंद लेना जारी रखा हुआ है। यह अद्भुत जीवन रहा है। कुछ समय पहले किसी ने मुझसे पूछा था कि यदि मुझे फिर से यह सबकुछ करना पड़े तो मैं क्या करूँगा? मुझे अमेरिका में पी-एच.डी. होने और फिर से प्रकाशन शुरू करने में अच्छा लगेगा। मुझे किसी भी खाते पर कोई पछतावा नहीं है और सभी अवसरों के लिए आभारी हूँ, जो मुझे काम व सेवा करने को मिला है।

मैंने विज्ञान में जो कुछ करने कोशिश की है, वह असाधारण समर्थन के कारण संभव रहा है, जो मैंने प्रत्यक्ष व परोक्ष रूप से अनेक स्रोतों से प्राप्त किया है। भारत, जिसे मैं प्यार करता हूँ, ने मुझे बचाए रखने तथा पेशेवर रूप से समृद्ध करने के लिए हर संभव चीज की है। मैंने विज्ञान आयोजन में योगदान करने का आनंद लिया है, जब मुझे ऐसा करने के लिए तत्कालीन सरकार द्वारा कहा गया; लेकिन मैं अपने छात्रों के साथ बस, प्रयोगशाला में काम करने में समान रूप से खुश हूँ। दो पेशेवर समाजों—केमिकल रिसर्च सोसाइटी एवं मैटेरियल्स रिसर्च सोसाइटी की स्थापना करने में शामिल रहना बड़ा आनंददायक रहा है। दोनों फूल-फल रहे हैं।

मुझसे बहुधा पूछा जाता रहा है कि क्या मैंने कभी अनुमान लगाया था कि मैं उतनी उपलब्धि हासिल करूँगा, जितना कि मेरे पास है? निश्चित रूप से मुझे इसका आभास नहीं था कि मैं जीवन में कैसे कार्य-प्रदर्शन करूँगा। मैंने निश्चित रूप से यह अपेक्षा नहीं की थी कि मैं 70 मानद पी-एच.डी. उपाधियाँ या विश्व की अधिकांश विज्ञान अकादमियों की सदस्यता प्राप्त करूँगा। न ही यह अपेक्षा की थी कि 60 वर्ष से अधिक समय तक प्रकाशन करता रहूँगा। यह मेरी अग्रिम भावना है कि मेरे परिवार

का समर्थन और छात्रों का योगदान मुझे अपने पेशेवर जीवन में इस स्थिति को पाने में सक्षम बनाने के लिए उत्तरदायी है।

मेरे पास बहुत बड़ी संख्या में पी-एच.डी. छात्र एवं पी-एच.डी. के बाद के अध्येता रहे हैं। बिना अपवाद के उन सभी ने कठिन परिश्रम किया है और बहुत निष्ठावान् रहे हैं। मैं अपने साथ काम करनेवालों के साथ दैनंदिन आधार पर बहुत नजदीक रहा हूँ और उनके साथ शोध-पत्र लिखा है। जब शोध समस्या निर्णायक मोड़ पर होती है या रोचक परिणाम दे रही होती है, मैं प्रतिदिन अपने छात्रों से मिलता हूँ। दैनिक आधार पर अपने छात्रों के संपर्क में बने रहने ने समय की बरबादी को कम कर दिया है और शोध की उत्पादकता को बढ़ा दिया है। मैं कई शोध-पत्र प्रकाशित करने में क्यों सक्षम रहा हूँ, संभावित कारणों में एक छात्रों के साथ इस संबंध के कारण है। इसका यह अर्थ नहीं है कि प्रयोगशाला में जो कुछ होता है, मैं उसका निर्देश देता हूँ। हम अपने विचारों के साथ छात्रों के विचारों पर विचार-विमर्श करते हैं और एक निर्णय पर आते है कि हमें सटीक रूप से प्रयोगशाला में करना क्या है। छात्रों के साथ काम ने मुझे युवा बने रहने में मदद की है। मेरे अधिकांश छात्र शैक्षणिक पेशे में ही बने हुए हैं और कुछ प्रसिद्ध हो गए हैं। उनमें से अनेक विज्ञान अकादमियों के लिए निर्वाचित हुए हैं और प्रयोगशालाओं के निदेशक बन गए हैं। उनमें से कुछ ने पदक व पुरस्कारों के संदर्भ में बड़ी मान्यताएँ प्राप्त की हैं।

मैंने अपने छात्रों को प्रोत्साहित करने की कोशिश की है। उन्हें पहला लेखकीय कार्य देकर और मैं उनकी निजी समस्याओं में भी जब आवश्यकता होती है, मदद करने की कोशिश करता हूँ। मुझे यह गुण संभवत: मेरे अपने पूर्व शिक्षकों से मुझे विरासत में मिली है। सभी प्राध्यापक, जिनके साथ मैंने काम किया है, विशेष रूप से अमेरिका में, मेरे साथ बहुत दयालु थे। उन्होंने मुझे एक वैज्ञानिक के रूप में विकसित होने में मदद की थी। उन्होंने मुझे स्वतंत्र रूप से प्रकाशन करने की अनुमति दी थी। वे अपने समय से भी उदार थे और मैंने उदारता व दयालुता के इन गुणों की नकल करने की कोशिश है।

मैं लगातार अपने पूज्य माता-पिता को याद करता हूँ, जिन्होंने मुझ पर कभी अपनी इच्छा को नहीं थोपा और सभी विषयों पर मुझे अपना मन बनाने की अनुमति दी थी, विशेष रूप से मेरे शैक्षणिक भविष्य के संबंध में, जब मैं युवा था। मेरे माता-पिता ने मुझे एक बार भी सुझाव नहीं दिया था कि मैं प्रशासनिक पद ग्रहण करूँ या

कुछ और; लेकिन इस तथ्य में गौरव किया कि मैं वैज्ञानिक व प्राध्यापक था। मुझे अपने शिक्षकों को भी याद करना चाहिए, जिन्होंने मुझे अपना स्नेह दिया और मुझे प्रोत्साहित किया। मैं उन सभी के प्रति अपनी कृतज्ञता व्यक्त करता हूँ, जिन्होंने मुझे अपने पेशेवर प्रयासों में मदद की और समर्थन का विस्तार किया। मैं आभारी हूँ कि कई अकादमियों व पेशेवर संगठनों ने मुझे अनेक मान्यताओं के योग्य समझा। मैं अच्छी तरह से महसूस करता हूँ कि उपलब्धियों की चट्टानें समय की लहरों से धो दी जाएगी (जैसा कि टैगोर ने लिखा था); किंतु फिर भी पुरस्कार उत्साह व खुशी लाते हैं।

प्रो. राव अपनी पत्नी के साथ

मेरी पत्नी मेरा संबल रही हैं। उन्होंने कभी भी मुझे उससे हतोत्साहित नहीं किया है, जो मैं करता रहा हूँ। वे मेरी सहायक स्मृति बैंक रही हैं—हमेशा उत्साही व सकारात्मक। विज्ञान शिक्षण संबंधी कार्यक्रमों में वे सक्रिय भागीदार रही हैं। उन्होंने बैंक संबंधी, घरेलू खरीदारी एवं विविध घरेलू जिम्मेदारियों से मुझे मुक्त रखा है। प्रो. एच.सी. ब्राउन बहुधा कहा करते थे, "मैं खुश रहने के लिए दो चीजें करता हूँ। एक है—शोध-पत्र प्रकाशित करना और दूसरा—पत्नी को खुश रखना।" मैंने उनकी सलाह का अनुसरण किया।

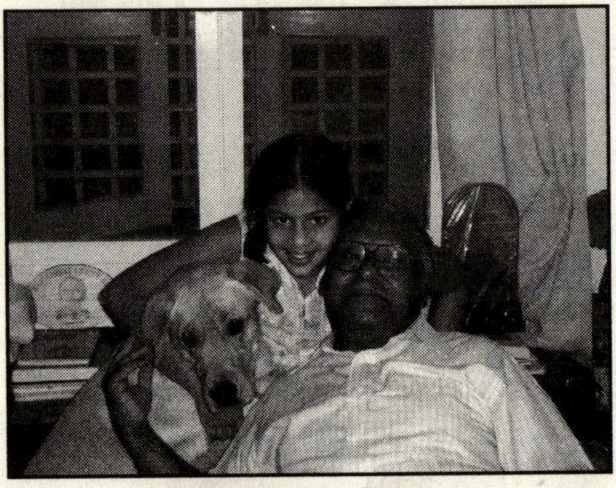

सुगुना व सिंबा के साथ

हमारे बच्चे व नाती-पोते हैं और हम बहुधा एक साथ छुट्टियाँ मनाते हैं। हमारी बेटी सुचित्रा परिवार की देखभाल में व्यस्त है और वह एक शिशु स्कूल में काम करती है। उसके पति के.एन. गणेश इंडियन

इंदु व संजय के साथ

इंस्टीट्यूट ऑफ साइंस एजुकेशन एंड रिसर्च, पुणे के प्रमुख हैं। हमारे पुत्र संजय मल्टीमीडिया में काम करते हैं। हमारा पौत्र कार्तिक चिकित्सक है और गुरदा रोग विशेषज्ञ बनने ज़ा रहा है। वह हमारे घर में बड़ा हुआ है और हमने उसके बचपन का आनंद लिया है। मेरी पौत्री सुगुना हमारे साथ हमेशा मोबाइल फोन से संपर्क में रहती है और अर्थशास्त्र की पढ़ाई कर रही है।

प्रोफेसर और श्रीमती एच.सी. ब्राउन के साथ

मैंने अपने लंबे पेशेवर जीवन में विभिन्न देशों के अनेक वैज्ञानिकों के साथ काम किया है। इस प्रक्रिया में यूरोप, अमेरिका एवं दूसरे स्थान के कुछ वैज्ञानिक बहुत नजदीकी मित्र बन गए हैं। टोनी चीथम व माइक क्लेइन जैसे कुछ मित्र परिवार के हिस्सा बन गए हैं। विज्ञान अच्छी मित्रता व सौजन्य पैदा करता है। विज्ञान के इन अद्भुत लाभों का आनंद उठाने के लिए किसी को खुले मस्तिष्क का होना पड़ता है। अंतरराष्ट्रीय सहभागिता एवं दूसरे देशों के लोगों के साथ काम करने ने मुझे लाभ पहुँचाया है और विज्ञान में अपने क्षितिज को बड़ा करने में मदद की है। आई.यू.पी.ए.सी.,

मिस्र में टोनी चीथम के साथ

माइक क्लेइन के साथ

टी.डब्ल्यू.ए.एस. एवं आई.सी.एस.यू. जैसे अंतरराष्ट्रीय संगठनों के साथ काम करने ने मुझे वैज्ञानिकों के विश्व समुदाय के स्वयं को पहचानने में मदद की है। इस प्रक्रिया में कोई विश्व नागरिक बन जाता है और विश्व में कहीं भी होता है तो घर जैसा ही महसूस करता है।

विज्ञान समय के साथ बदल रहा है। जो एक समय में रसायन विज्ञान माना जाता रहा था, वह आज का रसायन विज्ञान नहीं है। आज का रसायन विज्ञान अत्यधिक बहु-विषयक व पार विषयक हो गया है। यदि कोई आज अच्छा शोध करना चाहता है तो उसे उसके कई अन्य विषयों के बारे में भी अवश्य जानना चाहिए। रोचक रसायन विज्ञान बहुधा उनके द्वारा किया जाता है, जो भौतिकी, जीव-विज्ञान, पदार्थों और ऐसे ही के साथ काम करता था। सिद्धांत व प्रयोग के मजबूत संबंध एक दूसरा पहलू है, जो आधुनिक भौतिक विज्ञान का चरित्र-चित्रण करता है। मेरे अनेक शोध-पत्रों में सिद्धांतवादी सहकर्मियों के योगदान हैं और इस सहभागिता ने प्रयोगात्मक परिणामों को अधिक अर्थ प्रदान कर मेरे शोध की गुणवत्ता में सुधार किया है।

आज प्रकाशित की जा रही विज्ञान की मात्रा में सभी अपेक्षाओं से परे वृद्धि हुई है। प्रकाशन में अति-घातांकी बढ़त चौंका देनेवाली है। इसने साहित्य के साथ बने रहने को न केवल असंभव बना दिया है, बल्कि समस्याओं पर काम करने को भी अत्यधिक कठिन बना दिया है। साहित्य का विस्फोटक प्रकाशन युवा वैज्ञानिकों के लिए अवश्य ही निराशाजनक होना चाहिए, विशेष रूप से उनके लिए, जो विकासशील देशों से हैं। प्रकाशन की भीड़ ने शोध-पत्रिकाओं के लिए उद्धरित करने को कठिन बना दिया है। जब मैंने अपना पेशेवर जीवन शुरू किया था, एक क्षेत्र चुनने की कोशिश की थी, जहाँ मैं महत्त्वपूर्ण रूप से योगदान कर सका था। मैंने एक ऐसे क्षेत्र की खोज की थी, जो भीड़ भरी नहीं थी और रॉबर्ट फ्रॉस्ट की प्रसिद्ध कविता से निर्देशित हुआ था—

पीले जंगल में दो सड़कें अलग हुईं
और खेद है कि मैं दोनों की यात्रा नहीं कर सका।
मैंने एक लिया था, जहाँ कम यात्रा की गई थी
और उसी ने सभी अंतर पैदा किया।

शोध के क्षेत्र को चुनने के लिए सुनसान सड़क को चुनना अभी भी अच्छा तरीका है; लेकिन आजकल यह बहुत कठिन होता जा रहा है। मैं भाग्यशाली रहा हूँ कि ठोस अवस्था एवं पदार्थों का रसायन विज्ञान अपनी शैशवावस्था में था, जब मैंने आधी शताब्दी से अधिक पहले काम करना शुरू किया था। यह आज विशाल संख्या

में अभ्यासकर्ताओं के साथ एक मुख्यधारा का विषय है। मुझे अब विषय के पितामह के रूप में याद किया जाता है। इस संबंध में मुझे अवश्य ही वह हास्यपूर्ण घटना बतानी चाहिए। कुछ वर्ष पहले एक अंतरराष्ट्रीय सम्मेलन में पूर्ण व्याख्यान देने के बाद मैं एक मित्र के साथ यूरोप के एक हवाई अड्डे पर था। एक भद्र पुरुष तेज गति से मेरे पास आए और कहा, "आप संभवत: अपने जैसे नामवाले व्यक्ति को जानते होंगे, जिन्होंने 30 या 40 वर्ष पहले ऑक्साइड व संबंधित पदार्थों पर काम किया था। उन्हें अवश्य ही अब मृत होना चाहिए।"

मुझे कहना पड़ा कि मैं ही वह व्यक्ति हूँ, जिसने उन शोध-पत्रों को लिखा है।

प्रो. राव संबोधित करते हुए

हाल के वर्षों में वैज्ञानिक शोध अत्यंत प्रतिस्पर्धी हो गया है। भारत में हमारे द्वारा एक समस्या तीव्रता से महसूस की गई है, विशेष रूप से हमारे एशियाई पड़ोसियों चीन, जापान व दक्षिण कोरिया के उच्च कार्य-प्रदर्शन के कारण। मैं 1980 के दशक के शुरुआती वर्षों के चीन को याद करता हूँ, जब वहाँ की स्थितियाँ भारत की तुलना में अधिक खराब थीं। चीन ने विशाल निवेश किए हैं और आज उतनी ही संख्या में शोध-पत्रों का प्रकाशन कर रहा है, जितना कि अमेरिका। मैं भारत द्वारा प्रकाशित किए जानेवाले शोध-पत्रों की संख्या से चिंतित नहीं हूँ। मैं इन शोध-पत्रों की गुणवत्ता के बारे में चिंता करता हूँ। शोध में प्रतिस्पर्धा करने में सक्षम होने के लिए हमें गुणवत्ता में बहुत अधिक सुधार करना है।

इस वैज्ञानिक परिदृश्य में कोई अच्छी शोध-पत्रिकाओं में शोध-पत्र का प्रकाशन करना अधिक कठिन पाता है। प्रभाव सूचकांक के संदर्भ में शोध-पत्रिकाएँ श्रेणीबद्ध हैं और कोई उच्च प्रभाव शोध पत्रिका में प्रकाशन करना चाहता है तो जीवन अधिक कठिन बन जाता है। कुछ शोध-पत्रिकाएँ अधिक निर्देशियों का उपयोग करती हैं, जितना कि किसी को चाहिए। ये शोध-पत्रिकाएँ ही हैं, जो चार से छह निर्देशियों का

उपयोग करती हैं, संभवत: शोध-पत्र को अस्वीकार करने के लिए कोई-न-कोई कारण खोजने के लिए। कुछ शोध-पत्रिकाएँ हैं, जो शोध-पत्रों को लेखकों को वापस कर देती हैं, उन पर कोई विचार किए बिना ही। प्राप्त की गई पांडुलिपियों की विशाल संख्या उनके साथ उचित व्यवहार करने की शोध-पत्रिकाओं की क्षमता से परे हो गई दिखाई देती हैं। इसने विशेष रूप से युवा वैज्ञानिकों के लिए कठिन परिस्थिति उत्पन्न की है, जो अपने शोध-पत्रों के साथ किए जा रहे व्यवहार के तरीके के कारण निराश हो सकते हैं। पांडुलिपियों पर लगातार नकारात्मक सूचनाएँ प्राप्त करना लोगों को थका देता है। मैंने अपने लिए आसान हल निकाला है। मैं सबसे अच्छा संभव काम करता हूँ और वह विषय शोध पत्रिका को भेज देता हूँ और लोकप्रिय प्रसिद्धिवाली तथाकथित प्रसिद्ध शोध-पत्रिकाओं में प्रकाशन की चिंता नहीं करता हूँ। जैसा कि प्रो. मॉट मुझसे कहा करते थे, "यदि काम पर्याप्त रूप से अच्छा है तो लोग शोध-पत्र को पढ़ेंगे।" मैंने पेशेवर शोध-पत्रिकाओं में प्रकाशित होने के लिए बहुत अधिक कोशिश नहीं की है।

यद्यपि शैक्षणिक शोध वैज्ञानिक प्रयास का एक अनिवार्य व महत्त्वपूर्ण हिस्सा है, विज्ञान पर कई अन्य माँगें भी हैं। हमें ऊर्जा, पर्यावरण, जल, स्वास्थ्य व खाद्य सुरक्षा जैसी मानव जाति की महत्त्वपूर्ण समस्याओं पर काम करना है। उद्योगों को निर्णायक वैज्ञानिक आदानों की आवश्यकता है। विज्ञान अधिक नवाचार का प्रस्थान-बिंदु है और शुरुआती उद्यम सामान्य रूप से प्रयोगशाला के अत्याधुनिक शोध पर आधारित हैं। हमें प्रगति के लिए इन सभी पहलुओं की देखभाल करने की आवश्यकता है।

भारत में कोई सफलतापूर्वक विज्ञान कर्म कैसे करता है? आज के प्रतिस्पर्धी विश्व में कैसे युवा व्यक्ति कभी विज्ञान के उच्च स्तरों पर पहुँचता है? समस्याएँ गंभीर हैं और समाधान को कई स्रोतों से योगदान की आवश्यकता है। सबसे पहले, हमारे संस्थानों को मूलत: आधारभूत ढाँचा व सुविधाओं के संदर्भ में उन्नत होना है। यह विक्षुब्ध करनेवाला है कि आज भी मैं अपने शोध के लिए नगर की विद्युत् आपूर्ति पर निर्भर नहीं रह सकता हूँ। विश्वसनीय विद्युत् आपूर्ति तब से समस्या बनी रही है, जब मैंने वर्ष 1959 में अपना शोध-जीवन शुरू किया था। शोध-सुविधाओं के संबंध में उचित समर्थन प्राप्त करने के लिए मुझे लगभग बीस वर्षों तक प्रतीक्षा करनी पड़ी थी। प्रतिभाशाली लोगों की बढ़ रही संख्या को समायोजित करने के लिए भारत में और अधिक उत्कृष्ट संस्थान होने चाहिए। हमारे विश्वविद्यालयों, जो पिछले

वर्षों में नष्ट हो गए हैं, को फिर से युद्ध स्तर पर युवा बनाने की आवश्यकता है। शिक्षा के वित्त-पोषण, जो केंद्रीय बजट में सकल घरेलू उत्पाद के 2-3 प्रतिशत के आस-पास अटक गई है, को बढ़ाने की आवश्यकता है। हमें इसे सकल घरेलू उत्पाद के 6 प्रतिशत तक बढ़ाना है। शिक्षा के लिए प्रदान किए गए सकल घरेलू उत्पाद के 2 प्रतिशत का संभवत: 0.5 प्रतिशत उच्च शिक्षा के लिए उपयोग किया जाता है। यह कैसे आई.आई.टी. एवं विश्वविद्यालयों को समर्थन प्रदान कर सकता है? कैसे आई.आई.टी. एक एम.आई.टी. बन सकता है?

युवा छात्रों की विशाल संख्या के लिए हमें शिक्षा एवं रोजगार के अवसरों के बारे में गंभीरता से चिंतित होना होगा। हम अतिरिक्त कुछ करोड़ की देखभाल कैसे करेंगे, जो अगले दशक तथा बाद में उच्च शिक्षा में प्रवेश करेंगे? हमें सावधानी-पूर्वक योजना बनाने की आवश्यकता है। प्रतिभा की खोज के लिए एक महत्त्वपूर्ण पहलू संबंध रखता है। युवा भारतीयों का 60 प्रतिशत से अधिक ग्रामीण भारत में सर्वाधिक है और वहाँ अवश्य ही दूसरा रामानुजन या रमण होना चाहिए। हमें इस प्रतिभा को पकड़ना होगा। मैं इसे किसी भी अन्य राष्ट्रीय प्रयास जितना महत्त्वपूर्ण मानता हूँ। भारत को चमकने के लिए प्रतिभा-खोज को अधिक महत्त्व दिया जाना है। नवाचार अंतत: व्यक्ति विशेष के द्वारा ही किया जाता है और हमें इस उद्देश्य के लिए सर्वाधिक प्रतिभाशाली लोगों की आवश्यकता है, जब मेरी पत्नी व मैं आंतरिक भारत के विभिन्न हिस्सों में जाते हैं—उत्तराखंड से लेकर केरल तक, हम कई युवाओं को विज्ञान व शिक्षा के प्रति उत्साहित पाते हैं। हमें उन्हें उचित अवसर प्रदान करने हैं।

विज्ञान एवं प्रौद्योगिकी का वित्त-पोषण खराब रहा है। यह कभी सकल घरेलू उत्पाद के 1 प्रतिशत से अधिक नहीं रहा है। जितना शीघ्र संभव हो, केंद्र सरकार को इसे सकल घरेलू उत्पाद के 1.5 से 2 प्रतिशत तक बढ़ाना है। उद्योग ने वैज्ञानिक अनुसंधान के लिए बहुत ही कम किया है और उसे इसके लिए महत्त्वपूर्ण रूप से करना है। भारत में विज्ञान का लगभग 10 प्रतिशत उद्योग से समर्थित है। इसके स्थान पर अन्य देशों की तरह इसे वैज्ञानिक प्रयासों के 40 से 50 प्रतिशत के आस-पास होना चाहिए।

एक समस्या, जिसका हमने स्वतंत्रता के बाद से ही सामना किया है, बड़े विज्ञान को अनुचित महत्त्व दिए जाने से संबंधित है; जबकि छोटे विज्ञान पर ध्यान नहीं दिया जाता है। जब कभी भी कोई विज्ञान का उल्लेख करता है, वह परमाणु ऊर्जा,

अंतरिक्ष और ऐसे अभिकरणों का उल्लेख करता है। हालाँकि विज्ञान में वास्तविक प्रगति छोटे विज्ञान के माध्यम से होती है। यह छोटा विज्ञान है, जो जीवन की गुणवत्ता में सुधार करता है और मानव-अस्तित्व व समृद्धि के निर्णायक स्वास्थ्य, ऊर्जा एवं अन्य क्षेत्रों से संबंधित समस्याओं का समाधान करता है।

कमोबेश नौकरशाही विज्ञान पर बुरा असर डालने में नकारात्मक पहलू रही है। उदाहरण के लिए, वैज्ञानिक संस्थानों के लिए लागू किए गए नियम व प्रक्रियाएँ एक समान हैं, जैसा कि एक जिला कार्यालय के लिए। वैज्ञानिकों को 60 वर्ष या इतनी ही उम्र में सेवानिवृत्त होने के लिए मजबूर किया जाता है। अमेरिका तथा कई अन्य देशों में वैज्ञानिकों के लिए कोई उम्र सीमा नहीं है। यह अत्यंत महत्त्वपूर्ण है कि अच्छे वैज्ञानिक राष्ट्रीय प्रयासों में योगदान करने में सक्षम हैं, जितने लंबे समय तक वे अच्छा कार्य करने में सक्षम हैं। परियोजनाओं की निगरानी की प्रक्रियाएँ इतनी पुरानी हैं कि लोग नियमित रूप से वित्त-पोषण नहीं प्राप्त कर पाते हैं। अंतिम वर्ष के वित्त-पोषण प्रदान किए जाने से पहले ही एक या दूसरे प्रमाणन की आवश्यकता के कारण परियोजनाएँ बंद हो जाती हैं।

मैंने अब तक वैज्ञानिक कार्य-प्रदर्शन से संबंधित बाहरी घटकों के बारे में ही बात की है। हालाँकि दूसरे घटक भी समान रूप से महत्त्वपूर्ण हैं, जो कार्य-प्रदर्शन पर बुरा प्रभाव डालते हैं। मेरे अनुभव में लगभग सभी महान् वैज्ञानिकों ने, जिन्हें मैं जानता हूँ, बहुत कठिन परिश्रम से काम किया था। कैंब्रिज में प्रो. मॉट या पुर्डुए में प्रो. एच.सी. ब्राउन (दोनों नोबेल पुरस्कार विजेता) तथा कई अन्य विलक्षण वैज्ञानिकों ने, जिन्हें मैं जानता हूँ, अपने जीवन के अंतिम दिन तक काम किया था। जब उनकी मृत्यु हुई थी, दोनों 90 वर्ष के ऊपर थे और यहाँ तक कि उन्होंने अपने जीवन के अंतिम वर्ष में भी शोध-पत्र प्रकाशित किया था। जी.एन. लेविस व माइकल फैराडे ने विज्ञान में प्रमुख परिणामों को हासिल करने के लिए अत्यंत कठिन परिश्रम किया था। हमें और अधिक कठिन परिश्रम करना है। चीनी वैज्ञानिक हमारी तुलना में अधिक कठिन परिश्रम करते हुए दिखाई देते हैं। अधिक महत्त्वपूर्ण रूप से हमें नहीं भूलना चाहिए कि बहुत सी ऐसी चीजें हैं, जो हम बिना धन के भी कर सकते हैं।

पिछले कुछ वर्षों में मैंने युवा लोगों की मनःस्थितियों में कुछ बदलाव देखा है। शुरुआती वर्षों के विपरीत आज युवा लोगों से कुछ बहुत अधिक महत्त्वाकांक्षी व चिंतित हैं। उनमें से कुछ तत्क्षण प्रसिद्धि चाहते हैं। प्रशासनिक पदों की आकांक्षा एक

बुराई है, जो युवा मस्तिष्कों को विषाक्त करती दिखाई देती है। उनमें से कुछ युवावस्था में ही धनी बनना चाहते हैं। मैं आजकल युवाओं के बीच बहुधा महत्त्वहीन उद्देश्यों के लिए यात्रा करने की प्रवृत्ति देखता हूँ। युवा या बूढ़े वैज्ञानिकों में स्वार्थपरता विज्ञान की प्रगति के लिए घातक है। युवा भले ही स्वार्थी हो सकते हैं, परंतु वरिष्ठ वैज्ञानिकों को उदार होना है और यह सुनिश्चित करना है कि वे सभी प्रकार की मदद व प्रोत्साहन प्रदान करते रहें, ताकि विज्ञान का भविष्य सुरक्षित हो।

किसी भी बौद्धिक प्रयास में स्वार्थपरता किसी के कार्य-प्रदर्शन के साथ बड़े स्तर पर हस्तक्षेप करती है। कोई तभी निर्भय हो सकता है, यदि वह स्वार्थी नहीं है। इस सबंध में मैं रवींद्रनाथ टैगोर की 'गीतांजलि' की एक कविता को उद्धृत करना चाहूँगा—

तुझसे मिलने के लिए मैं अकेला आया था।
परंतु यह कौन है, जो नीरव अंधकार में मेरे पीछे-पीछे चला आ रहा है?
उससे बचने के लिए मैं इधर-उधर हट जाता हूँ
किंतु मैं उससे बच नहीं पाता।
वह अपनी धृष्ट चाल से धरती से धूल उड़ाता है;
वह मेरे प्रत्येक शब्द के साथ जोर से बोल उठता है।
वह मेरी ही तुच्छ आत्मा है, मेरे प्रभु! लज्जा उसे छू तक नहीं गई;
किंतु मुझे उसके संग तेरे द्वार पर आने में लज्जा आती है।

अन्य घटक, जो गुणवत्तापूर्ण कार्य के साथ हस्तक्षेप करता है, तुच्छ चीजों के प्रति हमारी सनक है। कुछ लोग प्याज की कीमतों की उनके अनुसंधान से अधिक चिंता करते हैं। छोटी-मोटी बातें जीवन में अधिक ऊँची चीजों में हस्तक्षेप करती हैं। यहाँ फिर से 'गीतांजलि' से एक अद्भुत कविता है, जिसे मैं उद्धृत करना चाहता हूँ—

मेरे प्रभु! मेरी तुझसे यह प्रार्थना है कि
मेरे हृदय की दरिद्रता की जड़ पर तू कुठाराघात कर।
मुझे बल दे, जिससे मैं सुख व दुःख को सहज ही सहन कर सकूँ।
मुझे वह बल दे, जिससे मैं अपने प्रेम को सेवा व परोपकार द्वारा सफल कर सकूँ।
मुझे वह बल दे, जिससे मैं दीन-दुखियों का कभी परित्याग न करूँ या
अपने घुटनों को अभिमानी सत्ताधारियों के सामने कभी न झुकाऊँ।

मुझे वह बल दे कि जिससे मैं अपने मन को
दैनिक तुच्छ बातों से बहुत ऊपर रखूँ।
मुझे वह बल दे, जिससे मैं अपनी शक्ति को
प्रेमपूर्वक तेरी इच्छा को आत्मसमर्पित कर सकूँ।

रचनात्मक कार्य के लिए क्रोध व ईर्ष्या शत्रु की तरह है। कोई भी हर समय क्रोधित नहीं हो सकता और फिर भी प्रयोगशाला में अद्भुत कार्य करता है। मैंने इस विषय के बारे में बहुधा मजाक किया है। कोई अपनी पत्नी से झगड़ा नहीं कर सकता और उस दिन प्रयोगशाला में विज्ञान-कार्य करता है। ये बिंदु महत्त्वहीन दिख सकते हैं, लेकिन उन्हें अनदेखा नहीं किया जाना चाहिए। जलन व ईर्ष्या कई व्यक्ति विशेषों के कार्यों पर दबदबा रखते हैं। हमें उदार होना चाहिए और यह सुनिश्चित करना चाहिए कि हमारे साथ-साथ दूसरे लोग भी फूलते-फलते रहें। यह विशेष रूप से वरिष्ठ लोगों के लिए सच है, जिन्हें कभी भी प्रतिभाशाली युवा लोगों के प्रति ईर्ष्यालु नहीं होना चाहिए। मुझे स्वामी विवेकानंद का कथन याद आता है कि लोगों के बीच जलन भारत को महान् बनने की अनुमति नहीं दे सकता है।

एक गुण, जो भारतीय विज्ञान की प्रगति के लिए अनिवार्य है, वह है विफलता के लिए सहिष्णुता। विफलता सफलता का एक हिस्सा है। बिना विफलता के कोई विज्ञान में महान् सफलता नहीं पा सकता और यह महत्त्वपूर्ण है कि हम विफलता पर नीचे न देखना सीखते हैं। मैंने देखा है कि कुछ लोग अच्छे लोगों के विफल होने या गलतियाँ करने की प्रतीक्षा करते हैं। यह समाज के सभी वर्गों (राजनीतिक लोगों सहित) के लिए एक सामान्य गुण प्रतीत होता है। कोई दूसरों की विफलताओं व दुर्भाग्यों के बारे में बात करने का आनंद लेते हुए प्रतीत होता है। विज्ञान में हम विलासिता को सहन नहीं कर सकते हैं।

मैंने अपने ही समाज के बारे में बहुत कम कहा है। भारतीय समाज को एक समूचे रूप में विज्ञान को राष्ट्रीय प्रयास के महत्त्वपूर्ण पहलू के रूप में देखना शुरू करना है। विज्ञान को हमारी मूल्य प्रणाली में जगह मिलनी है। आत्महत्याएँ, बलात्कार व हत्या, क्रिकेट, बैंकिंग, ब्याज की दरें एवं विदेशी निवेश, सभी संचार माध्यमों में प्रमुख स्थान प्राप्त करने हैं। समाज धन व कारोबार से संबंधित विषयों के प्रति सनकी प्रतीत होता है। विज्ञान, पर्यावरण, शिक्षा व छात्रवृत्ति को हमारी मूल्य प्रणाली का महत्त्वपूर्ण पहलू होना चाहिए और उचित ध्यान प्राप्त करना चाहिए। यदि वैज्ञानिक

और समाज यहाँ पर विचार किए गए बिंदुओं में से कुछ पर ध्यान दे तो भारत को वैज्ञानिक रूप से उन्नत देश बनने से कोई नहीं रोक सकता है। उस समय पर भारत में और अधिक संस्थान होंगे, जो एम.आई.टी. या कैंब्रिज से तुलना करने योग्य और विश्व के 50 शीर्ष संस्थानों के बीच होंगे।

समापन में

सभी समस्याओं व चुनौतियों के साथ, जो मैंने ऊपर उल्लेख किया है, मैं नहीं कह सकता कि जीवन सुस्त रहा है। मैंने वास्तव में भारत में विज्ञान के साथ बड़ा होने और प्रयोगशालाओं व संस्थानों के निर्माण करने में आनंद लिया है। पेशेवर अकेलापन, जो मेरे पेशेवर जीवन के शुरुआती वर्षों में गंभीर सीमा थी, कम हो गया है। यद्यपि विज्ञान की मुख्य नदी यूरोप से अमेरिका में प्रवाहित होती है, मैं प्रकाश में एक स्थान पाने में सक्षम रहा हूँ। इस संबंध में मैं अपने छात्रों का उनके योगदानों के लिए विदेश के विशाल वैज्ञानिक मित्रों के समुदाय और पूरे परिवार का बेहद ऋणी हूँ।

एक अभिमानी भारतीय के रूप में मैं अच्छा महसूस करता हूँ कि मेरा सारा शोध भारत में पूरा किया गया। मैं अपने शोध प्रयासों और भारत में संस्थान निर्माण व विज्ञान के लिए अपने योगदानों के बीच संतुलन रखने में सफल हुआ हूँ। मैंने आणविक ऊर्जा, सी.एस.आई.आर., योजना आयोग एवं विश्वविद्यालय अनुदान आयोग जैसे कई वैज्ञानिक संस्थानों व अभिकरणों की निष्ठापूर्वक सेवा की है। भारतीय वैज्ञानिक संस्थानों (आई.आई.टी.) की सेवा न केवल प्राध्यापक के रूप में, बल्कि विस्तारित अवधि तक आई.आई.टी. परिषद् की स्थायी समिति के अध्यक्ष के रूप में भी की है। मैंने टी.आई.एफ.आर. जैसे संस्थानों के साथ भी काम किया है। हालाँकि मैंने कभी प्रशासनिक पद नहीं माँगा। मैंने राज्यसभा का सदस्य बनने के अनेक प्रस्तावों को स्वीकार नहीं किया। शोध का विषय, जिसे मैंने बहुत प्यार किया है, मेरा एकमात्र जुनून रहा है। विज्ञान सुदूर पहुँच कार्यक्रमों के माध्यम से छोटे बच्चों से उनके निर्माण के वर्षों में बातचीत ने मेरे जीवन में एक दूसरा आयाम जोड़ा है। युवा लोगों के साथ और विश्व भर में वैज्ञानिकों से संपर्क ने भविष्य के प्रति चिंतित जटिल विश्व का नागरिक बनने में मेरी मदद की है।

व्यक्तिगत स्तर पर मैं खुशमिजाज व्यक्ति रहा हूँ और मुझे कोई शिकायत नहीं है। मैंने प्रो. सतीश धवन जैसे व्यक्ति को जानने का आनंद लिया है, जो वैज्ञानिक

समुदाय के नैतिक विवेक थे। मुझे कई विलक्षण लोगों के साथ काम करने या उन्हें जानने की खुशी मिली है, जिनमें से कुछ मेरे घनिष्ठ मित्र बन गए हैं। मैंने किसी को भी बहुत अधिक नापसंद नहीं किया और लोगों के लिए मददगार व उपयोगी होने के लिए अपना सर्वोत्तम दिया है। मैं वास्तव में क्षमा माँगता हूँ, यदि मैंने न चाहते हुए भी किसी को दु:ख पहुँचाया है। मैंने जीवन में झूठ नहीं बोला है (जहाँ तक कि मैं याद कर सकता हूँ) और मेरी पत्नी मेरे इस दावे की पुष्टि करती हैं। मैंने पारिवारिक कार्यक्रमों एवं अन्य सामाजिक अवसरों में भाग नहीं लिया और न ही सगे-संबंधियों से मिलने गया। मैं इस चूक के लिए वास्तव में क्षमा माँगता हूँ और अपने अगले जीवन में ही इसकी भरपाई कर सकता हूँ। यह दृढ़ वचन है!

मैं अपने पेशेवर जीवन में घटित कुछ घटनाओं को भूल नहीं सकता। मैं पारस्परिक हितों पर प्रो. विक्रम साराभाई के साथ विचार-विमर्श करने के लिए आई.आई.टी., कानपुर से बंबई की अपनी यात्रा को याद करता हूँ, जो नहीं हो सका, क्योंकि बीती रात त्रिवेंद्रम में उनका देहांत हो गया। मैंने उनके अंतिम दर्शन के लिए हवाई अड्डे पर प्रतीक्षा की थी। जब होमी जे. भाभा ने आई.आई.टी., कानपुर की यात्रा की थी, उन्होंने मुझे बंबई में मिलने को कहा था, जब वे विदेश से लौट आएँगे। दुर्भाग्यवश, उस यात्रा में उनका विमान आल्प्स पर्वत-शृंखला के ऊपर दुर्घटनाग्रस्त हो गया था।

प्रो. विक्रम साराभाई

होमी जे. भाभा

एक महान् वैज्ञानिक, जिनके बारे में मैं बार-बार सोचता हूँ, जी.एन. रामचंद्रन हैं। मैं महसूस करता हूँ कि जी.एन.आर. के साथ वैज्ञानिक समुदाय व दूसरों ने अच्छा व्यवहार नहीं किया था। मुझे केवल यही सांत्वना है कि जब मैं आई.आई.एस-सी का निदेशक था, उनके लिए एक यूनिट की रचना कर उन्हें आई.आई.एस-सी. में वापस ला सका था। जी.एन.आर. मुझे सन्

1964 में इंडियन एकेडमी ऑफ साइंसेज में मेरे आसन्न चुनाव की सूचना देनेवाले पहले व्यक्ति थे और जब मैं रॉयल सोसाइटी के लिए निर्वाचित हुआ था, मुझे बधाई देनेवाले पहले व्यक्ति वही थे। उनके अंतिम दिनों में उन्हें देखकर मैं बहुत अधिक परेशान रहता था।

टस्कनी में ठोस अवस्था रसायनज्ञ (2002)—जॉन गुडएनफ (बाएँ से चौथे), टोनी चीथम (मेरे बाद) और उनके दाएँ रावेड

मैं अपने बारे में बहुत अधिक चिंता नहीं करता हूँ। केवल वही चिंताएँ मुझे परेशान करती हैं, जो मेरे शोध व देश में विज्ञान से संबंधित हैं। रात भर एक आलेख वाक्य को संयोजित करना या उसकी विषय सामग्री की योजना बनाना मेरे लिए सामान्य बात है। बीते हुए समय का एक विषय, जो मैं याद करता रहता हूँ, इंडियन एकेडमी ऑफ साइंसेज की अंतिम बैठक से है, जिसमें प्रो. सी.वी. रमण ने भाग लिया था। चाय-अवकाश के दौरान प्रो. रमण ने मुझसे कहा था, "प्रो. राव, मैं 81 वर्ष का बूढ़ा हूँ। यह बात मुझे परेशान करती है कि भारत विज्ञान में विश्व के शीर्ष पर नहीं है।" मैं अब 82 वर्ष का हूँ और प्रो. रमण के कथन की प्रतिध्वनि करता हूँ।

जैसा कि मैं अधिक बूढ़ा हो रहा हूँ, मुझे अपने पुराने मित्रों की याद आती है।

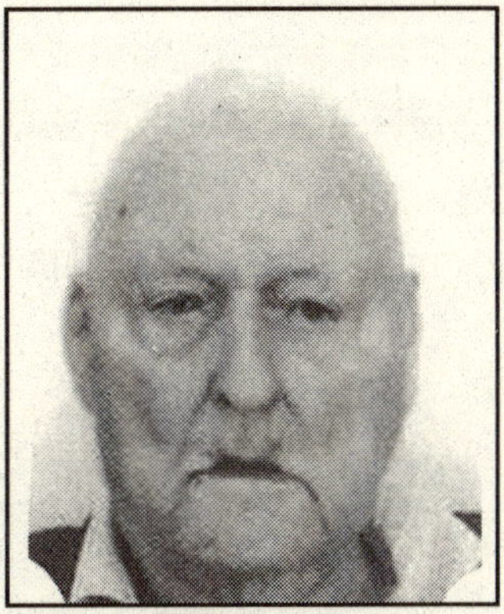

पॉल हैजेमुलर

लगभग मेरे सभी शिक्षक और अमेरिका व अन्य जगहों के मेरे छात्र जीवन के सभी मित्र जा चुके हैं। मुझे प्रो. सतीश धवन व राजा रामन्ना जैसे प्रिय मित्रों की याद आती है। मुझे बीते वर्षों के अपने पेशेवर मित्रों की यादें अच्छी लगती हैं। पॉल हैजेमुलर एवं जॉन गुडएनफ 94 वर्षों से ऊपर हैं। पॉल अब कुछ वर्षों से लगभग अशक्त हो गए हैं। पुराने दिनों के ठोस अवस्था रसायनज्ञ, जिनके साथ मैं संपर्क में हूँ, पुर्डुए में जॉर्ज होनिग हैं। एम.जी.के. मेनन बीमार हैं और बातचीत करने की स्थिति में नहीं हैं। एस. वरदराजन भी अच्छी अवस्था में नहीं हैं। कुछ ही पुराने मित्र बचे हुए हैं।

चाहे जो भी समस्याएँ रही हों, विश्व में जीवित बचे रहने के लिए किसी को हास्य की भावना रखनी पड़ती है। मुझे इस संदर्भ में महान् पुरुषों के कथनों को फिर से संगृहीत करना आनंददायक लगता है। ऐसा ही आइंस्टीन का निम्नलिखित कथन है—

दो चीजें अनंत हैं;
ब्रह्मांड व मनुष्य की मूर्खता।
मैं ब्रह्मांड के बारे में निश्चित नहीं हूँ।

यह विदा-अभिवादन का समय है। मैं प्रत्येक और आकांक्षी वैज्ञानिक, महान् विज्ञान के लिए महान् भविष्य की कामना करता हूँ। टैगोर के एक कथन का अनुसरण करते हुए मैं महसूस करता हूँ कि विज्ञान ने मुझे अधिक दिया है और कि मैंने विज्ञान को थोड़ा दिया है। जब पूछा गया था कि वह भगवान् से क्या माँगते हैं? महान् शहनाई वादक उस्ताद बिस्मिल्लाह खाँ ने कहा था, "हे प्रभु! मुझे अंत तक संगीत जगत् में रखें।" मेरी प्रार्थना है, "हे प्रभु! मुझे अंत तक विज्ञान जगत् में रखें।"

अंत में 'गीतांजलि' के एक गीत के साथ—

जहाँ मस्तिष्क भय-शून्य है और मस्तक ऊँचा रहता है,
जहाँ ज्ञान मुक्त है,

जहाँ संसार संकीर्ण घरेलू दीवारों के
खंड-खंड नहीं कर दिया गया है;

जहाँ शब्द सत्य की गहराई से निकलते हैं; जहाँ
अनथक पुरुषार्थ अपनी बाँहों को पूर्णता की ओर फैलाते हैं;

जहाँ तर्क की निर्मल धाराओं ने अपने मार्ग को मृत रूढ़ियों के
भयानक मरुभूमि के रेत में नष्ट नहीं कर दिया है;

जहाँ (के निवासियों) का मन सदा विस्तृत होनेवाले विचारों और
कर्मों की ओर अग्रसर रहता है;

हे मेरे पिता! स्वतंत्रता के ऐसे दिव्य लोक में
मेरा प्यारा देश जाग्रत् हो।

—रवींद्रनाथ टैगोर

□

एक युवा मित्र को पत्र

मेरे प्रिय युवा मित्र,

अपने डर व आशाओं को प्रकट करता हुआ मुझे आपका पत्र मिला है। आपका पत्र स्पष्ट रूप से दिखाता है कि आप अपनी पढ़ाई और विज्ञान एवं अन्य क्षेत्रों में युवा लोगों के लिए संभव अवसरों के बारे में चिंतित हैं। मैं आपके भय को समझता हूँ। मैं आपको दोष नहीं देता, क्योंकि स्थिति भ्रामक है। कई विश्वविद्यालयों में, जिनमें नामांकन आपको मिलनेवाले अंकों पर आधारित हैं, प्रणाली ठीक से काम नहीं कर रही है। मुझे समाचार-पत्रों से पता चलता है कि परीक्षाओं में 99 प्रतिशत अंक प्राप्त करने के बाद भी छात्रों को कॉलेजों में प्रवेश नहीं मिल रहे हैं। राष्ट्रीय संस्थानों, जैसे कि आई.आई.टी. एवं आई.आई.एस.ई.आर. के साथ-साथ अन्य संस्थानों में नामांकन के लिए बहुत अधिक संख्या में प्रतियोगी परीक्षाएँ हैं। एक चिकित्सा कॉलेज में नामांकन के लिए इच्छुक छात्र राष्ट्रीय व राज्य स्तर के असंख्य प्रतियोगी परीक्षाएँ देकर समाप्त होता है। आई.आई.टी. में नामांकन अनिवार्य रूप से प्रशिक्षण संस्थानों द्वारा निश्चित होता हुआ लगता है। मैं आशा करता हूँ कि हमारे पास शीघ्र ही एक प्रणाली होगी, जिसमें प्रतिभाशाली लड़के-लड़कियाँ अपनी योग्यता के कारण आसानी से आई.आई.टी. एवं अन्य संस्थानों की प्रवेश परीक्षाएँ उत्तीर्ण कर सकते हैं। यह कुछ वर्ष पहले तक की स्थिति थी। मैं बुरी तरह परेशान हूँ कि हमारी संपूर्ण शिक्षा प्रणाली परीक्षा-केंद्रित हो गई है। 'शिक्षा' खो गई है, जहाँ 'परीक्षाओं' ने लाभ उठाया है।

आप पाठ्यक्रमों की पसंद और पढ़ाई के पाठ्यक्रम के बारे में फैसला करने में कठिनाई के बारे में जानना चाहते हैं। मैं आपको आज की रुचि के क्षेत्रों के बारे में बता दूँ। यदि आप वास्तव में विज्ञान में रुचि रखते हैं, विज्ञान लें। यदि आप आविष्कार व नवाचार की चुनौतियों को पसंद करते हैं, यह आदर्श होगा। विज्ञान

किसी के रचनात्मक योगदानों के लिए अत्यधिक अवसर प्रदान करता है। आज का विज्ञान भिन्न है और बहुत अधिक बहुविषयक है। केवल वे ही, जो विज्ञान के विविध क्षेत्रों को वास्तव में समझते हैं, वे प्रमुख प्रगति में योगदान देते हैं। उदाहरण के लिए, आज रसायन विज्ञान पुराने दिनों का रसायन विज्ञान नहीं रहा है। रसायन विज्ञान में वास्तविक योगदान तभी संभव है, यदि आप में जीव विज्ञान, भौतिकी व अन्य की समझ है। ऐसे लोग हैं, जो कहते हैं कि जीव विज्ञान में महान् योगदान उनसे आता है, जो बहुत अधिक रसायन विज्ञान जानते हैं। पदार्थ विज्ञान एक बहुअनुशासनिक विषय है, जो रसायन विज्ञान, भौतिकी, जीव विज्ञान, अभियांत्रिकी और ऐसे ही का उपयोग करता है। इसीलिए मैं आप पर छोड़ता हूँ कि आप अपनी विशिष्टता के रूप में किस विषय को चुनना चाहेंगे। लेकिन कृपया यह सुनिश्चित करें कि आपके पास विभिन्न विज्ञानों एवं अन्य मुख्य विषयों के संदर्भ में अच्छी आधारशिला है, जिसमें कंप्यूटर विज्ञान व अभियांत्रिकी विज्ञान के कुछ संदर्भ शामिल हो सकते हैं। यदि आप विज्ञान में रुचि रखते हैं, आई.आई.एस.ई.आर., आई.आई.एस-सी. या आई.आई.टी. में से एक में प्रवेश की कोशिश करें, जिनके पास विज्ञान के अंतर-स्नातक कार्यक्रम हैं। अच्छे विज्ञान स्नातक पाठ्यक्रमोंवाले कुछ कॉलेज व विश्वविद्यालय हैं। यदि आप एकीकृत स्नातकोत्तर उपाधि कार्यक्रमों में प्रवेश नहीं पाते हैं तो चिंता न करें। स्नातक की उपाधि लें और तब एकीकृत पी-एच.डी. कार्यक्रम (जो पहले दो या तीन वर्षों बाद स्नातकोत्तर उपाधि देती है और फिर पी-एच.डी.) के लिए जाएँ। अन्यथा एक विश्वविद्यालय से एम.एस-सी. प्राप्त करें और अपनी पसंद के स्थान पर पी-एच.डी. कार्य के लिए जाने की कोशिश करें। किसी भी प्रकरण में अंतर-स्नातक अध्ययनों के दौरान विज्ञान अकादमियों एवं इस केंद्र (जे.एन.सी.ए.एस.आर.) द्वारा प्रस्तुत ग्रीष्मकालीन अनुसंधान फेलोशिप के लिए प्रयास करें। याद रखें कि विज्ञान में बहुत चुनौतियाँ हैं और आप अपनी प्रतिभा का उपयोग कर विज्ञान की सीमाओं में समस्याएँ हल कर सकते हैं और उन्हें भी, जो मानव जाति की ज्वलंत समस्याओं से संबंधित हैं।

यदि आपकी रुचि अभियांत्रिकी में है, आपको पहले आई.आई.टी., एन.आई.टी. या कहीं और प्रवेश करने की कोशिश करनी चाहिए। लेकिन बहुत अधिक चिंता न करें। यदि आप उन संस्थानों में से एक में नामांकित नहीं हो पाते, जिसमें आप शामिल होना चाहते हैं तो यथोचित अच्छे संस्थान में जाएँ और अभियांत्रिकी

में अच्छी आधारभूत उपाधि प्राप्त करें। यहाँ तक कि अभियांत्रिकी के बाद भी आप किसी और क्षेत्र में जा सकते हैं। यदि आप साधारण अभियंता नहीं बनना चाहते हैं, बल्कि वैज्ञानिक अनुसंधान करना चाहते हैं तो यह निश्चित रूप से संभव है। महानतम वैज्ञानिकों में से कुछ के पास अभियांत्रिकी की आधारभूत उपाधि थी। लीनस पॉलिंग ने अपनी आधारभूत स्नातक उपाधि रासायनिक अभियांत्रिकी में ली थी और दो नोबेल पुरस्कारों के साथ 20वीं सदी के महानतम वैज्ञानिकों में से एक बन गए थे। दूसरे नोबेल पुरस्कार विजेता रॉबर्ट मुलीकेन के बारे में भी यही सत्य है, जिन्होंने एम.आई. टी. से अभियांत्रिकी की उपाधि प्राप्त की थी और बाद में रसायन विज्ञान में नोबेल पुरस्कार प्राप्त किया था। आप जो कहते हैं, उससे मैं अनुमान लगा रहा हूँ कि आप शोध करने में रुचि लेंगे। विज्ञान या अभियांत्रिकी में ठोस पृष्ठभूमि के साथ कोई भी, यहाँ तक कि बाद की अवस्था में भी, शोध को आगे बढ़ा सकता है। शोध में कतिपय मनोभाव की आवश्यकता होती है और वर्षों की तैयारियों की नहीं। यदि कोई सीखने या किसी चीज के आविष्कार के प्रति उत्साहित है, हमेशा कहीं-न-कहीं प्रवेश होंगे। किसी को जो सबकुछ करना है, शोध की यात्रा शुरू करने से पहले विषय का कुछ ज्ञान चुनना है।

यदि आप चिकित्सक बन जाते हैं और शोध-केंद्रित चिकित्सक बनना चाहते हैं तो नैदानिक अभ्यास में न उलझें। मैं आपको अपने एक मित्र की कहानी बता दूँ। उसने हार्वर्ड विश्वविद्यालय से अंग्रेजी में बी.ए. की उपाधि प्राप्त की। बी.ए. उत्तीर्ण होने के बाद उसने महसूस किया कि एक अंग्रेजी शिक्षक होने के लिए बी.ए. पर्याप्त नहीं है। उसने अंग्रेजी स्नातकोत्तर उपाधि प्राप्त की। उसके बाद उसने महसूस किया कि जिसमें उसकी रुचि थी, वह जीव विज्ञान व औषधि थी। अत: उसने जीव-विज्ञान में कुछ पाठ्यक्रम लिये और एक चिकित्सा कॉलेज में नामांकित हो गया। उसने एम.डी. की उपाधि प्राप्त की और बाद में कुछ अस्पतालों में काम किया था—भारत में बिताई गई एक अवधि सहित। फिर उसने कैंसर पर शोध करना शुरू किया था। उसने कैंसर पर जो शोध किया, उसने उसे 'नोबेल पुरस्कार' दिला दिया। यह हैरॉल्ड वार्मस की जीवन-कथा है। मैं कामना करता हूँ कि इस देश में बच्चों को इस प्रकार के अवसर प्राप्त हों, जहाँ वे कभी भी एक विषय से दूसरे में जा सकें। हमें जिसकी बहुत अधिक आवश्यकता है, वह है लचीला पाठ्यक्रम, जहाँ युवा छात्र रुचि के पाठ्यक्रमों का संकुल ले सकें, जो उन्हें एक क्षेत्र से दूसरे में आसानी से जाने की

अनुमति प्रदान करे। यह उन्हें एक संस्थान से दूसरे में जाने में भी मदद करेगा। हमारे पास अधिकांश संस्थानों में आज जो अत्यधिक कठोर अंतर-स्नातक पाठ्यक्रम है, वह इस प्रकार के लचीलेपन की अनुमति नहीं देता।

बहुत अधिक चिंता न करना सबसे अच्छा है। मैं निश्चित हूँ कि आप को लाभ की स्थिति का स्थान मिलेगा। कठिन परिश्रम करना जारी रखें और अपना सर्वश्रेष्ठ प्रयास करें। कुछ-न-कुछ काम करेगा। प्रवेश पाने की कोशिश में अपने आपको न हराएँ, निराश व उदास न हों। यदि आपको उस संस्थान में एडमिशन नहीं मिलता, जिसे आप अंतर-स्नातक की पढ़ाई के लिए चाहते हैं। आप जो कुछ भी लें, अच्छा करें और याद रखें कि सफलता के लिए आवश्यक प्रमुख गुण हैं—दृढ़ संकल्प, समर्पण व दृढ़ता।

आप जो कुछ भी करने का फैसला करें, मैं आपकी सफलता की कामना करता हूँ। यदि आपको कोई संदेह या प्रश्न हैं, मुझे लिखने में हिचकिचाहट न करें। एक बार फिर न भूलें कि कोई भी जीवन में कुछ हासिल करने के लिए दृढ़ संकल्पित है तो वह वैसा अवश्य करेगा।

शुभकामनाओं के साथ।

निष्ठापूर्वक आपका

—सी.एन.आर. राव

□

किसी एक महान् वैज्ञानिक ने अपना सबकुछ विज्ञान व युवाओं को दिया

(From Wikimedia Commons)

एलेक्जेंडर वॉन हंबोल्ट

एलेक्जेंडर वॉन हंबोल्ट का जन्म बर्लिन में सन् 1769 में हुआ था। उस समय प्राकृतिक विज्ञान का विकास होना बाकी था। सन् 1859 में जब हंबोल्ट की मृत्यु हुई थी, प्रयोगात्मक अनुसंधान प्रचलन में था—बहुत हद तक स्वयं हंबोल्ट के कारण। उन्होंने विज्ञान के कई क्षेत्रों की आधारशिला रखी थी, उनके सहित जो आधुनिक भूगर्भ विज्ञान, भूगोल, अंतरिक्ष विज्ञान व प्रकृति अध्ययन में हैं। हंबोल्ट ने जस्टस वॉन लिएबिग, जोसेफ लुइस गे-लुसाक एवं कार्ल फ्राइडरिच गॉस सहित कई वैज्ञानिकों को समर्थन दिया था, स्पष्ट रूप से अपनी दूरदर्शिता के कारण। टेलर नामक अमेरिकी आगंतुक की कहानी है, जो हंबोल्ट, जो उस समय बहुत बूढ़े थे, से मिलने गया था। जब टेलर जाने लगा, हंबोल्ट ने कहा, "आपने अधिक यात्रा की है और कई खंडहर देखे हैं। अब आपने एक और देख लिया है।" और अपना हाथ बढ़ाया। टेलर ने कहा, "खंडहर नहीं, लेकिन पिरामिड।" के लिए उसके हाथ को दबाया था, जिसने फ्रेडरिक द ग्रेट, फोर्सटर, क्लोपस्टॉक व शिलर, पिट, नेपोलियन, जोसफिन, जेफर्सन, वेईलैंड, हर्डर, गोएथ, कुवियर, लैपलेस, गे-लुसाक को—संक्षेप में उस अवधि के प्रत्येक महान् व्यक्ति को छुआ था।

(From Wilhelm Ostwald Wikimedia)

विल्हेम ओस्टवाल्ड

ओस्टवाल्ड रसायन विज्ञान के महान् शिक्षक थे और भौतिक रसायन विज्ञान के संस्थापक जनक माने जाते हैं। रोचक यह है कि भौतिक रसायन विज्ञान के इतिहास में ओस्टवाल्ड से अधिक संख्या में किसी ने भी महान् भौतिक रसायनज्ञों को प्रशिक्षित नहीं किया है। संयुक्त राज्य अमेरिका के लगभग सभी शुरुआती भौतिक रसायनज्ञों ने उनके साथ काम किया है। इनमें थिओडोर विलियम रिचड्र्स, जी.एन. लेविस, रिचर्ड एम. नोएस एवं ऐसे ही अन्य लोग शामिल हैं। ओस्टवाल्ड एक असाधारण प्रकार के व्यक्ति थे, जब पी-एच.डी. के बाद स्वेंट अर्हेनियस के पास जाने के लिए कोई स्थान नहीं था और वह व्याकुल था, ओस्टवाल्ड ने उसे अपनी प्रयोगशाला में समायोजित किया था। उस समय वहाँ वाल्थर नर्नस्ट ने भी काम किया था। ओस्टवाल्ड ने सन् 1909 में नोबेल पुरस्कार प्राप्त किया था।

(From Wikimedia Commons)

अर्नेस्ट रुदरफोर्ड

युवा व्यक्ति के रूप में भी लॉर्ड रुदरफोर्ड ने महान् शोध किया था और सन् 1908 में कम उम्र में ही रसायन विज्ञान के लिए नोबेल पुरस्कार प्राप्त कर लिया था। फिर वह सन् 1911 में परमाणु की संरचना के साथ निकले थे। उन्होंने कैंब्रिज में उस अवधि के भौतिकी के महानतम केंद्र के रूप में कैवेंडिश लैबोरेटरी की स्थापना की थी। उन्होंने बहुत अधिक लोगों को अपनी प्रयोगशाला में काम करने के लिए प्रोत्साहित किया था, जिनमें से कई नोबेल पुरस्कार प्राप्त कर समाप्त हुए थे। भौतिकी में महानतम नामों में से कुछ, जैसे जॉन कॉकक्रॉफ्ट, अर्नेस्ट वाल्टन, जेम्स चैडविक, पैट्रिक ब्लैकेट एवं प्योत्र कैपिट्ज़ा सभी उनके छात्र थे। नील्स बोर रुदरफोर्ड को

अपने शिक्षक के रूप में मानते थे। रुदरफोर्ड अपने छात्रों द्वारा किए गए विलक्षण कार्यों पर बहुत गर्व करते थे और कई युवाओं को कैवेंडिश में शोध करने के लिए प्रोत्साहित किया था। उस समय प्रयोगशाला के बारे में एक चुटकुला था। टैक्सी चालक किसी को वहाँ नहीं ले जाएगा। वे कहेंगे कि हम उस भवन के पास जाना पसंद नहीं करते, क्योंकि यदि हम वहाँ जाएँगे, रुदरफोर्ड हमें कोई शोध करने के लिए तैयार कर लेंगे और हमें 'नोबेल पुरस्कार' जीतना पड़ेगा।

जी.एन. लेविस महानतम रसायनज्ञों में एक हैं, जिन्हें नोबेल पुरस्कार नहीं मिला। लेकिन उनके कई छात्रों ने नोबेल पुरस्कार प्राप्त किया था और बड़ी संख्या में महान् रसायनज्ञ उनकी प्रयोगशाला में पैदा किए गए थे। लेविस के नोबेल पुरस्कार विजेता छात्रों में ग्लेन टी. सीबोर्ग, मेल्विन कैल्विन एवं हैरॉल्ड उरे शामिल हैं। भौतिकी में अर्नाल्ड समरफील्ड वैसे ही थे। महानतम भौतिकवेत्ताओं से कुछ ने उनके साथ पी-एच.डी. छात्रों के रूप में काम किया था। इनमें वेर्नर हाइजनबर्ग, वुल्फगैंग पाउ, हैंस बेथे व पॉलिंग जैसे दिग्गज शामिल थे। भौतिकी के महान् शिक्षक समरफील्ड को नोबेल समिति द्वारा अनदेखा किया गया था।

(From http://timerime.com)

अर्नाल्ड समरफील्ड

भविष्य हमेशा युवाओं का है।

युवाओं से मैं कहता हूँ—

"मैं…एक कामना प्रकट करता हूँ कि आप अपनी पीढ़ी में स्वयं को मोमबत्ती से तुलना करने के योग्य हो सकते हैं; कि इसी तरह आप अपने आसपास रोशनी की तरह चमक सकते हैं; कि आप अपने सभी क्रिया-कलापों में अपने साथी पुरुषों के लिए अपने कर्तव्य के निर्वहण में अपनी कृतियों को सम्मानजनक व प्रभावशाली बनाकर बस, मोमबती जलानेवाली बत्ती की सुंदरता हो सकते हैं।"

—माइकल फैराडे

अपने आप में रहें।

आप ब्रह्मांड की संतान हैं, पौधों व सितारों से कम नहीं; आपको यहाँ होने का अधिकार है। अपने सभी छद्म, कठिन परिश्रम व टूटे सपनों के साथ, यह फिर भी सुंदर संसार है।

सावधान रहें। खुश होने का प्रयास करें।

—सेंट पॉल चर्च, बाल्टीमोर, 1692 में प्राप्त वांछित बातों से

ज्ञान के लिए प्रयास करना स्वाधीनता के लिए संघर्ष है; क्योंकि अज्ञानता सबसे बड़ी दासता है।

—सी.वी. रमण

हम वैज्ञानिक हैं, लेकिन हम पहले मनुष्य हैं।

—एनोन

□

एकेडमी के बारे में

इंडियन एकेडमी ऑफ साइंसेज नोबेल पुरस्कार विजेता प्रो. सी.वी. रमण द्वारा सन् 1934 में स्थापित संस्था है। एकेडमी विज्ञान के सभी क्षेत्रों के साथ-साथ व्यावहारिक पहलुओं के अभ्यास को बढ़ावा देने का लक्ष्य करती है।

अपनी स्थापना के समय से एकेडमी ने विभिन्न गतिविधियों के माध्यम से, जिसमें विद्वत्तापूर्ण शोध-पत्रों के प्रकाशन, वैज्ञानिक बैठकों व विचार गोष्ठियों के आयोजन शामिल हैं, मौलिक अनुसंधान व वैज्ञानिक ज्ञान के प्रसार को बढ़ावा देने के लिए कार्य किया है और हाल के वर्षों में विज्ञान शिक्षण में वार्षिक प्रयास को शुरू किया है।

एकेडमी की प्रमुख चिंताओं में से एक प्रतिभाशाली छात्रों के बीच राष्ट्रीय स्तर पर विज्ञान शिक्षण को बढ़ावा देना और देश भर में शिक्षकों को कतिपय स्तर की उत्कृष्टता प्राप्त करने के लिए प्रोत्साहित करना है। हरेक वर्ष विज्ञान छात्रों व शिक्षकों को देश भर में विश्वविद्यालयों व शोध संस्थानों की प्रयोगशालाओं में शोध प्रशिक्षण कार्यक्रम करने में सक्षम बनाने के लिए प्रतियोगिता के रूप में लगभग 2,000 ग्रीष्मकालीन अनुसंधान फेलोशिप प्रस्तुत की जाती हैं। एकेडमी अनेक पुनश्चर्या

पाठ्यक्रम व व्याख्यान कार्यशालाओं का आयोजन भी करती है, जो देश में विज्ञान शिक्षा व शिक्षण में सुधार की ओर लक्षित हैं। एकेडमी की विविध गतिविधियों के विवरण वेबसाइट http://www.ias.ac.in पर प्राप्त हो सकते हैं।

प्रो. सी.एन.आर. राव वर्ष 1989 से 1991 के बीच इंडियन एकेडमी ऑफ साइंसेज के अध्यक्ष थे और अकादमी के कई विज्ञान शिक्षण के साथ-साथ विज्ञान सुदूर पहुँच गतिविधियों की पहल करने में सहायक थे।

□□□